# Lenjerie



Editura Aquila

Pagina 4:
Set „Volupté"
Sutien şi chiloţi.
Creaţie Chantelle. Toamnă/Iarnă 2003

Pagina 6:
Chantal Thomass
Colecţia Toamnă/Iarnă 2001-2002

Design:
Baseline Co Ltd
33 Ter - 33 Bis Mac Dinh Chi St.,
Star Building; 6th Floor
District 1, Ho Chi Minh City, Vietnam

**Titlul în original: Lingerie**



Tipărit în China

**2008 Editura Aquila'93**


**Descrierea CIP a Bibliotecii Naţionale a României**
**Lenjerie**. - Oradea : Aquila '93, 2008
SBN 978-973-714-233-7

75(084)

**Traducerea:** Cristina Barabaş
**Consultant ştiinţific:** Ramona Novicov
**Corectură literară:** Ioan Danubiu, Anca Ferche
**Director editorial:** Diana Tăutan

# Cuvânt înainte

„Întâi află cine eşti şi doar apoi împodobeşte-te pe potrivă."

– Epictet

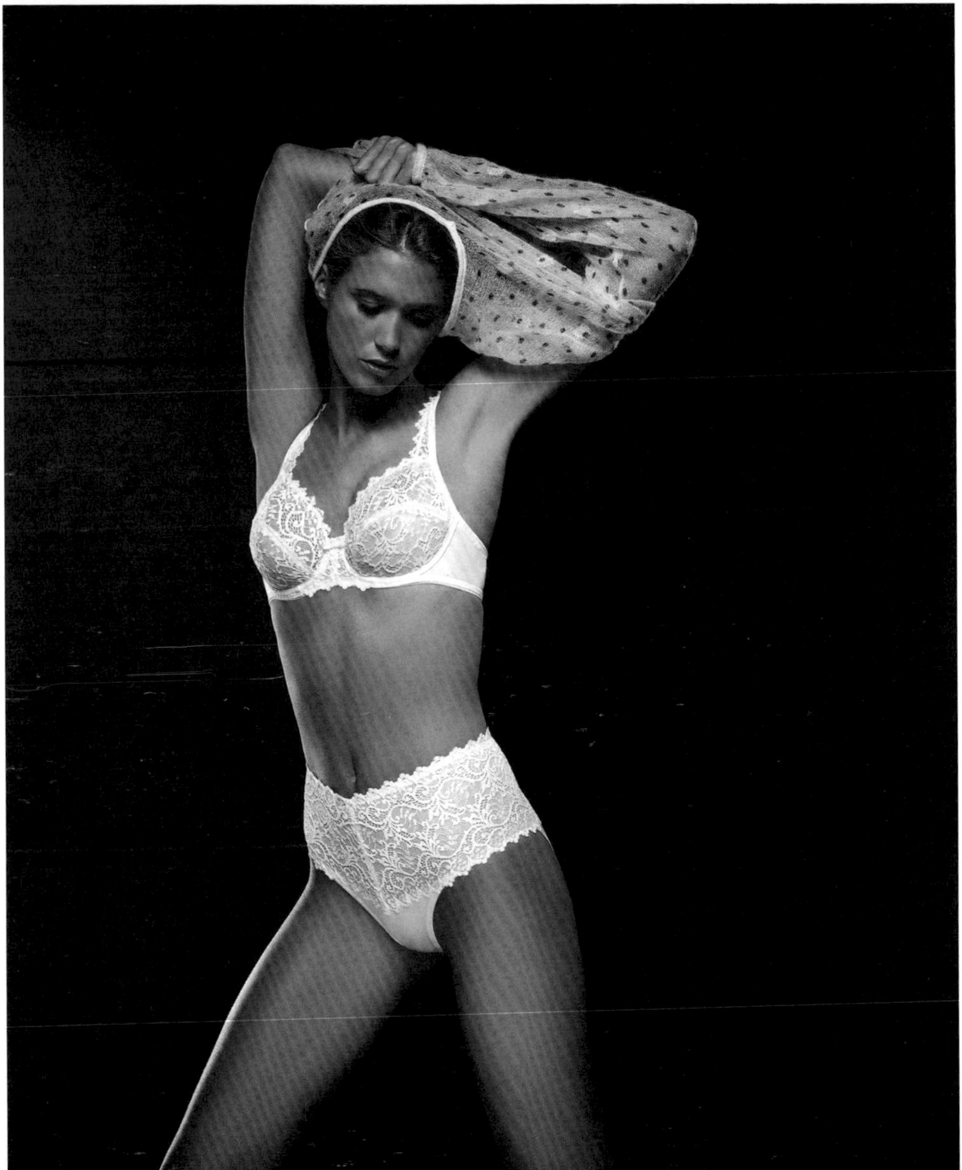

Lenjeria este direct şi puternic legată de intimitatea feminină. De secole, bărbații au crezut că lenjeria a fost creată cu scopul de a-i seduce. Desigur, această dorință de seducție este incontestabilă.

Totuşi, atunci când aleg să poarte o lenjerie frumoasă şi seducătoare, femeile se comportă într-un mod oarecum egoist şi sigur narcisist. În plus, lenjeria poate ajuta o femeie să se simtă bine în corpul ei, ajutând-o să se accepte şi astfel să aibă încredere în ea însăşi. Motivul e simplu. În mod surprinzător, deşi lenjeria intimă nu e expusă privirilor, ea poate contribui la modelarea siluetei în funcție de preferințe.

Adesea, lenjeria a fost considerată obiect de seducție. Şi chiar bărbații sunt cei ce au creat acest fenomen: a vedea o femeie îmbrăcată în lenjerie intimă e infinit mai senzual şi mai sexual decât a o vedea dezbrăcată. Lenjeria poate fi asociată cu tocurile înalte pentru sublinierea acestui efect, iar mersul o poate face pe o femeie seducătoare, fermecătoare şi provocatoare.

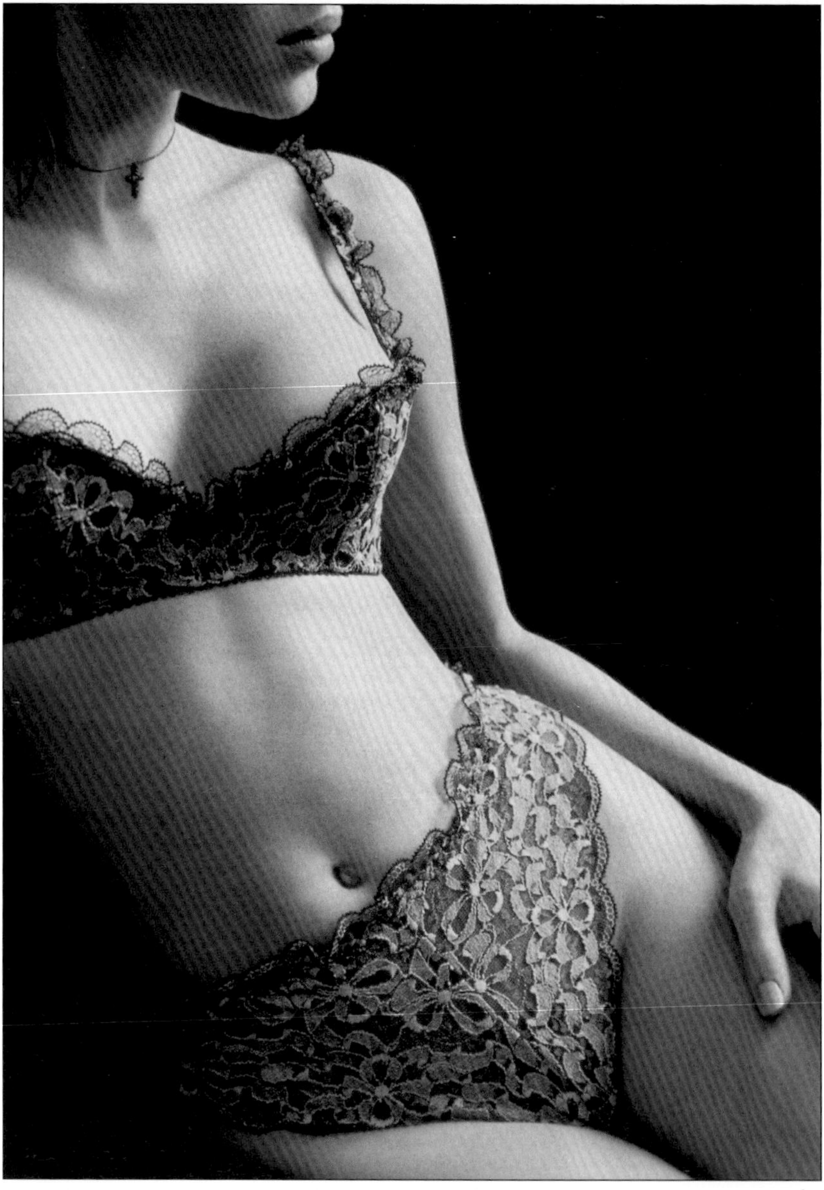

Asociate cu ciorapii, tocurile înalte au o putere şi o calitate evidentă de obiect-fetiş, atât pentru femei cât şi pentru bărbaţi. Modul de percepere şi de apreciere a trupului feminin s-a schimbat de-a lungul anilor, şi există o diferenţă evidentă chiar şi între începutul secolului XXI şi perioada anilor 1960-1970.

În anii '60, corpul femeii nu mai era considerat seducător după ce se căsătorea şi devenea mamă. Astăzi, această concepţie e demodată. Indiferent de vârstă, căsătorite sau nu, femeile doresc să fie seducătoare. O bunică poate fi frumoasă sau se poate simţi frumoasă purtând o lenjerie atractivă, care îi înfrumuseţează corpul. Această evoluţie (sau revoluţie?) a modului de a concepe lenjeria este legată în mod direct de inovaţiile din domeniul creaţiei lenjeriei şi de evenimentele istorice. Istoria lenjeriei merită să fie pusă în lumină. Lenjeria, spre deosebire de lumea modei, reprezintă o stare de spirit. Lenjeria poate fi iubită şi invidiată indiferent daca este purtată de cineva de 15 ani sau de 75 de ani. Lumea modei e un univers complet diferit de lumea lenjeriei intime.

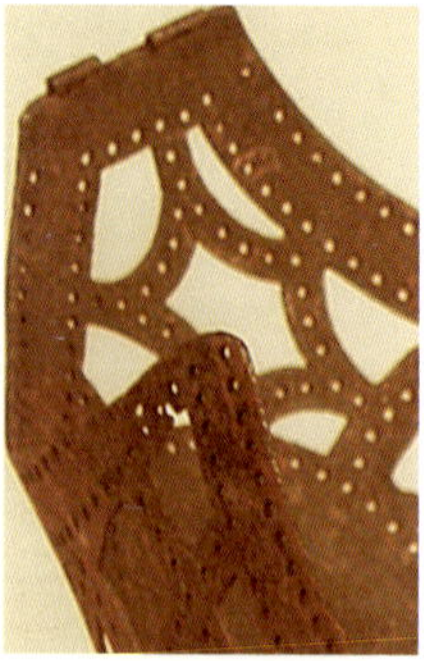

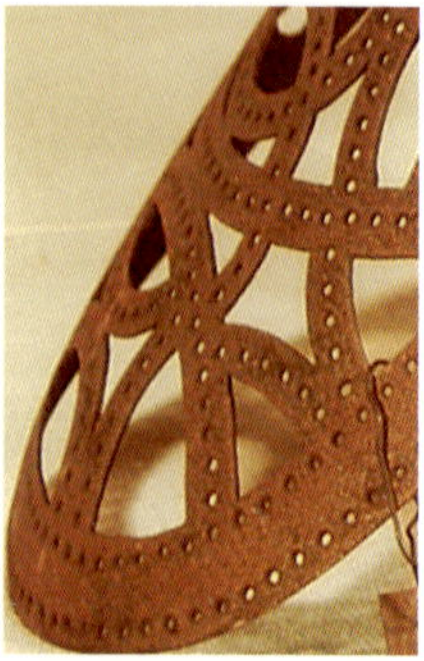

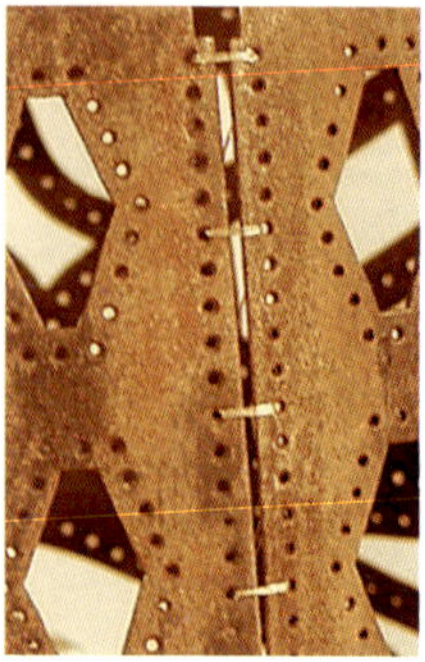

Hainele caracterizează întodeauna un anumit grup de vârstă: vestimentația unui adolescente este diferită de cea a unei femei de 30 de ani. De aceea, lenjeria este mai mult o problemă de mentalitate decât de natură umană. O femeie corpolentă poate să se simtă bine în corpul ei, să se accepte aşa cum e şi să simtă dorința de a-şi scoate în evidență frumusețea trupului purtând o lenjerie splendidă. Lenjeria ar trebui să răspundă tuturor acestor aspirații şi să mulțumească orice femeie. Munca unui designer ar trebui să fie orientată spre realizarea acestor cerințe.

## Corset

Prima jumătate a secolului al XVI-lea
Fier, Inv. 2002.2.X
Fundația Leloir, Muzeul Galliera, Paris

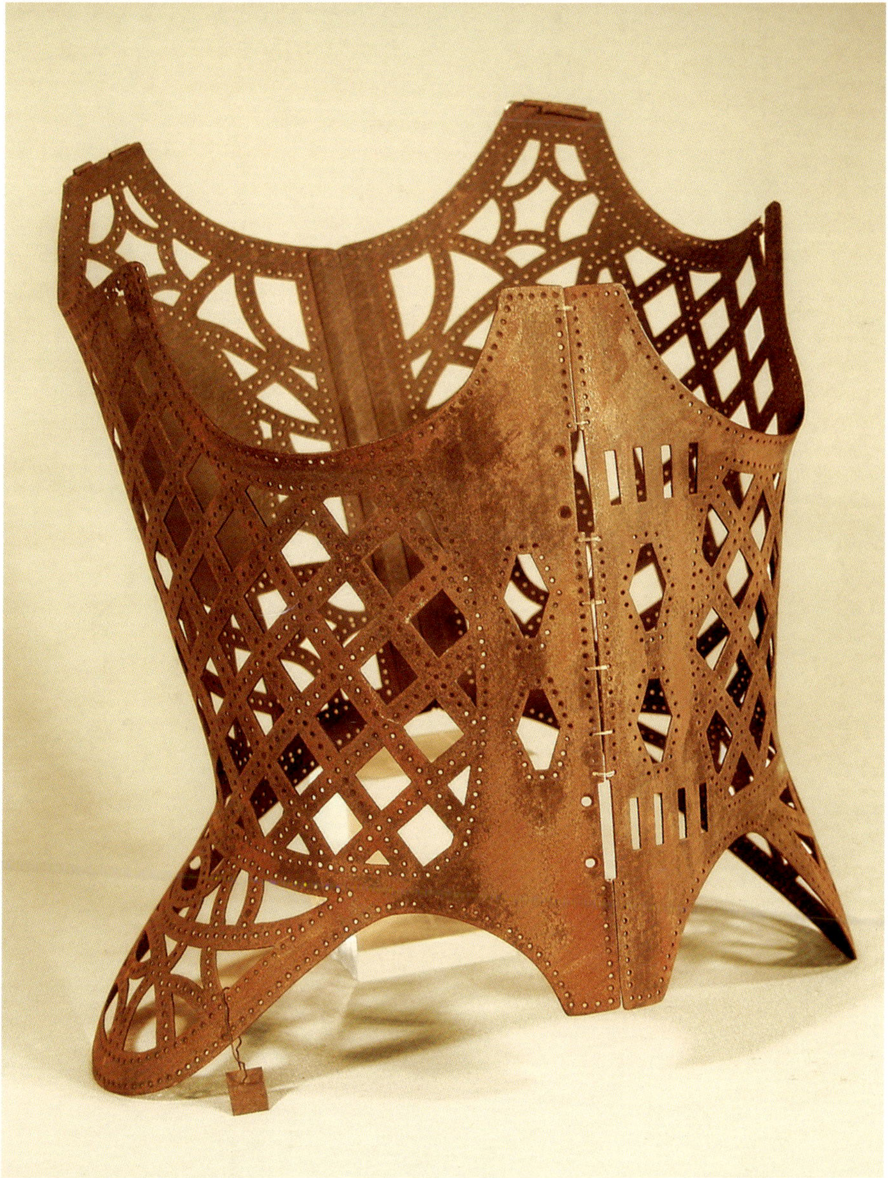

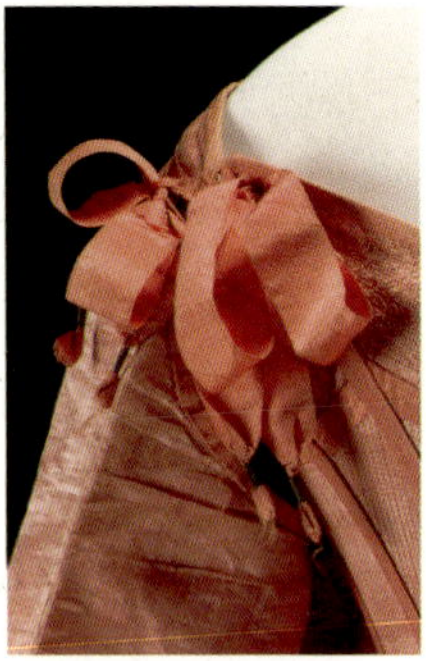

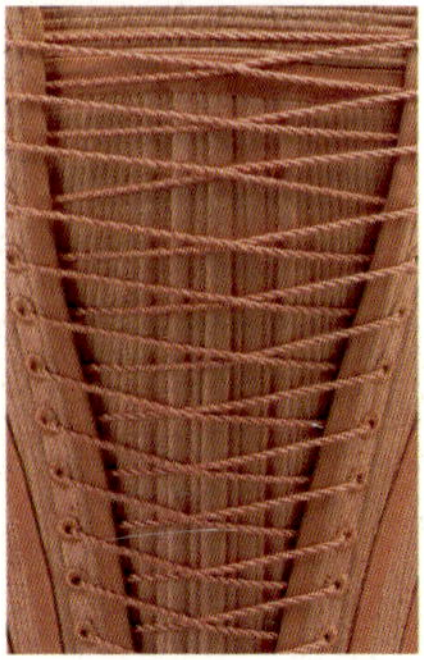

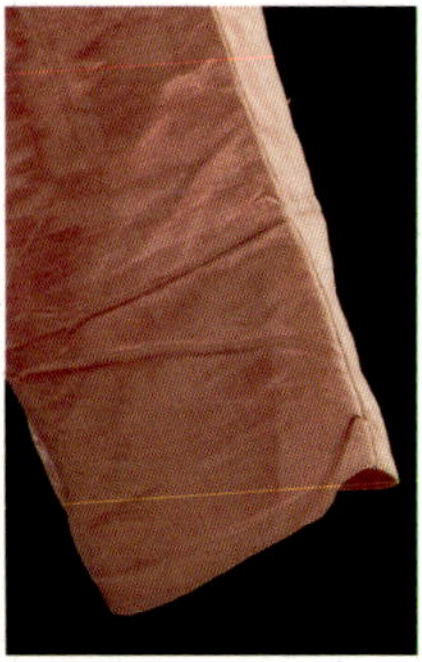

Pentru a crea o lenjerie care să satisfacă diferitele gusturi feminine, ar trebui să observăm femeile din jurul nostru: fiicele, asistentele şi chiar femeile de pe stradă. Modelele pe care le remarcăm în filme pot servi la rândul lor ca surse de inspirație. Pe lângă aceste surse din jurul nostru, care au un rol important în sugerarea de noi modele, trebuie menționate şi materialele.

## Corset

Anglia, circa 1660-1670
Mătase roz dublată cu in dur,
balene şi panglici de mătase roz
Muzeul Victoria şi Albert, Londra

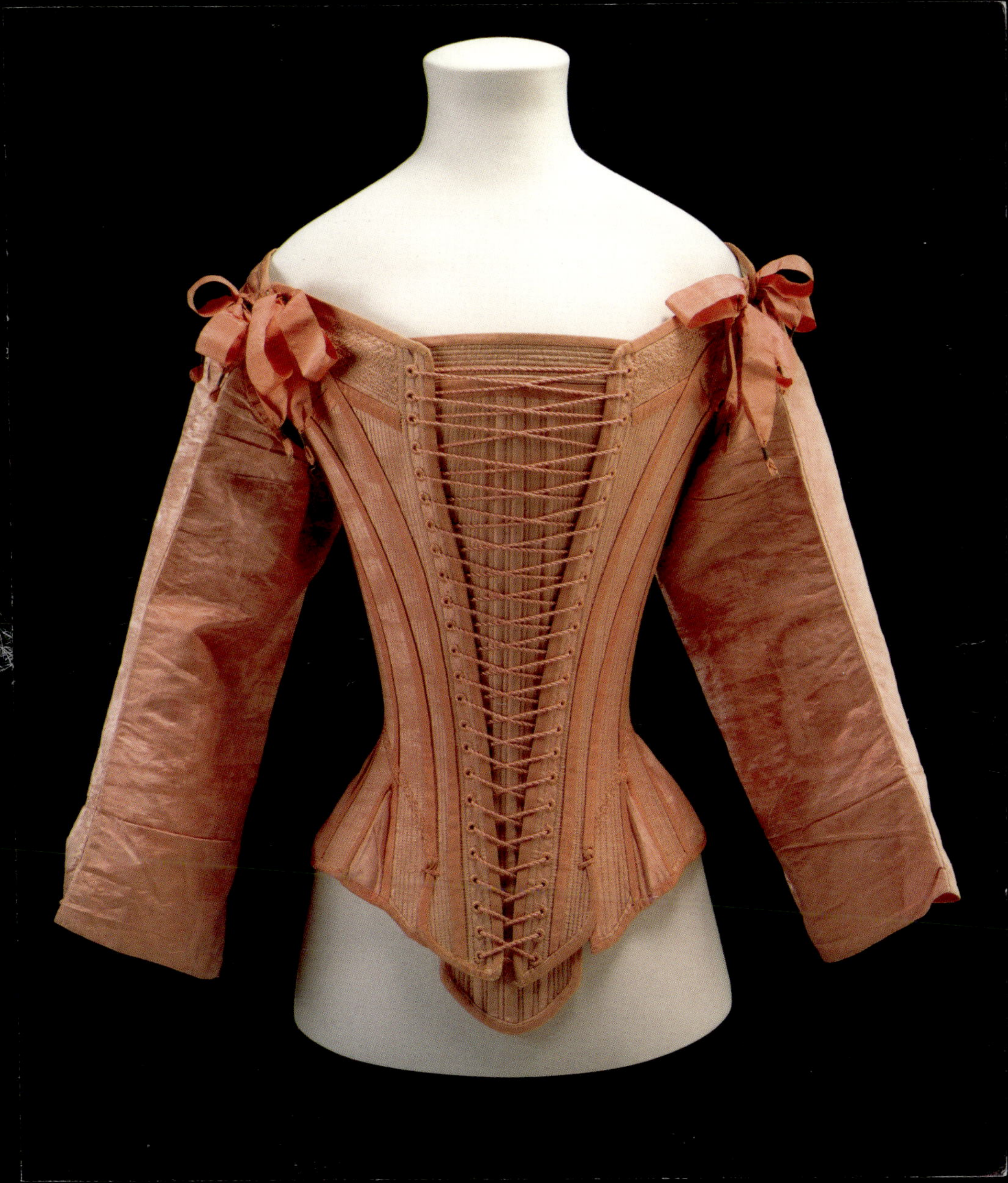

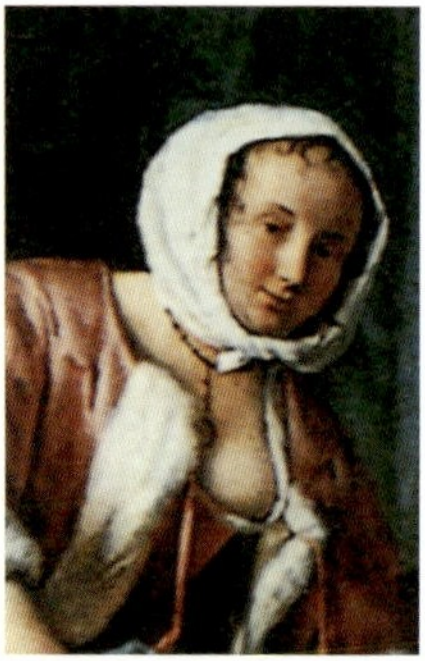

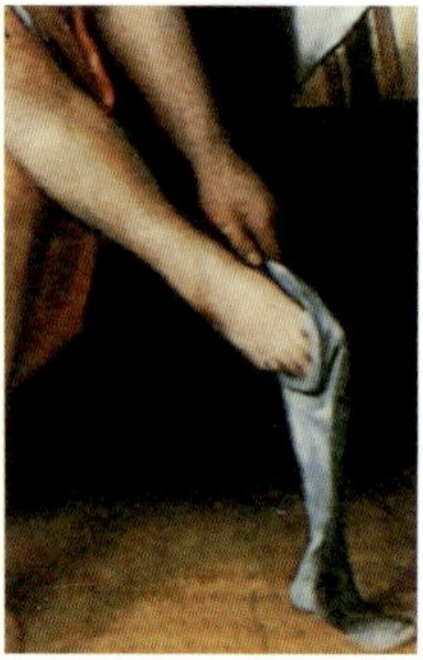

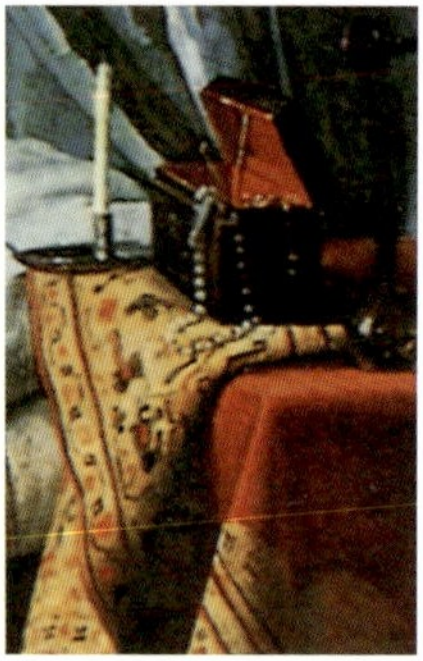

Materialele sunt esențiale. Lenjeria se poartă direct pe corp, intră în contact cu intimitatea sa, prin urmare materialele şi dantelele trebuie să fie plăcute la purtat, dar nu numai.

Astăzi, lenjeria trebuie să fie confortabilă şi practică. Acum 30 de ani, franțuzoaicele (spre deosebire, de exemplu, de americance) acceptau şi nu ezitau să spele cu mâna un articol delicat de lenjerie, pe care îl şi călcau uneori. Astăzi acest lucru este inacceptabil.

Toaleta de dimineață

Jan Steen, circa 1663
Ulei pe lemn, 64,7 x 53
Colecția Regală, Londra

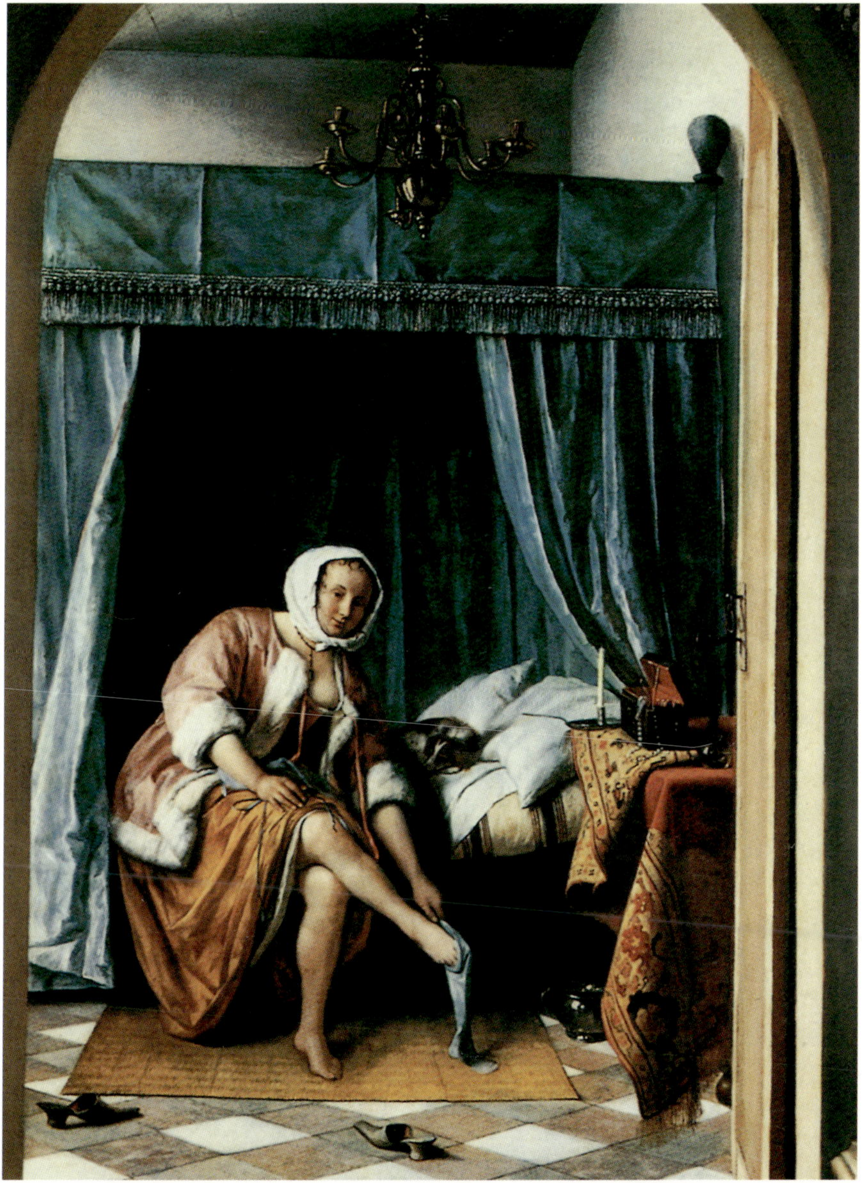

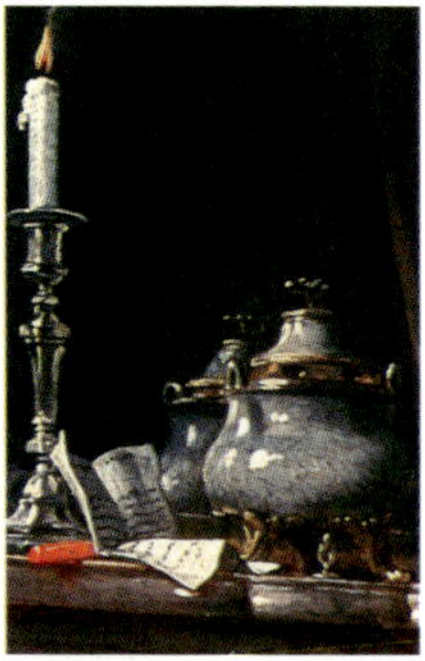
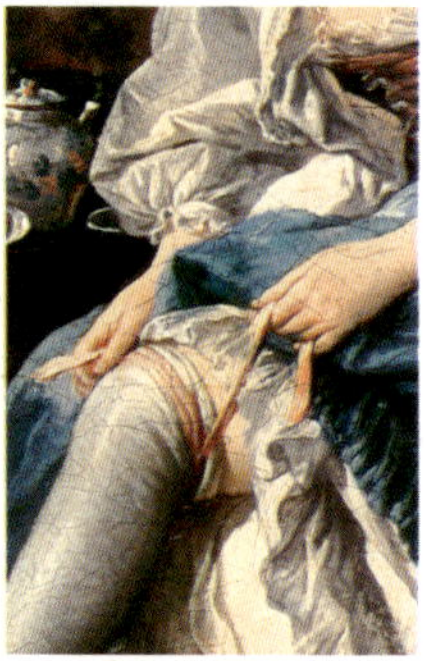
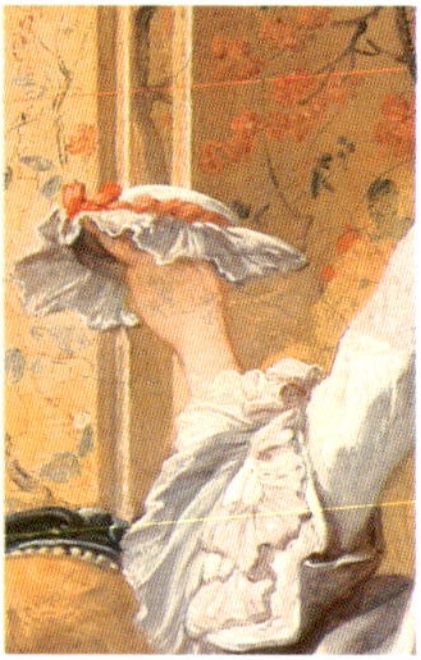

E necesar ca lenjeria să poată fi spălată cu maşina de spălat şi să nu trebuiască să fie călcată. Ea trebuie să unească toate elementele esențiale confortului cu frumusețea concepției. Evoluția diferitelor materiale folosite la crearea şi fabricarea lenjeriei rămâne un aspect care nu trebuie neglijat. Pe lângă materiale, culoarea lenjeriei joacă de asemenea un rol important.

## Toaleta

François Boucher, 1742
Ulei pe pânză, 52,5 x 65,5 cm
Colecția Thyssen-Bornemisza, Madrid

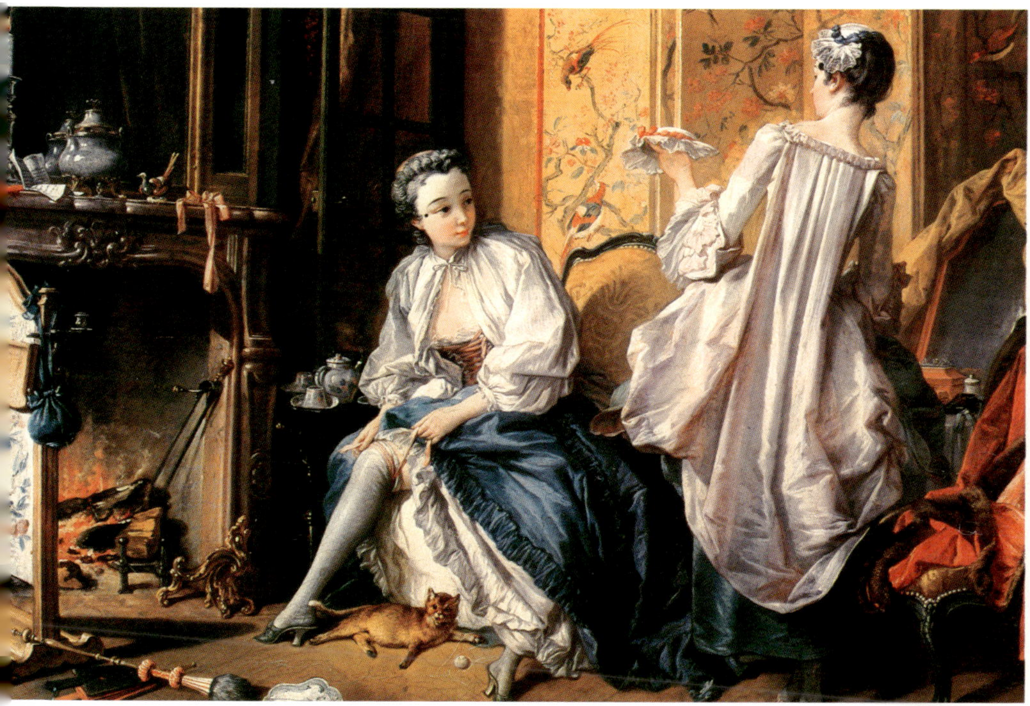

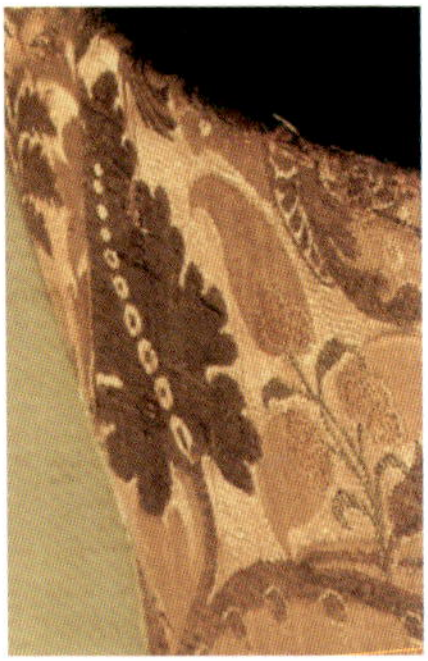

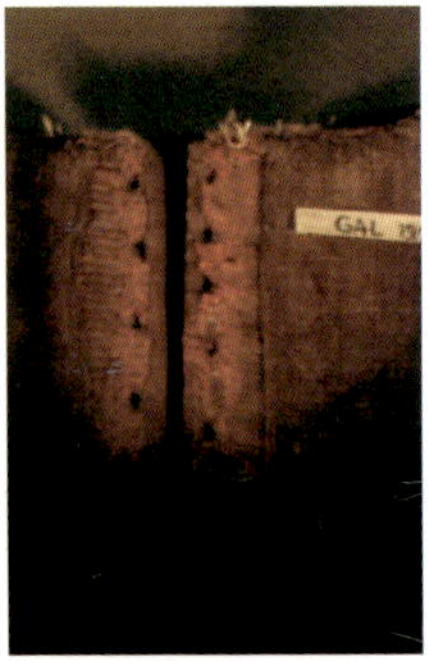


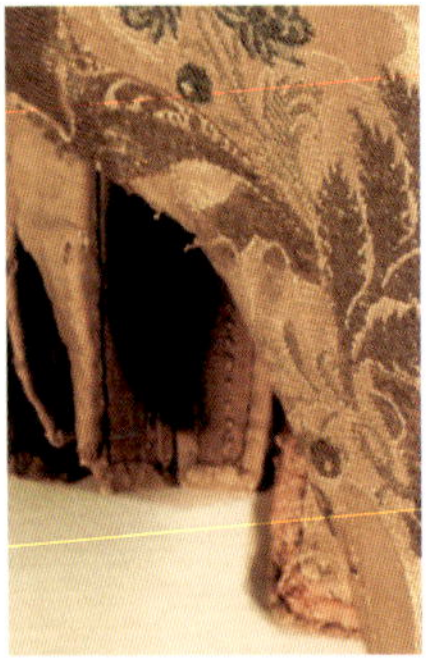

Albul şi negrul sunt culori deosebit de avantajoase pentru piele. Negrul, în special, permite atenuarea defectelor naturale. Culorile calde (roz, roşu, vişiniu) sunt de asemenea culori încântătoare. Pe de altă parte, folosirea culorilor reci pentru lenjeria intimă este mult mai dificilă. Verdele şi albastrul sunt culori magnifice, dar amintesc prea mult de costumele de baie.

Corset cu balenă

---

Secolul al XVIII-lea
Material decorat cu flori, Inv. 1920.1.1856
Fundația Leloir, Muzeul Galliera, Paris

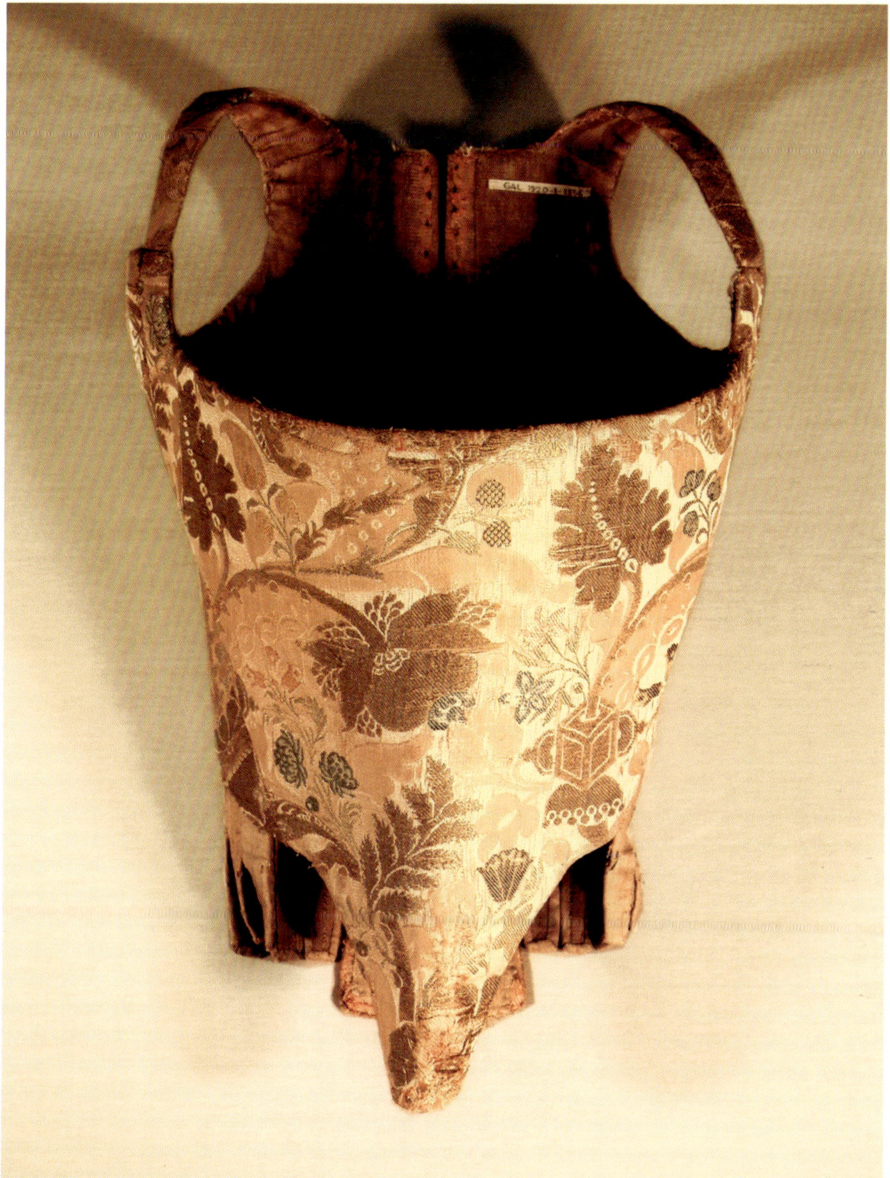

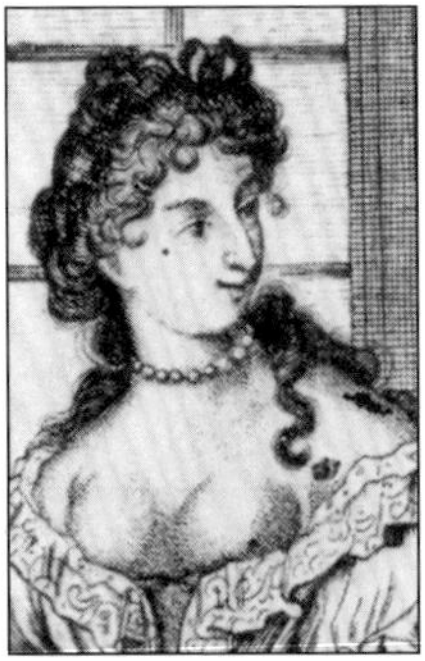

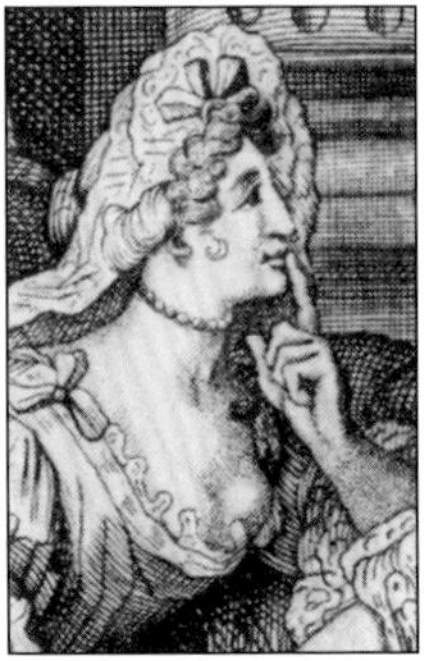

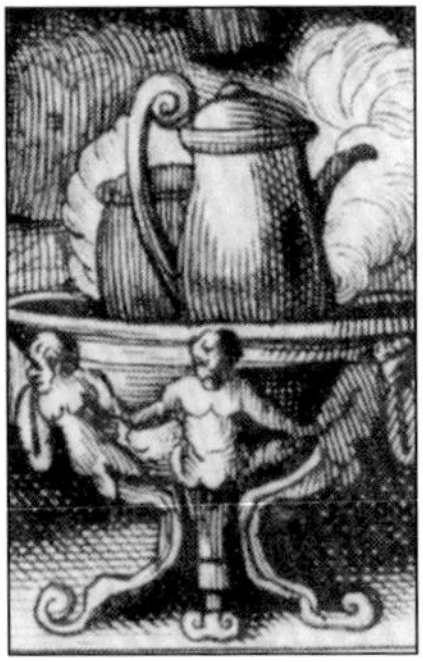

Lenjeria ar trebui asociată cu plăcerea feminină. Elementul seducție este important, mai ales la anumite articole de lenjerie care nu sunt banale. Unele articole sunt fascinante şi provoacă o atracție inevitabilă. Ciorapii şi jartierele o fac pe o femeie să pară extrem de seducătoare şi cu adevarat încântătoare. Sutienul fără bretele, corsetul şi sutienul obişnuit pot fi purtate sub o bluză transparentă.

„Dezbrăcată pentru îmbăiere”

Anonim, secolul al XVIII-lea
Gravură din seria „Băi şi toalete”
Muzeul Carnavalet, Paris

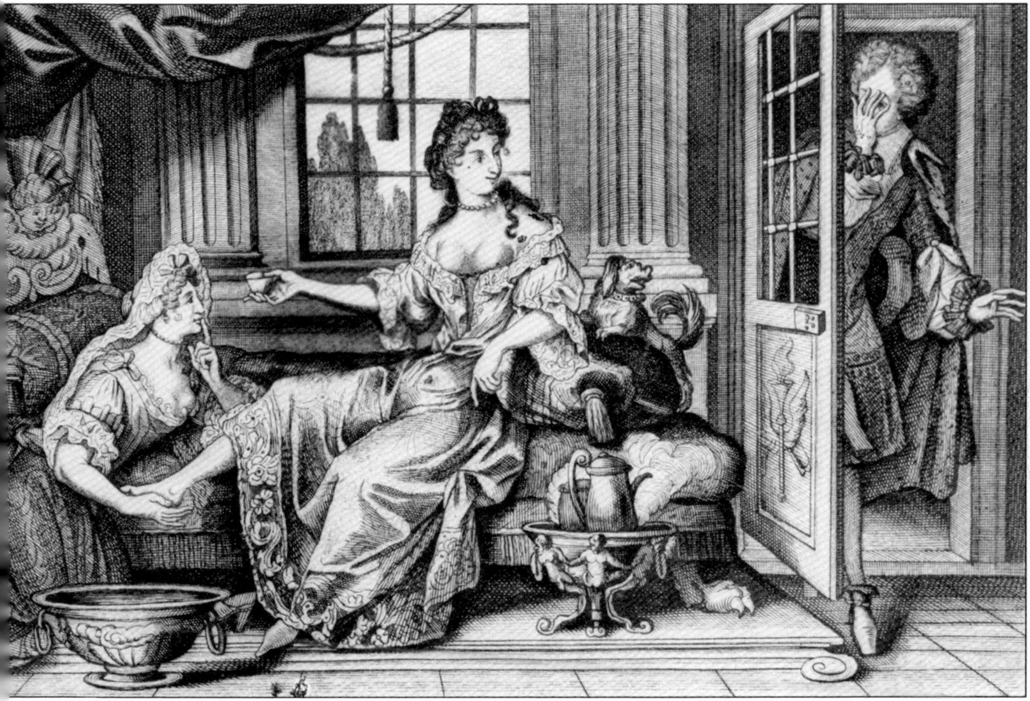

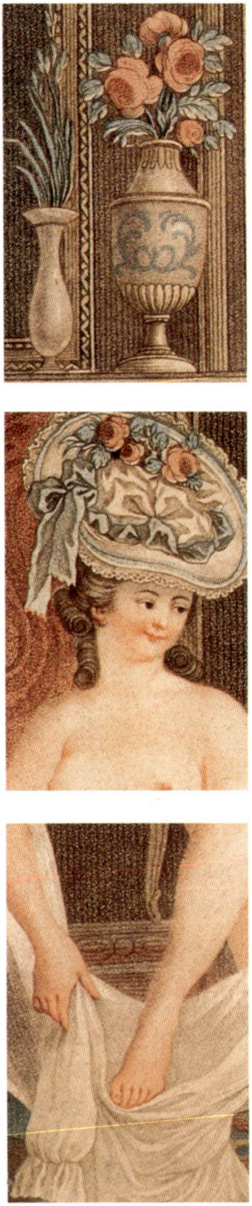

Această combinație poate produce un efect misterios şi ciudat, fascinând privirile celorlalți, lucru nespus de flatant pentru femeia care se îmbracă astfel. După părerea noastră, există două tipuri de lenjerie. Pe de-o parte, lenjeria care e vizibilă (jartiere şi ciorapi, de exemplu) şi, pe de altă parte, lenjeria purtată de femeie doar pentru ea.

Băi şi toalete, nr. 7

Anonim, secolul al XVIII-lea
Gravură
Muzeul Carnavalet, Paris

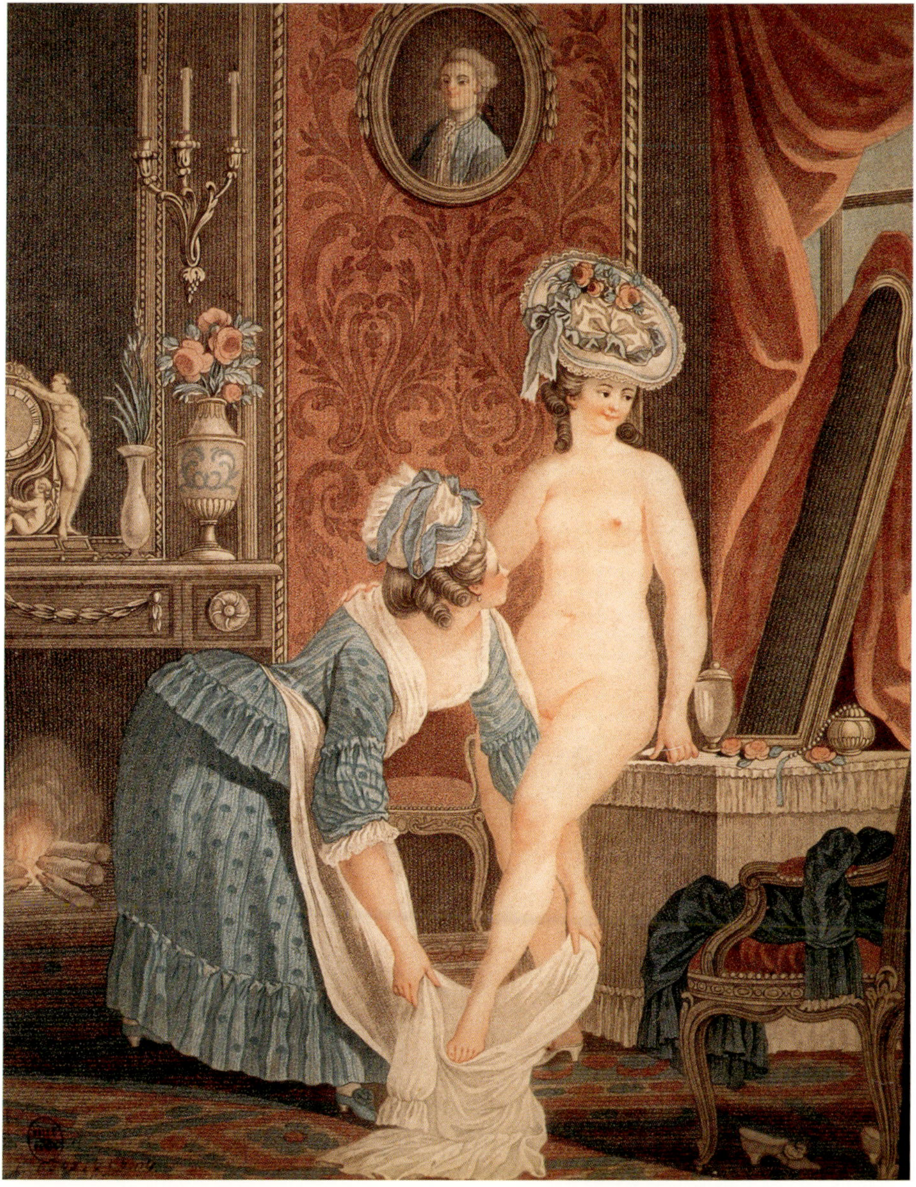

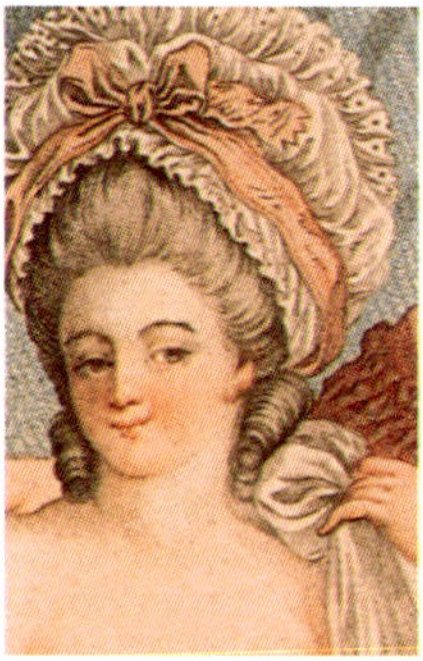

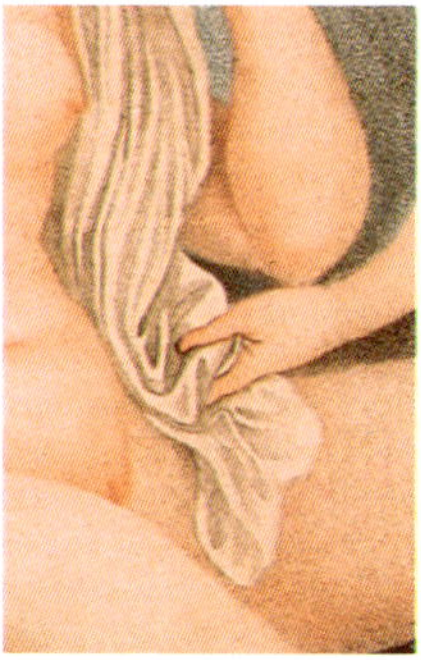

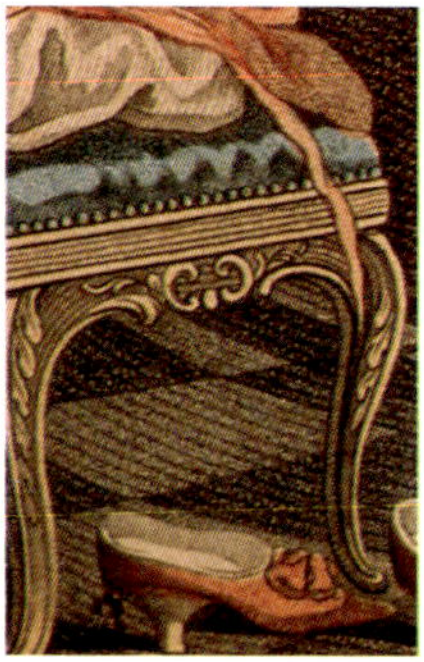

Această ultimă categorie ar trebui să fie atât frumoasă, cât şi foarte confortabilă. În privinţa colanţilor, de exemplu, considerăm important ca aceştia să fie fermecători şi plăcuţi la purtat, pentru a putea fi purtaţi zilnic, dar şi să poată păstra o putere de seducţie atunci când femeia se dezbracă în prezenţa unui bărbat.

Băi şi toalete nr. 10

Anonim, secolul al XVIII-lea
Gravură
Muzeul Carnavalet, Paris

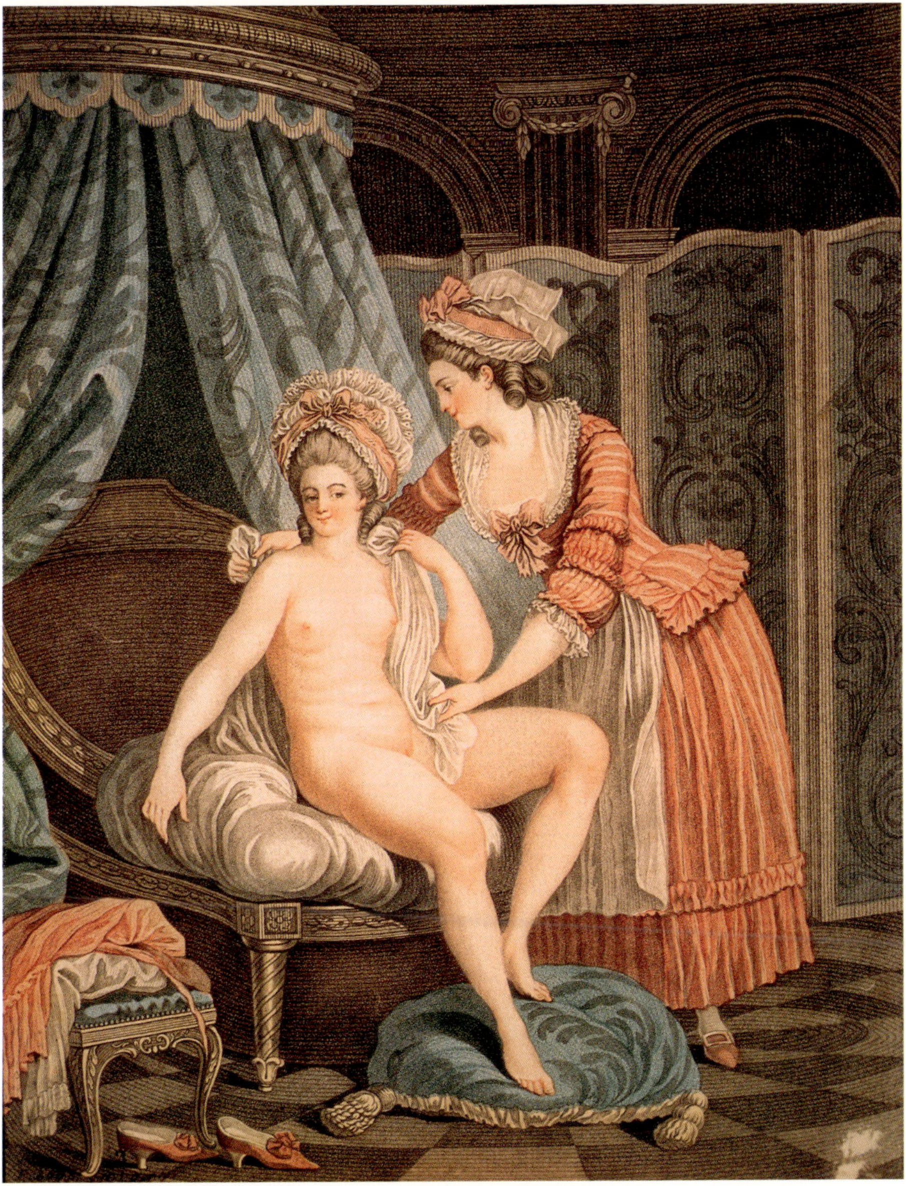

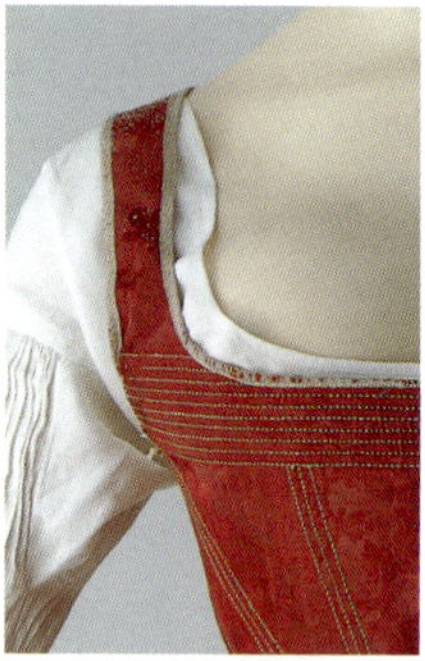
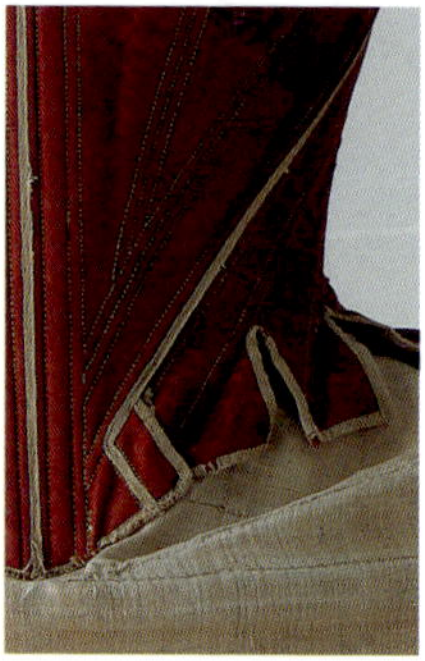
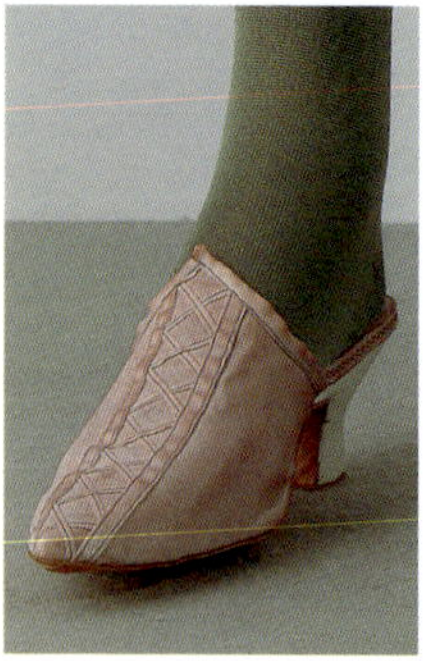

Lenjeria înseamnă personalitate şi atitudine. Astăzi putem asocia lenjeriei intime trei termeni: rafinament, seducție şi confort. Pentru a putea crea lenjerie este necesară combinarea acestor trei termeni, excluzând vulgaritatea. Pentru a evita această capcană, este necesar apelul la umor şi puritate.

## Lenjerie pentru femei

Anglia, circa 1770-1780, respectiv 1778
Corset din in fin sau mătase roşie, damasc şi pânză de in cu dungi roz pe cercul lateral
Muzeul Victoria şi Albert, Londra

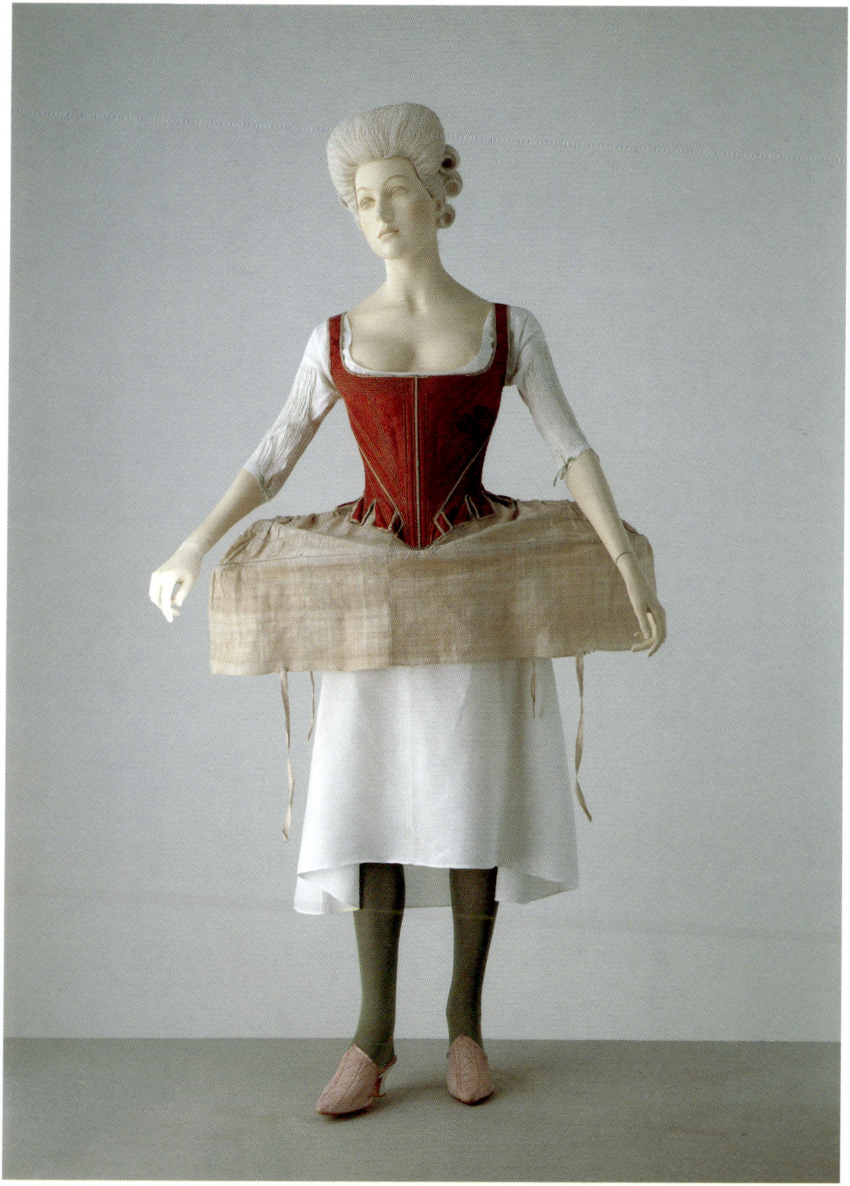

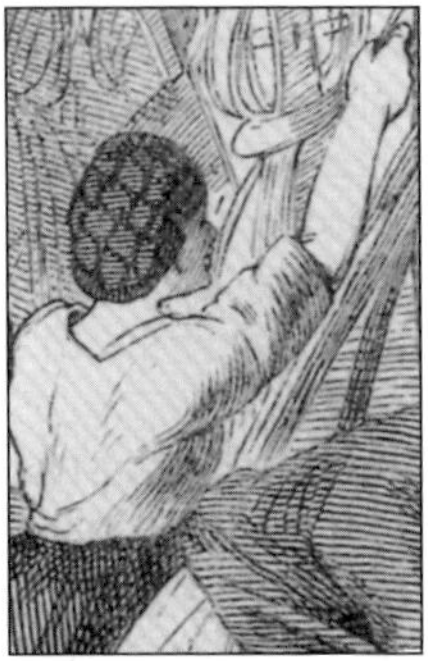
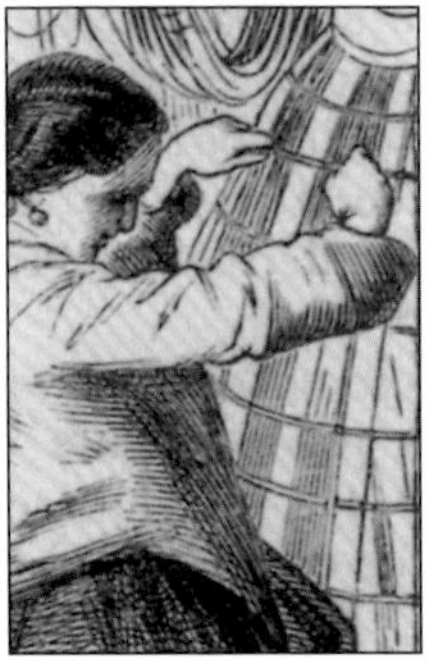
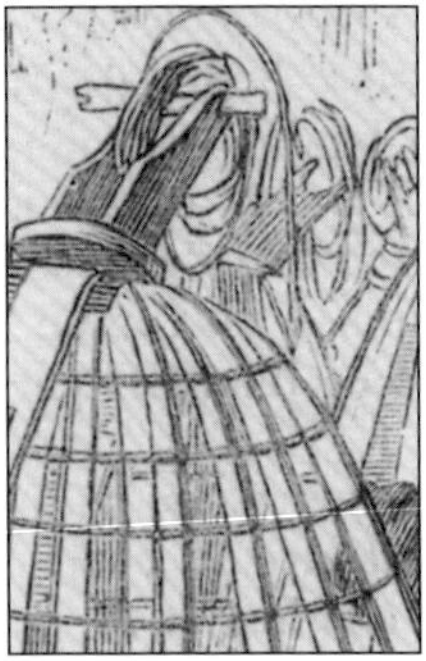

Universul lenjeriei interesează pe toată lumea. Influențează femeile care poartă lenjeria, dar şi pe bărbați, care au crezut dintotdeauna că lenjeria este purtată pentru a-i seduce. Lenjeria merită un loc mai important în istorie, cât şi în viața de zi cu zi. Îmbrăcămintea intimă există sub diferite aspecte. Poate fi ascunsă sau expusă, simplă sau sofisticată, discretă sau provocatoare.

Fabrica de crinoline: producerea cercurilor

Bach
Gravură
Muzeul Carnavalet, Paris

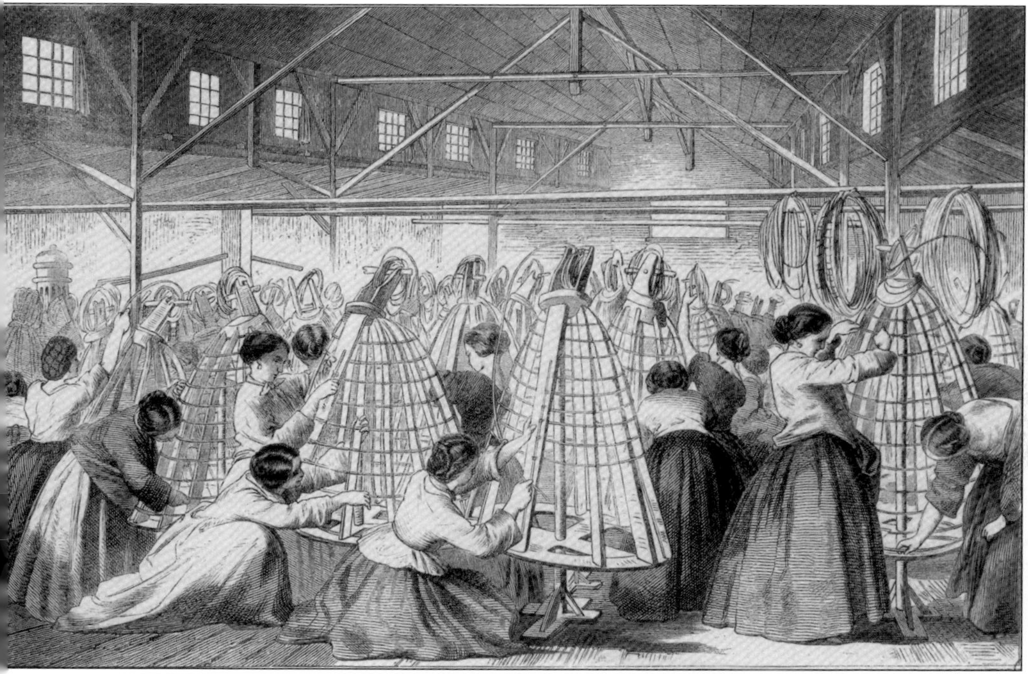

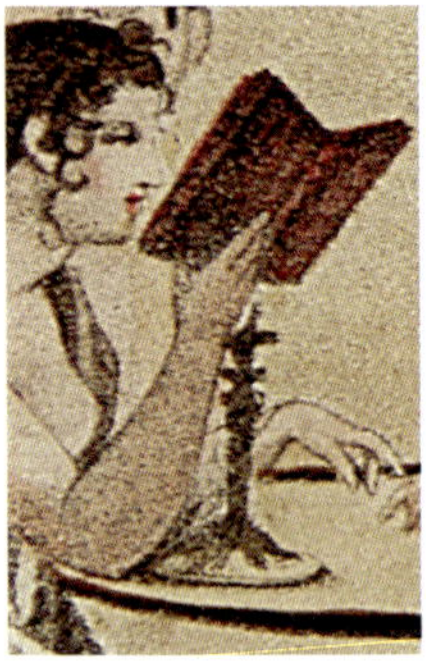

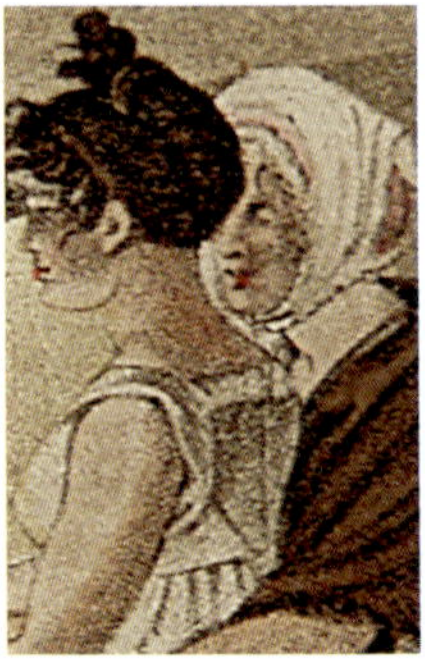

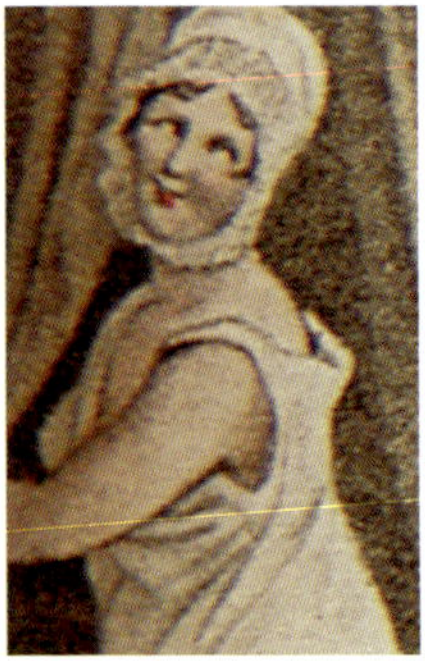

Această gamă vastă este în mod tradițional împărțită în trei grupe: lenjerie, articole din categoria corsetelor şi grupa ciorapilor. Lenjeria are mai degrabă o funcție igienică. Poziționată între trup şi haine, lenjeria protejează trupul de îmbrăcămintea confecționată din textile mai puțin confortabile şi protejează în acelaşi timp hainele de fluidele corporale. De aceea, în fiecare epocă lenjeria a fost produsă din diferite materiale igienice.

„Le coucher des ouvrières en linge"
(Ora de culcare a lenjereselor)

circa 1801
Gravură, 15 x 19,2 cm
Colecția Maciet
Biblioteca de Arte Decorative, Paris

BOSIO

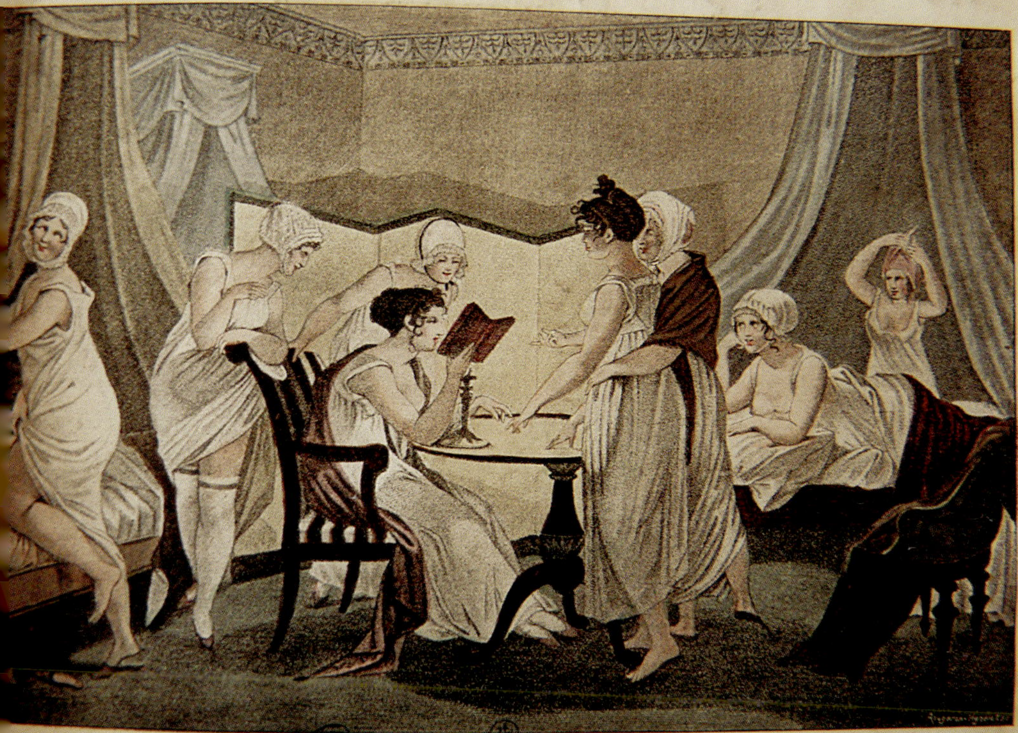

Le coucher des ouvrières en linge.

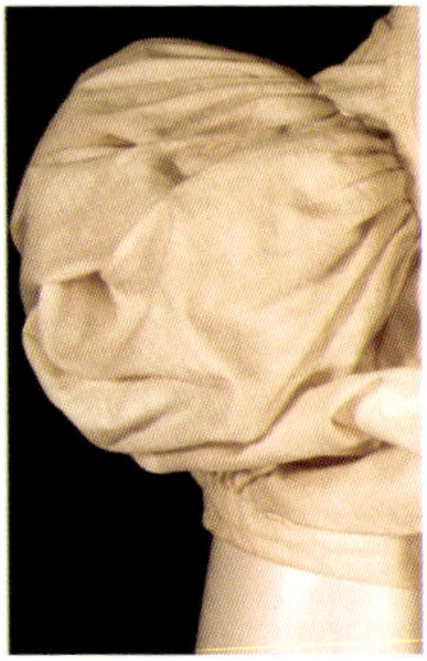

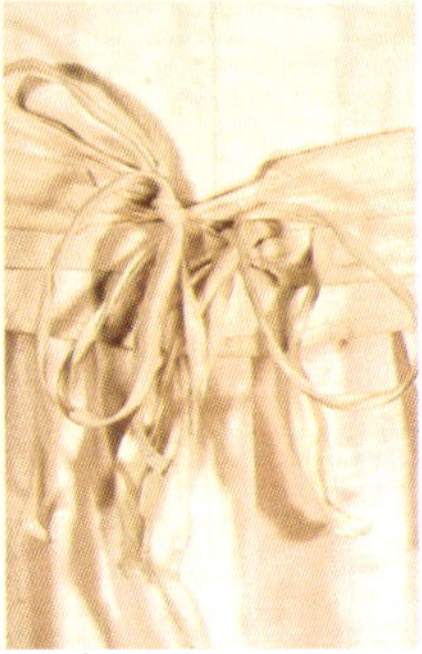

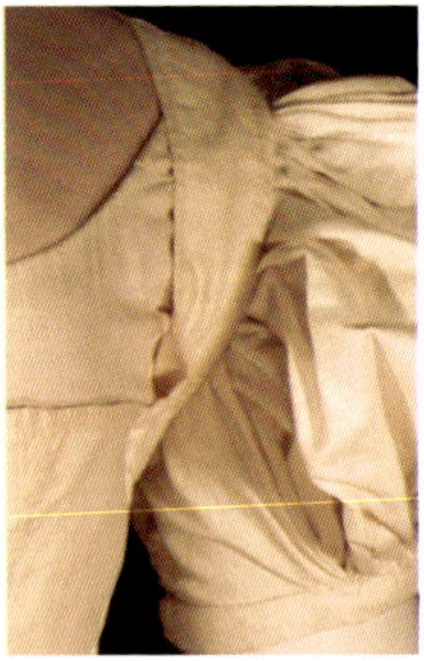

Lenjeria feminină este de aceea strâns legată de intimitatea şi igiena feminină: primele articole de lenjerie care au intrat în contact cu trupul feminin au fost purtate cu ocazia mestruaţiei şi au evoluat până la contemporanele tampoane igienice. Rufăria de corp este sinonimă cu lenjeria, termenul fiind folosit cu privire la anumite articole de îmbrăcăminte, ca juponul şi camizolul, iar mai târziu pantalonul bufant purtat sub rochii, chiloţii, maioul, combinezonul.

## Corset

circa 1820
Bumbac alb, Inv. 1957.16.17
Fundaţia Leloir, Muzeul Galliera, Paris

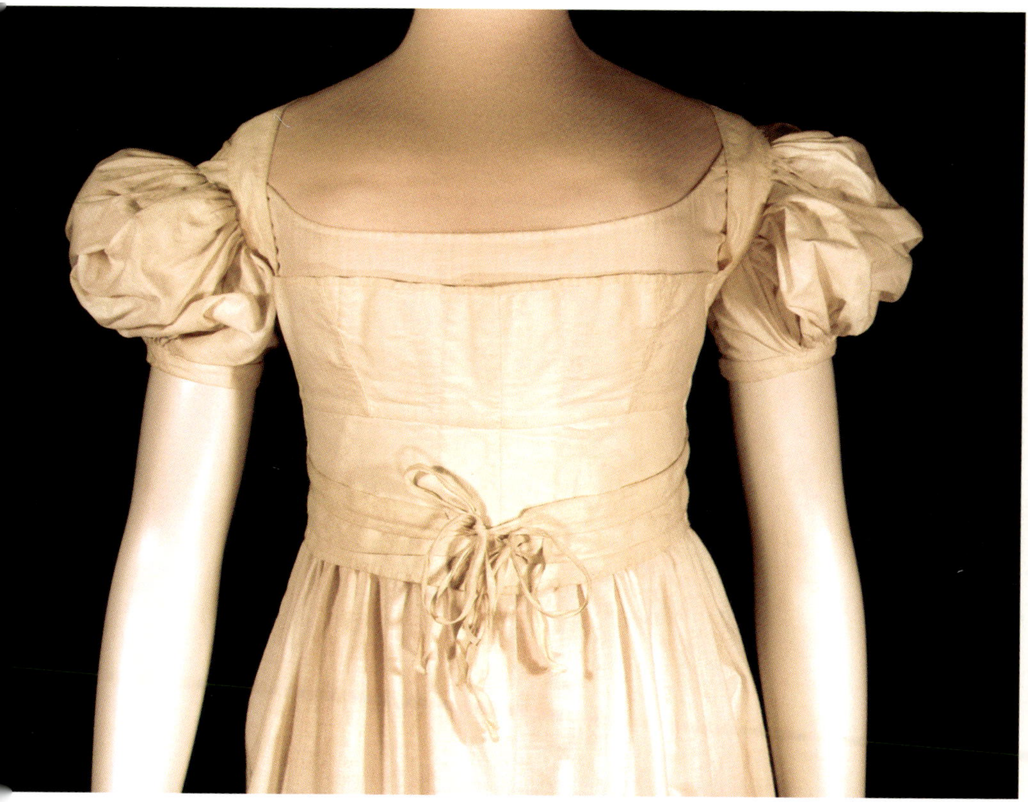

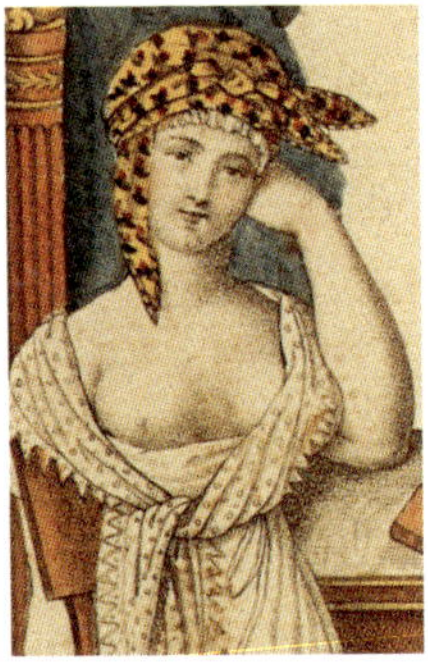

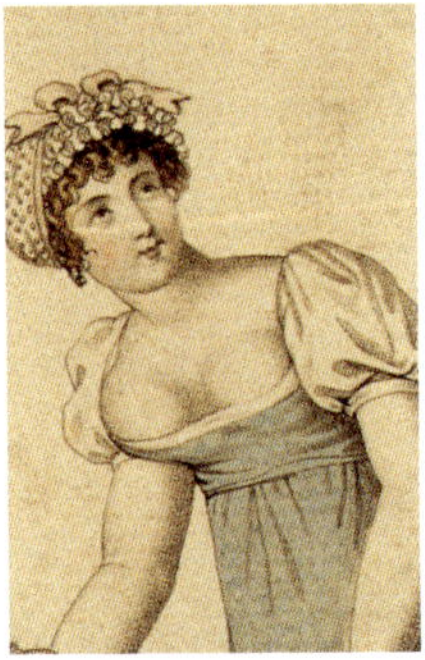

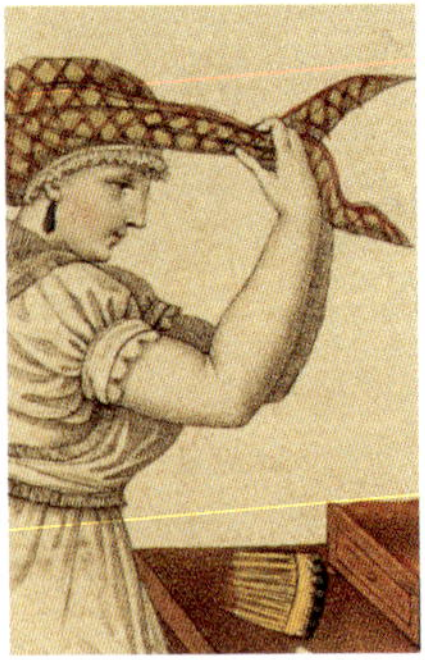

În familiile cu venituri modeste şi pe timp de război unele articole de lenjerie erau confecționate din rufărie de pat uzată (de obicei din cearşafuri), deoarece lenjeria intimă şi albiturile erau confecționate din materiale similare. Pentru aceste materiale, confortul este numitorul comun, bumbacul fiind alegerea principală datorită moliciunii şi calităților sale igienice.

„Le bon genre no. 30"
Ora de culcare a grizetelor

circa 1830
Colecție particulară, Paris

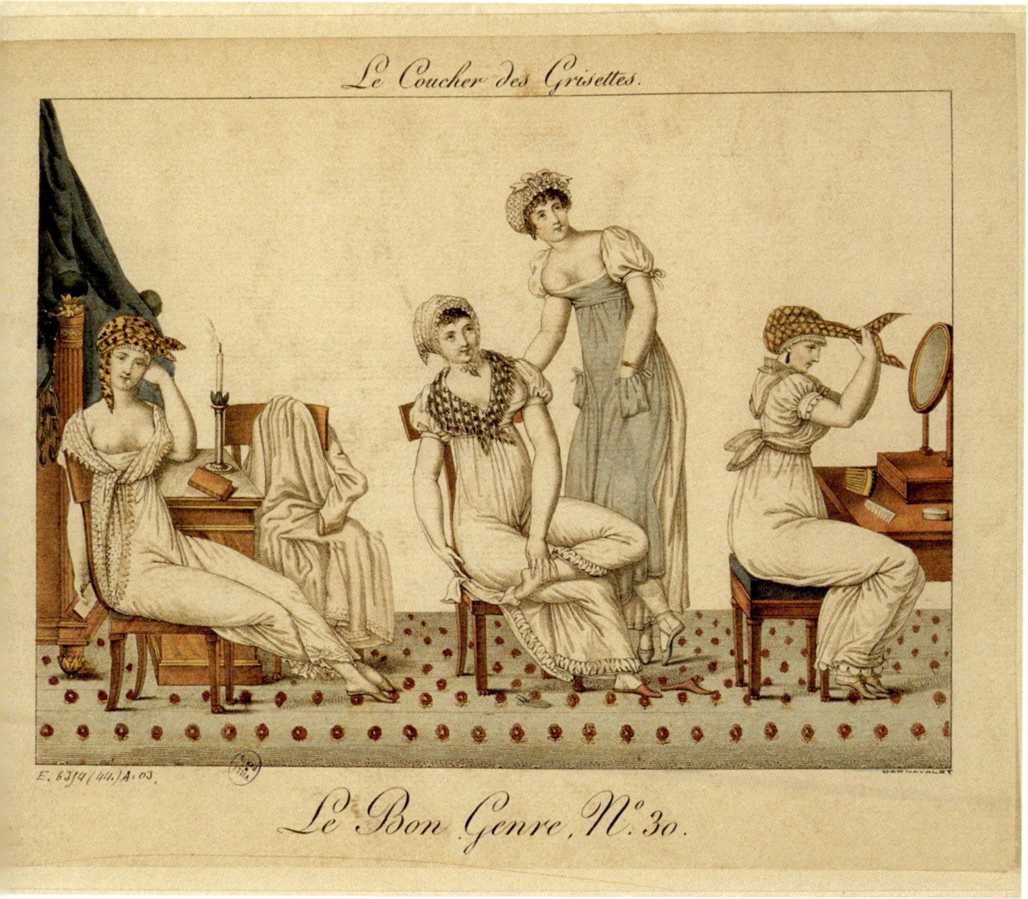
Le Coucher des Grisettes.
E. 63/4 (44.) A. 03.
Le Bon Genre, N°. 30.

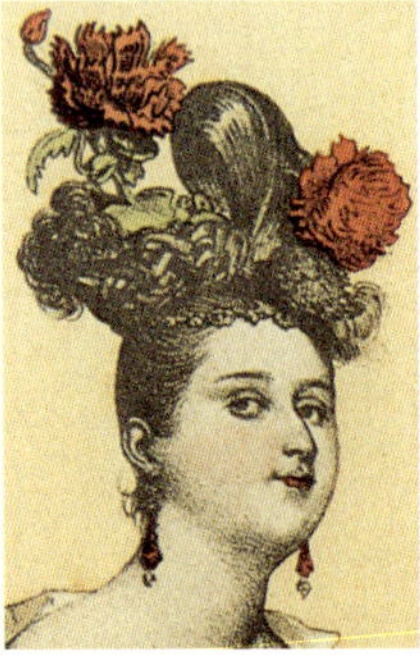

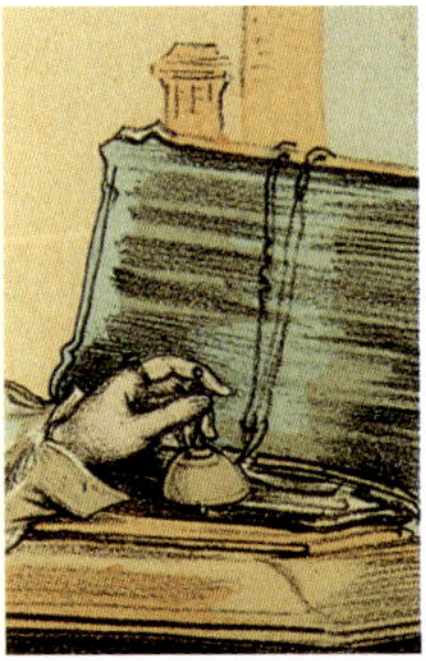

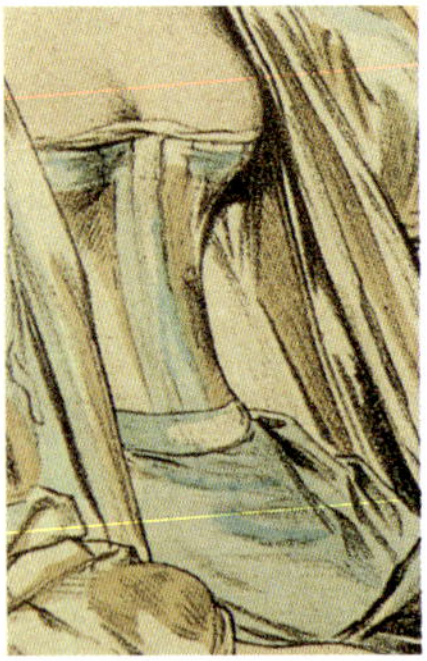

Dar şi alte materiale, mai mult sau mai puţin fine, au ajuns să fie folosite la confecţionarea lenjeriei: inul, mătasea şi materialele sintetice sub formă de ţesături relativ uşoare ca satinul, batistul, muselina, jerseul, percalul sau voalul.

Aceste ţesături sunt deseori gata ornate cu elemente decorative şi adesea seducătoare. Şi aceasta pentru că lenjeria nu are doar o funcţie de protecţie, ea este şi un accesoriu de îmbrăcăminte sofisticat.

„Ora opt seara”

Achille Deveria, circa 1830
*Les Heures de la Parisienne*
Muzeul Galliera, Paris

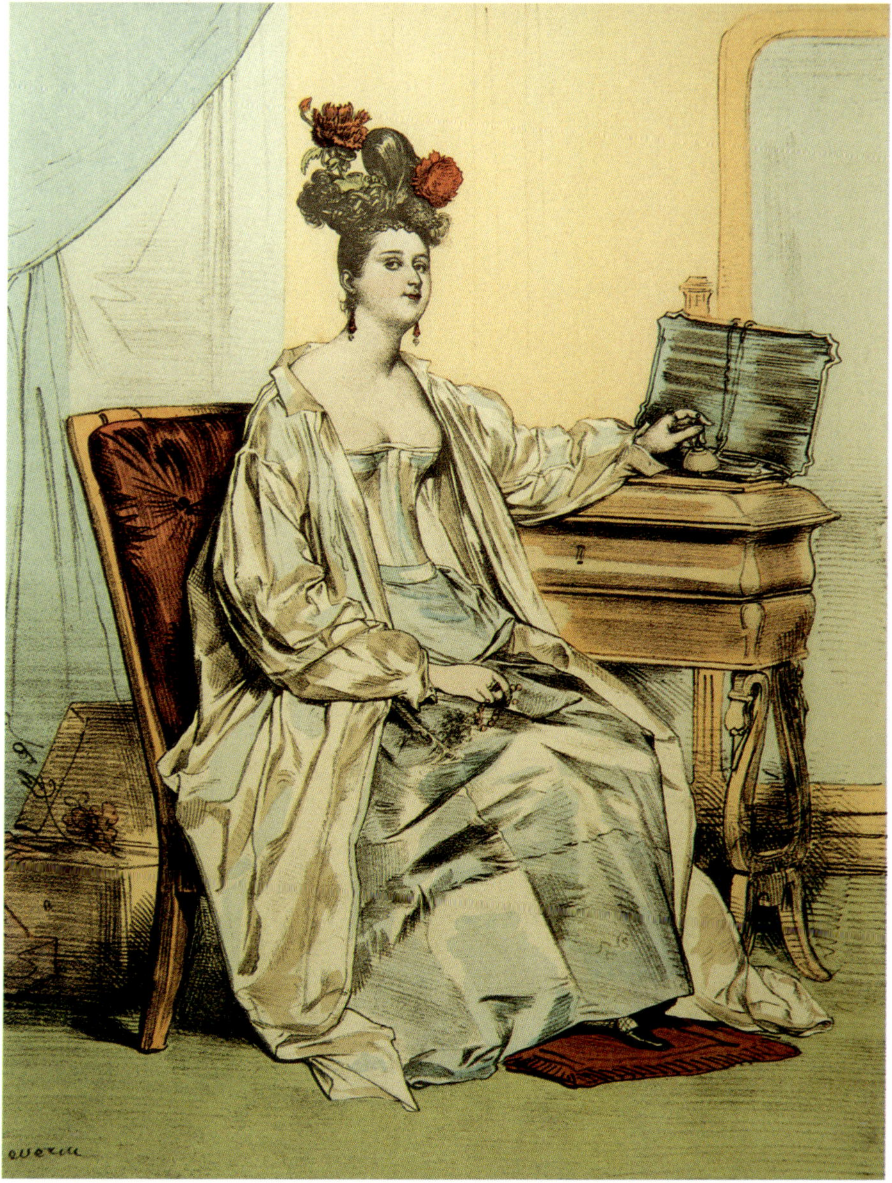

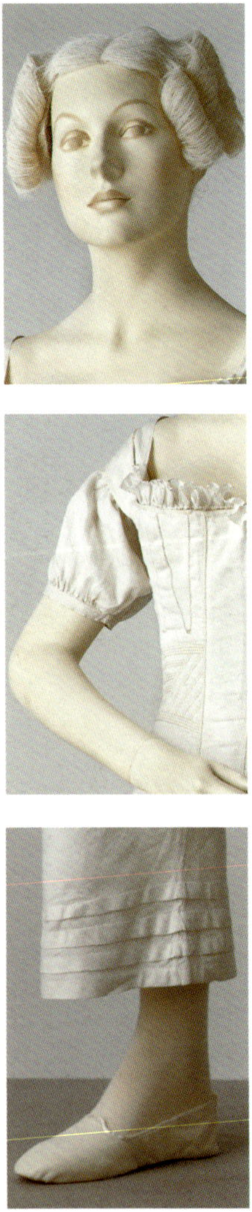

Hainele purtate direct pe corp îşi asumă statutul de îmbrăcăminte propriu-zisă atunci când lenjeria este parțial sau în întregime expusă, datorită flirtului, modei sau provocării. Atunci ies la iveală volănaşele şi dantelele elegante, sub formă de şnururi, broderii sau panglici. Culorile lenjeriei variază în funcție de femeia care o poartă, şi se schimbă în funcție de vârstă, statut social, gusturi, efectele scontate şi cerințele modei.

## Lenjerie pentru femei

Anglia, 1835, respectiv 1834
Cămaşă de in şi pantalonaşi de bumbac
Muzeul Victoria şi Albert, Londra

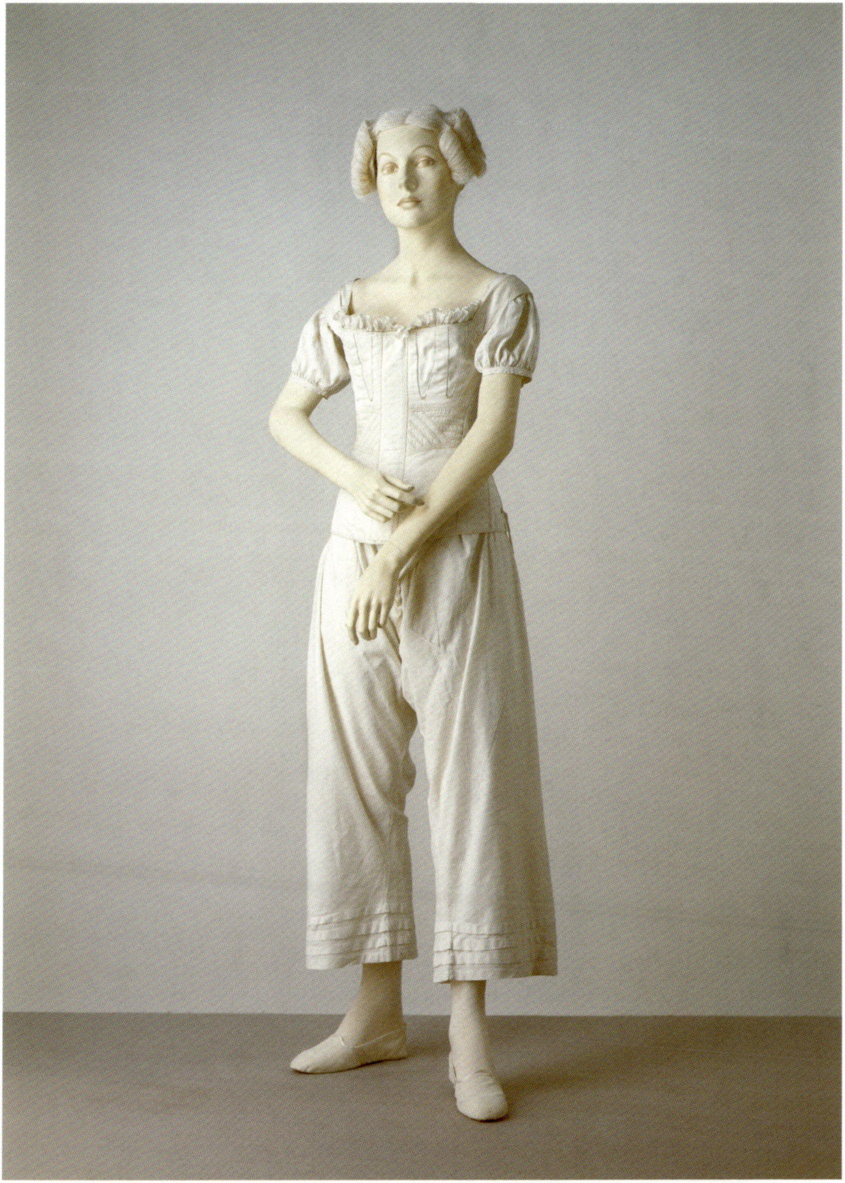

Dar lenjeria este rareori afişată în întregime, datorită asocierii sale cu nuditatea, demonstrată de piesa lui Georges Feydeau, *Pune ceva pe tine, Clarisse*, în care Ventroux îşi apostrofează soția care apăruse în fața fiului său îmbracată doar într-un camizol. „E complet transparent!” îi spune acesta soției. Clarisse îi răspunde că nu poate fi goală, deoarece poartă un camizol.

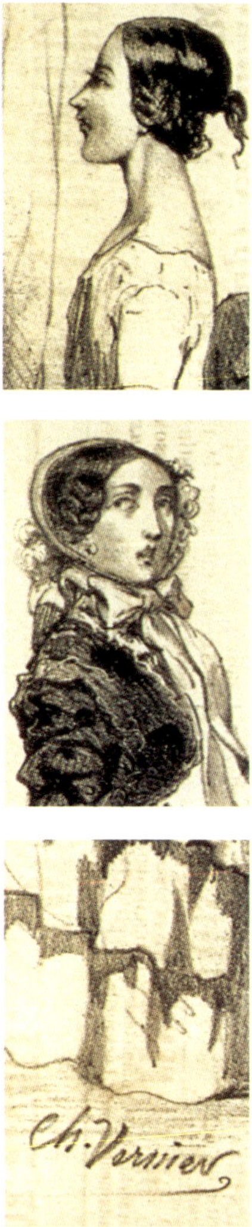


„Trop peu ! Trop !”
(Prea puțin! Prea mult!)

---

Charles Vernier, 1855
Gravură, Charivari
Muzeul Galliera, Paris

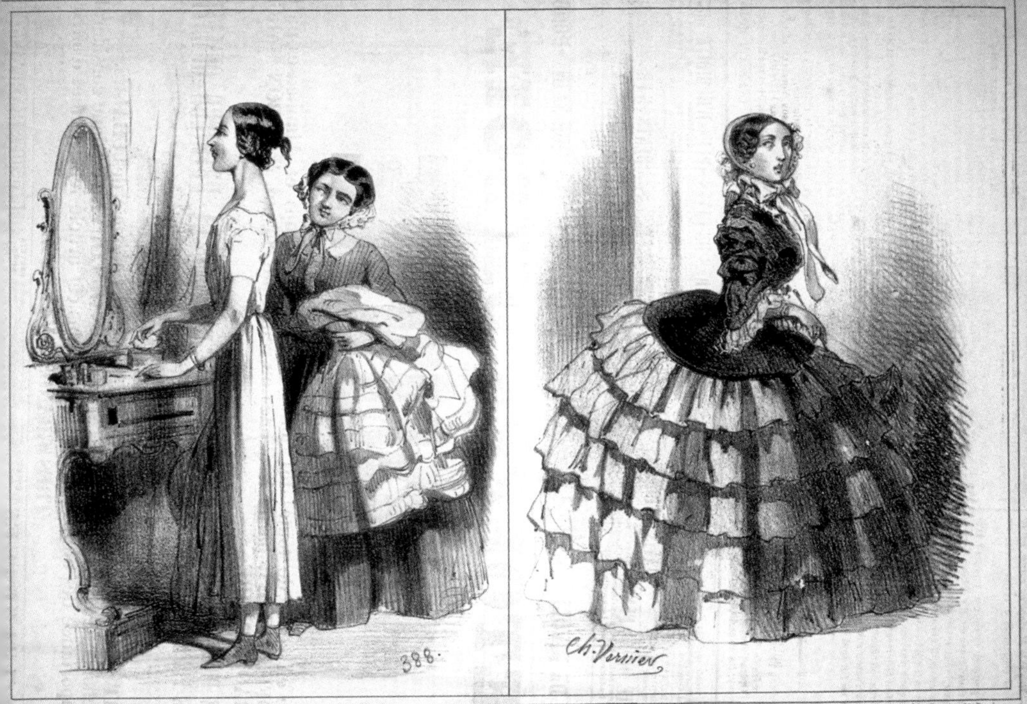


Trop peu !

Trop !

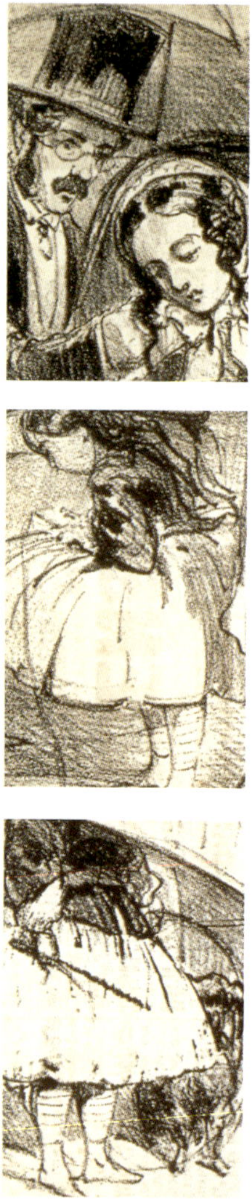

Scena demonstrează că, din perspectiva unei femei, lenjeria intimă este îmbrăcăminte, pe când bărbatul observă doar nuditatea pe care lenjeria o ascunde. Din cauza contactului cu pielea şi a asocierii cu intimitatea feminină, lenjeria intimă a fost şi va rămâne un obiect al fanteziei bărbaţilor, fantezie încurajată discret de femeile care o poartă.

„Utilité de la crinoline"

Charles Vernier, 1855
Gravură, Charivari
Muzeul Galliera, Paris

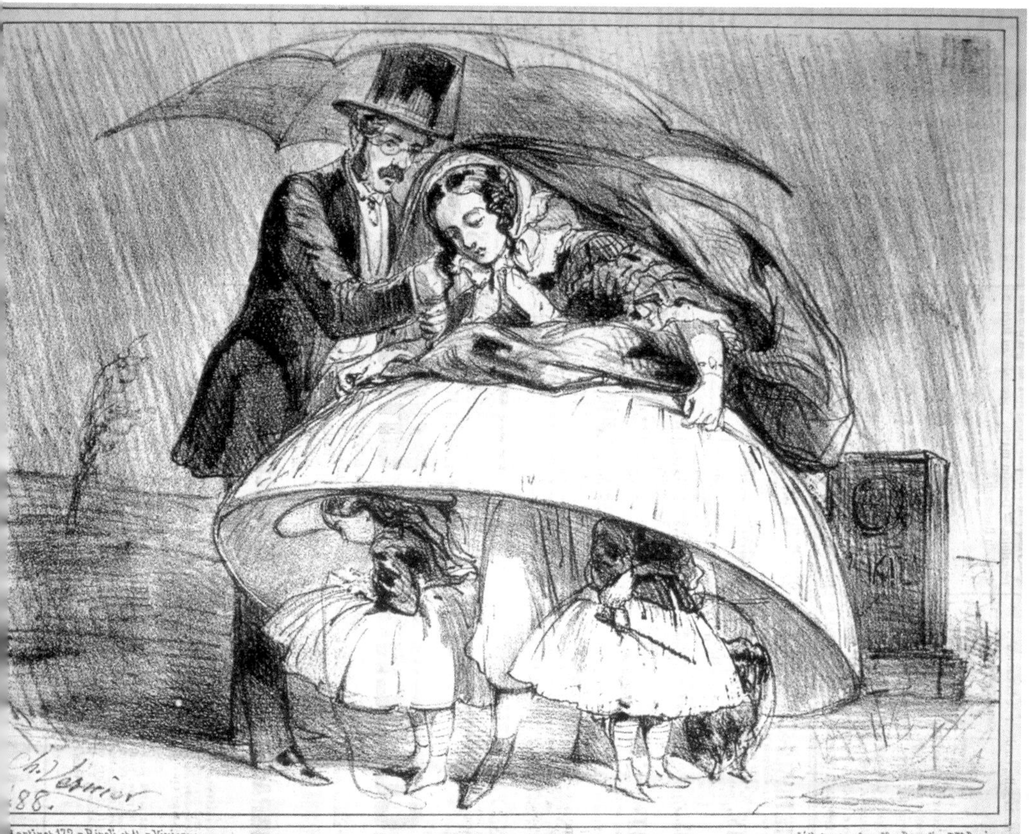

Martinet 172, r. Rivoli et 41, r. Vivienne — Lith. Destouches, 28, r. Paradis Pre Paris.

UTILITE DE LA CRINOLINE

C'est ça, garantis tes filles ....moi, je me charge de ton chapeau et de ta robe ...., ça m'a coûté assez cher !...

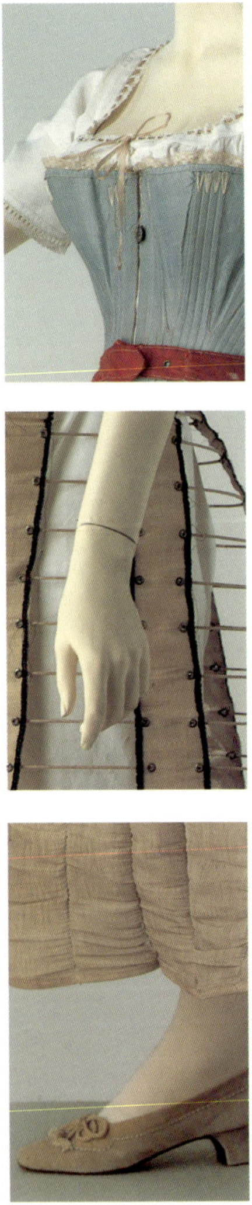

Simpla întrezărire a volanelor unui jupon a avut acelaşi impact asupra imaginaţiei masculine în secolele XVIII şi XIX ca observarea chiloţilor purtaţi sub o pereche de blugi astăzi. Lenjeria are o conotaţie erotică deoarece reprezintă aspectul cel mai intim al feminităţii. Categoria corsetului aparţine mai mult domeniului camuflării.

Lenjerie compusă din cămaşă de bumbac, corset cu balene şi mătase albastră, crinolină acoperită cu panglici şi volănaşe. Cadru din oţel în formă de roată, acoperit cu şireturi şi franjuri din păr de cal

---

Anglia şi Franţa, circa 1860-1869
Muzeul Victoria şi Albert, Londra

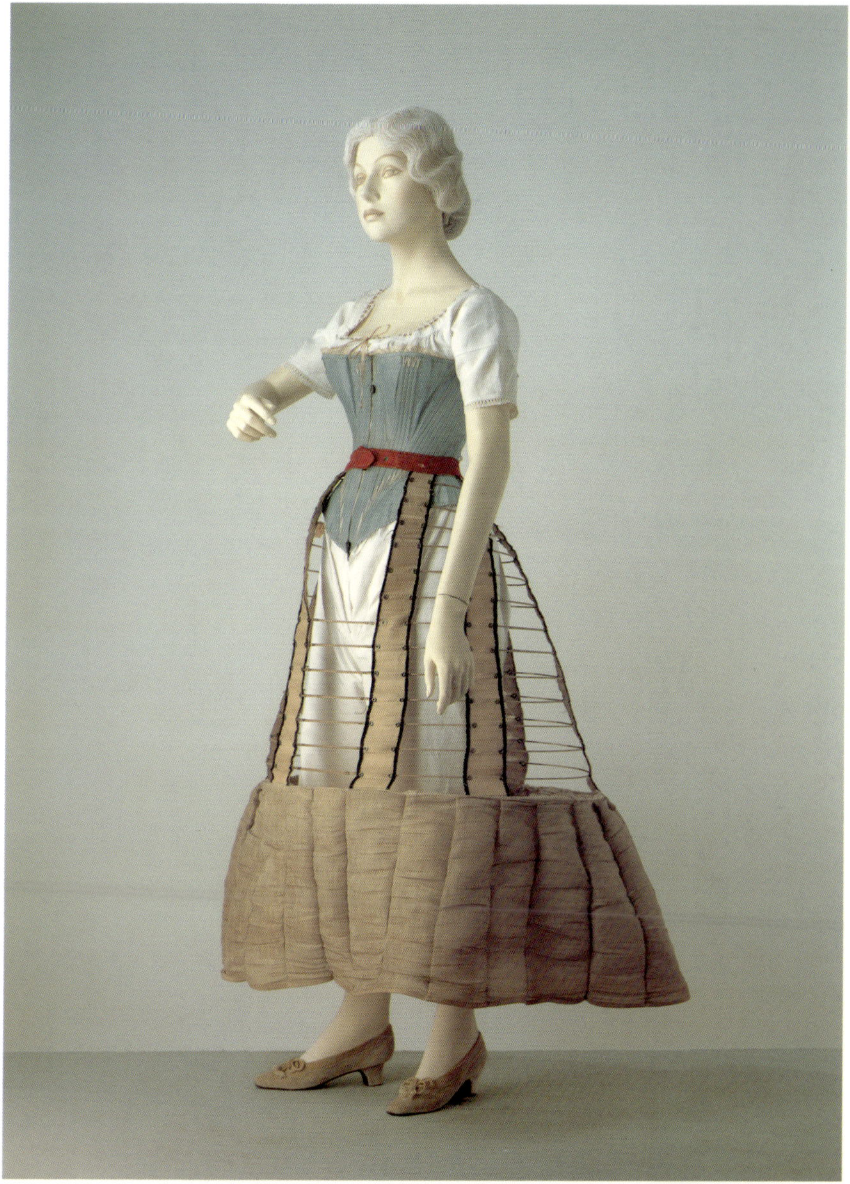

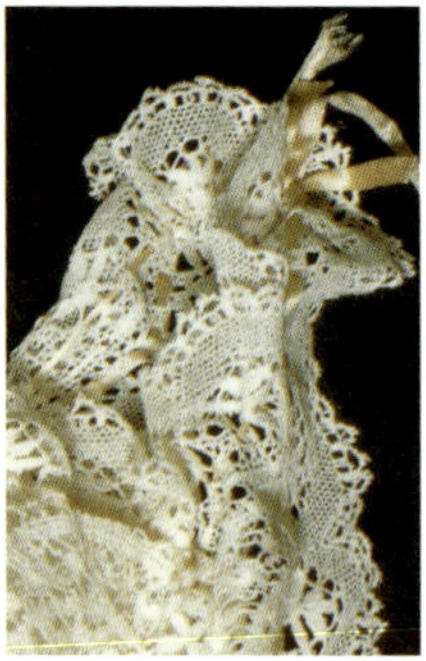

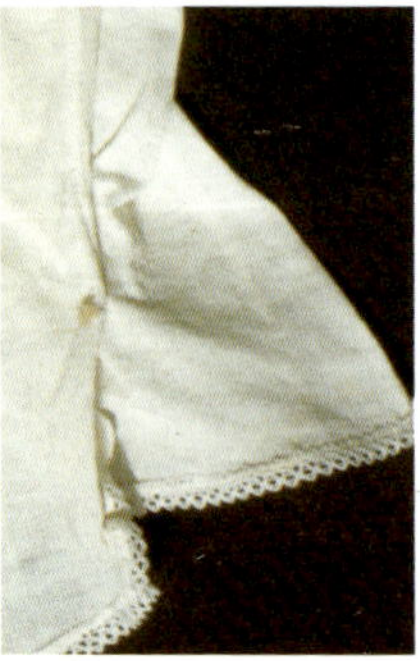

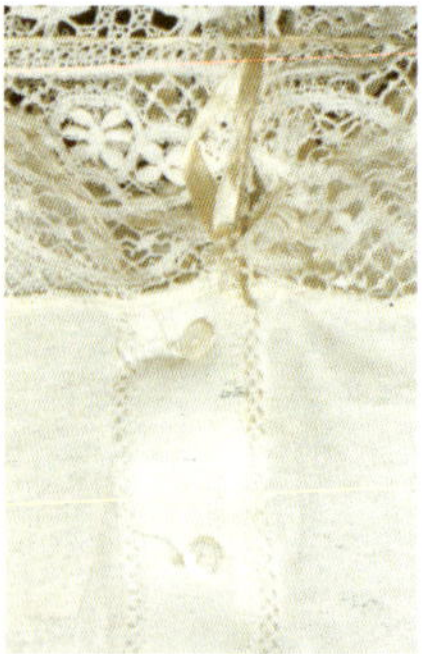

Relatia dintre corset şi îmbrăcăminte este asemănătoare cu cea dintre structura de rezistență a clădirii şi clădirea în sine, doar că, în cazul corsetului, acesta este deja aşezat pe o fundație: corpul femeii. Rolul corsetului este de a modela silueta conform modei. În acest scop, corsetul este folosit pentru a transforma trei părți ale corpului: talia, bustul şi şoldurile, trei zone pe baza cărora se construieşte o nouă siluetă.

Cache-corset

Dantelă
Muzeul de Artă şi Istorie, Troyes

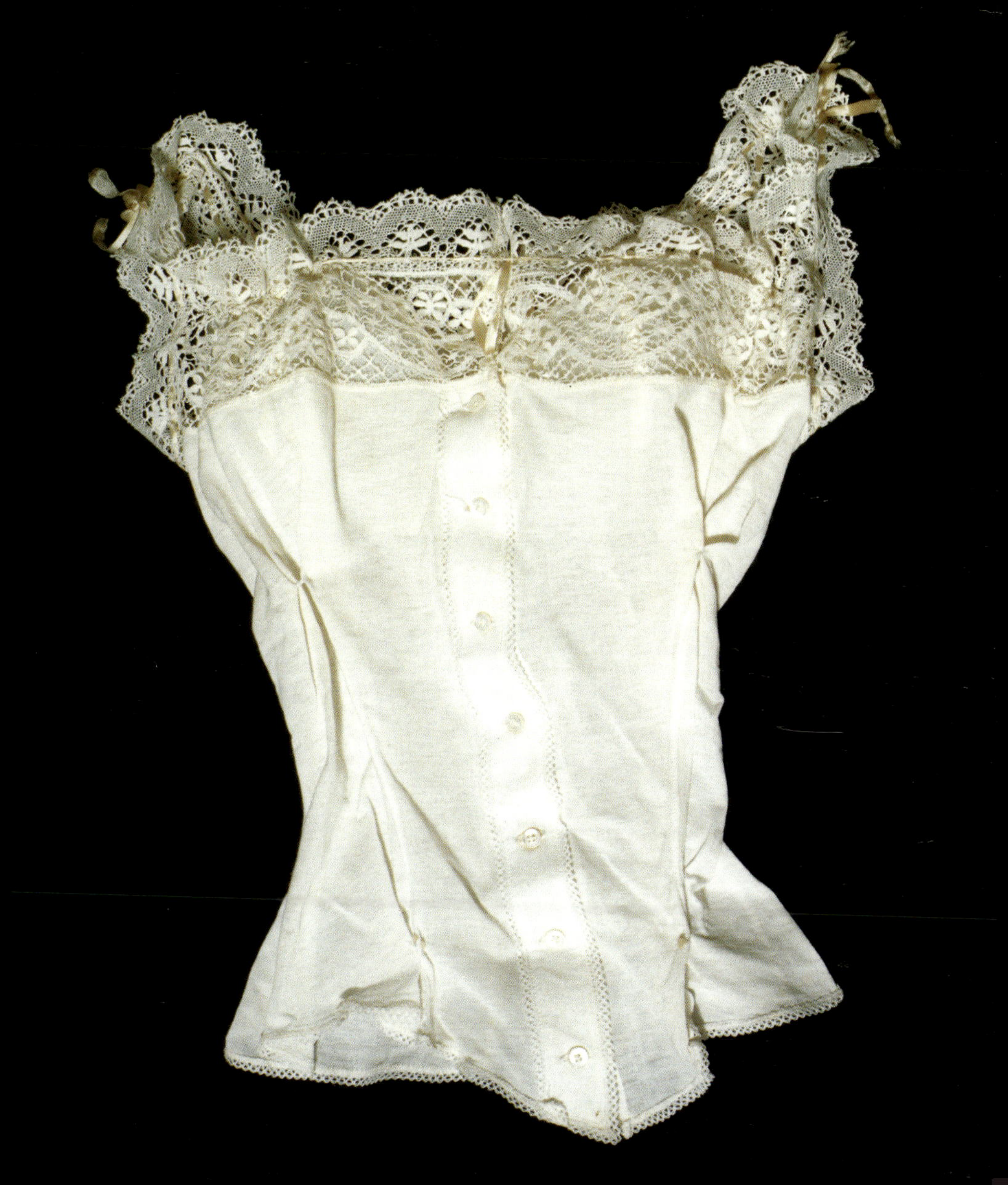

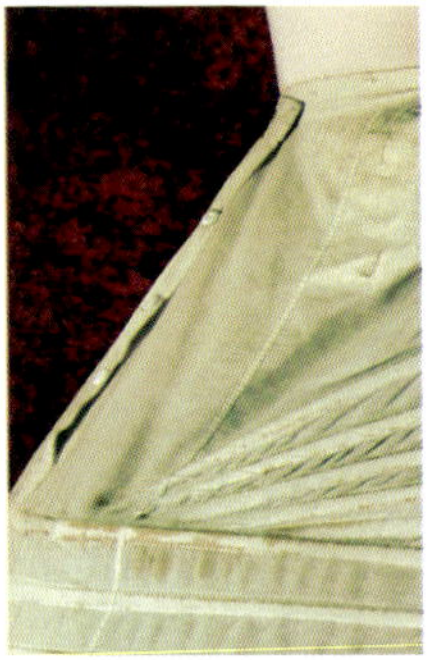

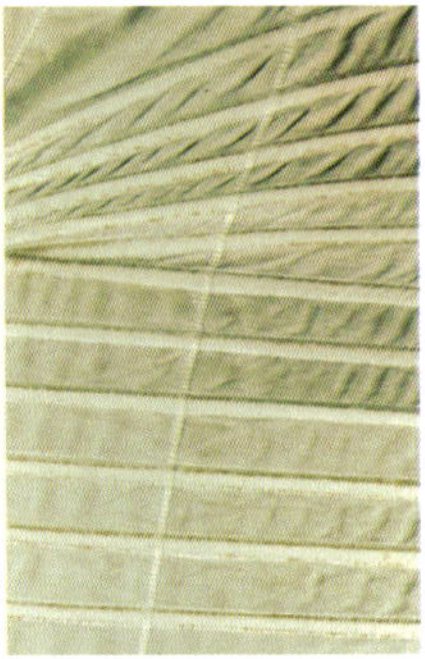

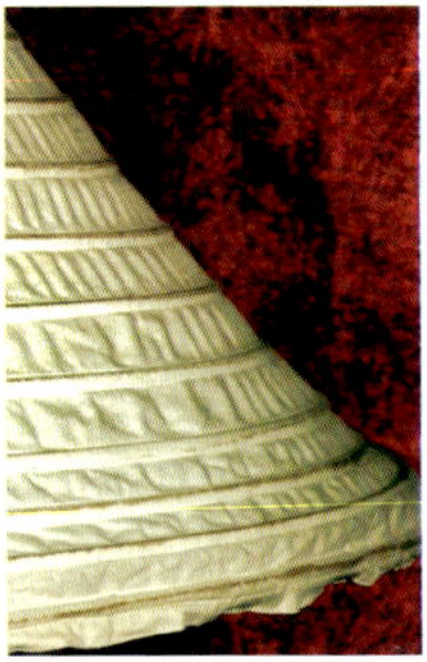

În *Underwear Through the Ages* (Lenjeria de-a lungul anilor), Armand Silvestre descrie „corsetul ideal“ în următoarele cuvinte: *„Marginea de sus ar trebui să fie îndeajuns de largă încât să susțină sânii fără să-i strângă; răscroiala din dreptul mâinilor ar trebui să fie foarte adâncă; stofa pentru căptuşeală ar trebui să fie subțire, corect aşezată şi suplă [...] în cele din urmă, acesta ar trebui să se potrivească în întregime deasupra bazinului, fiind bine fixat pe şolduri şi urmând liniile naturale din lateral."*

## Jupon

circa 1865
Bumbac alb, ramă din împletitură, Inv.2003.75.X
Muzeul Galliera, Paris

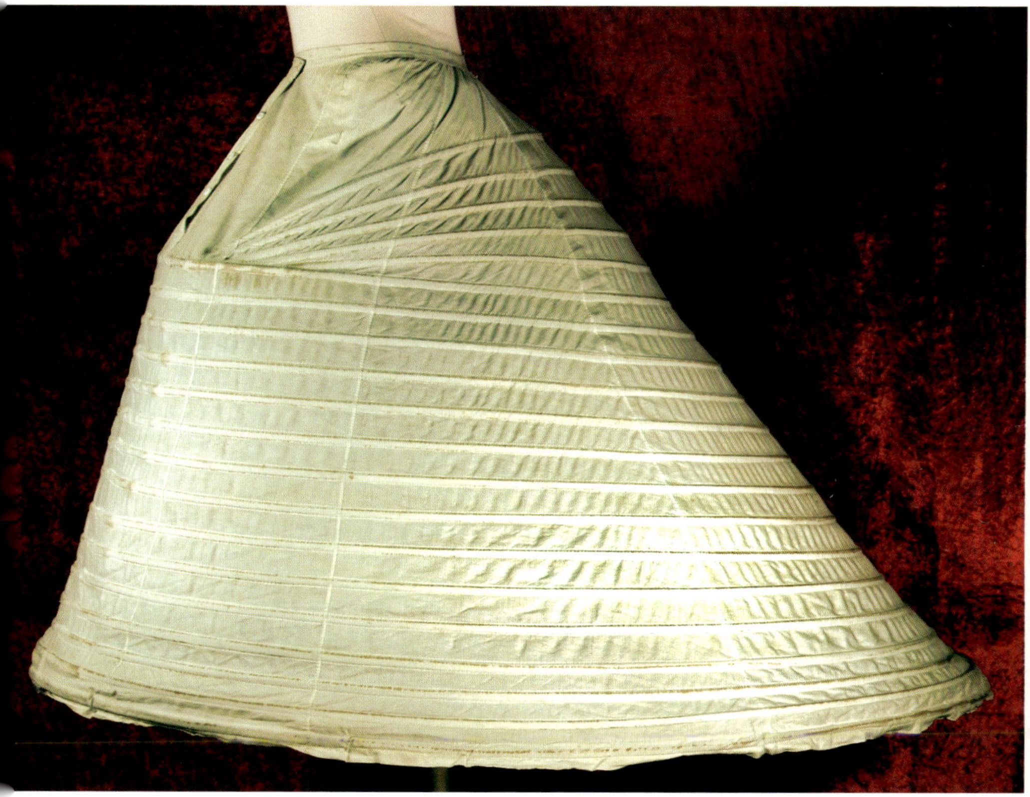

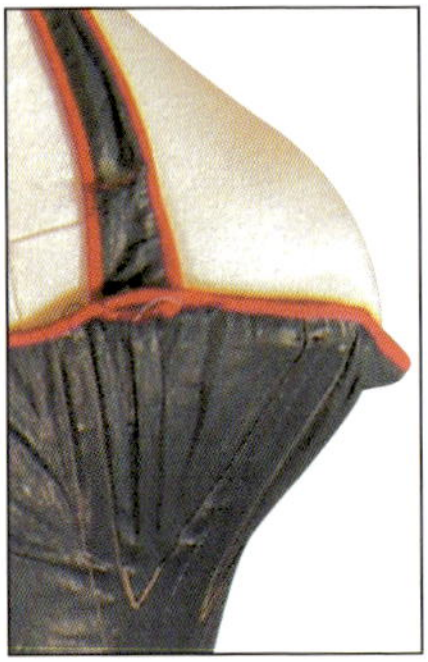

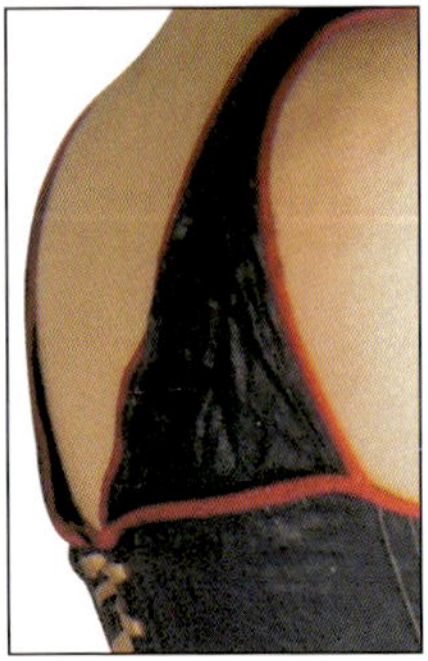

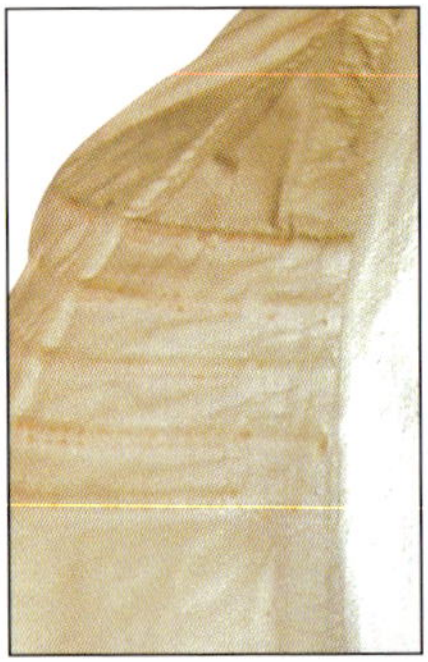

Astfel, corsetul accentuează rotunjimile naturale ale corpului şi permite siluetei să se adapteze unor noi linii. Poate crea un bust rotund, ridicat, bine făcut sau plat; o talie mai mult sau mai putin zveltă, mai ştearsă sau mai evidentă; poate subţia sau lăţi şoldurile. Impunând cerinţele modei asupra corpului, adesea corsetul este împotriva naturii.

Corset sport sau de vară şi jupon cu turnură (numită „coadă de crab")

1875-80
Inv.1920.1.1968 Inv. 2003.73.x
Muzeul Galliera, Paris

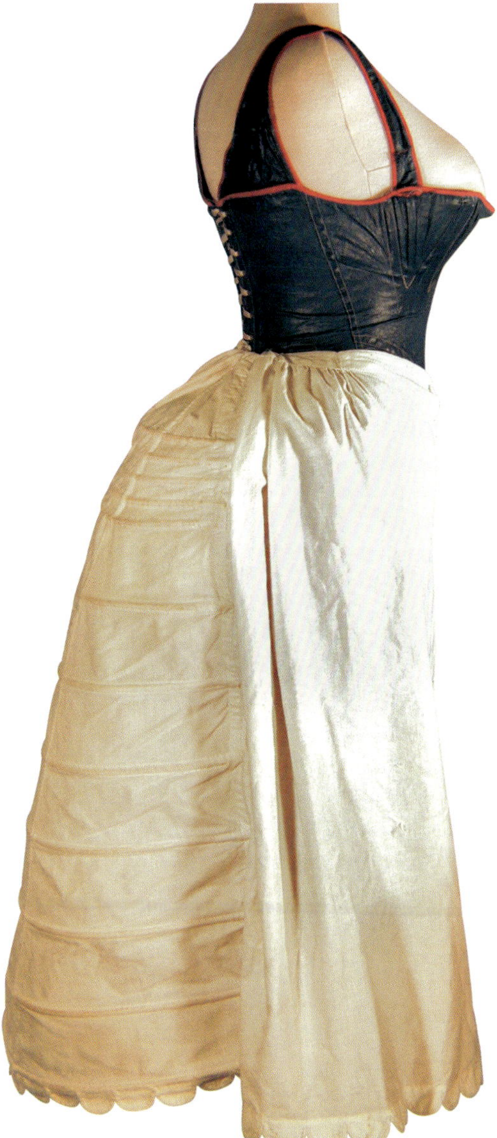

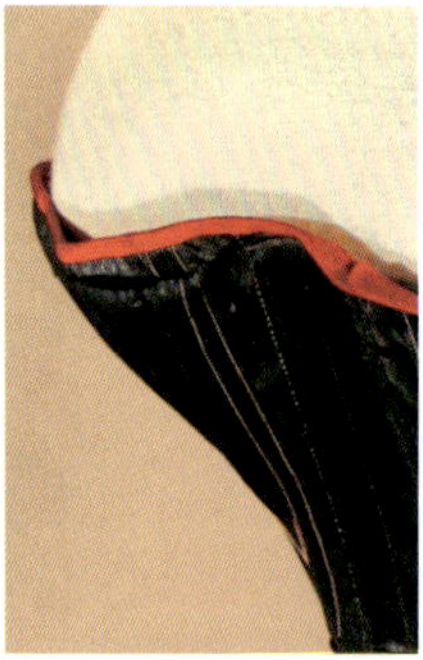

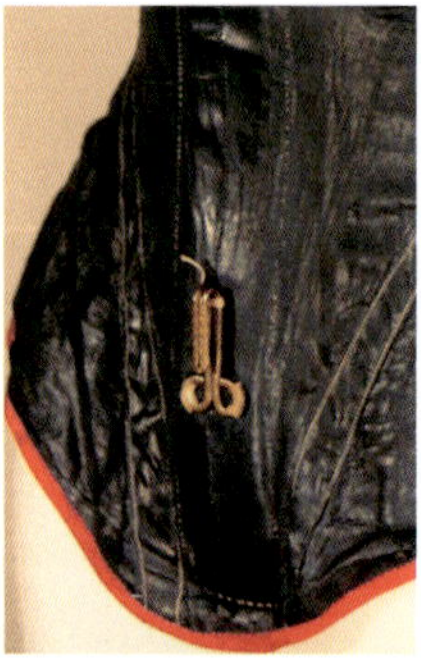

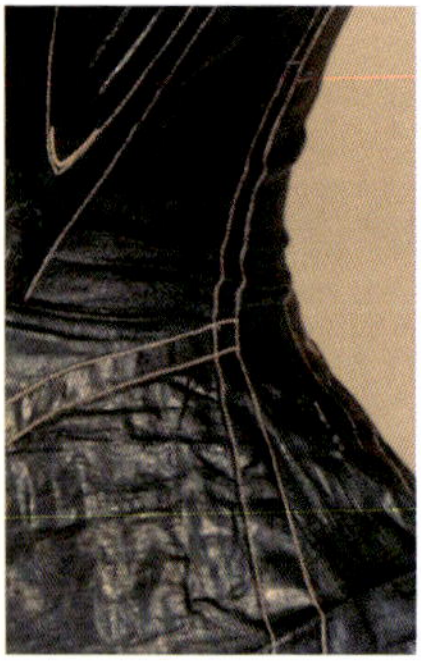

Pe când lenjeria intimă este legată de sfera intimității, corsetul este legat de aspectul exterior. Corsetul este cel care transformă o femeie îmbrăcată în rochie într-o persoană îmbrăcată după ultima modă. Categoria corsetului include articole ca bustiera, corsetul, corsajul, crinolina. O piesă de corset este formată din întărituri interne care strâng şi controlează corpul.

## Corset de vară

1875-1880
Inv. 1920.1.968
Muzeul Galliera, Paris

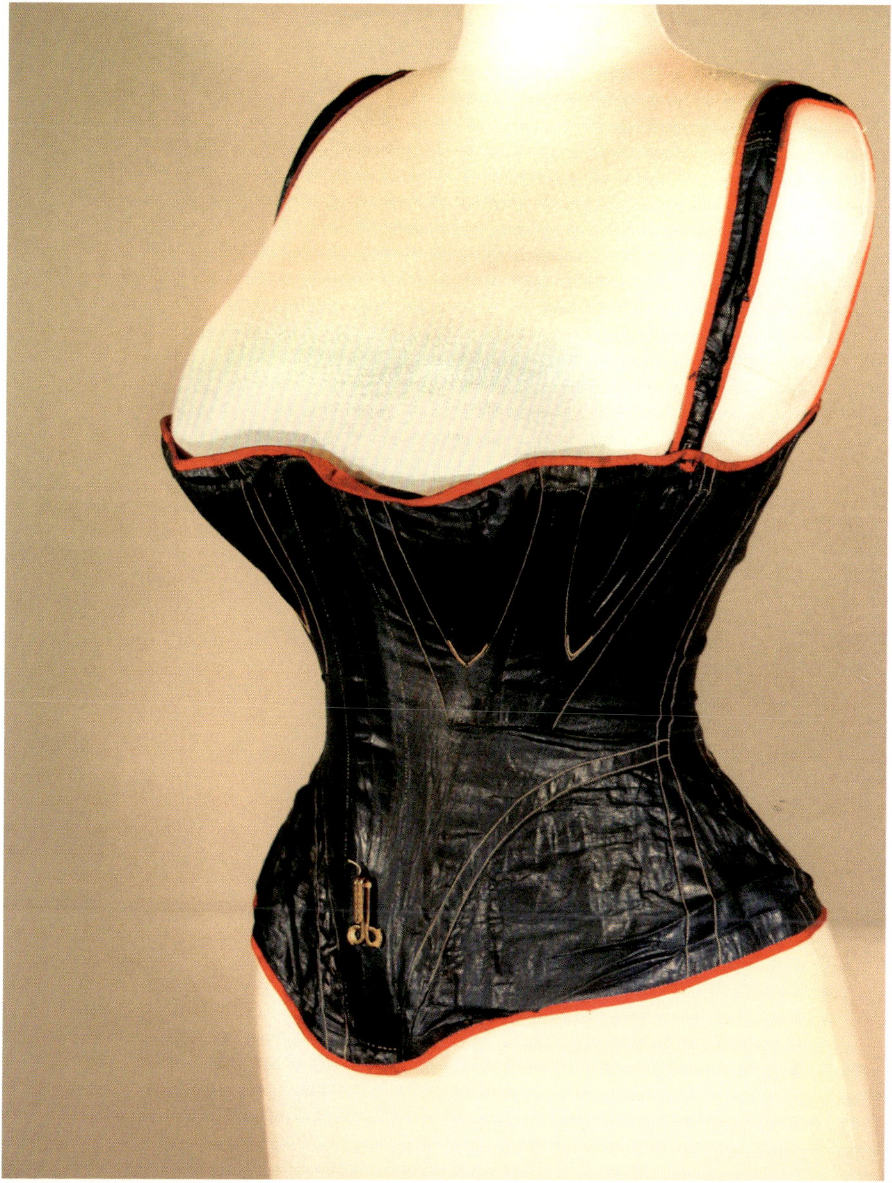

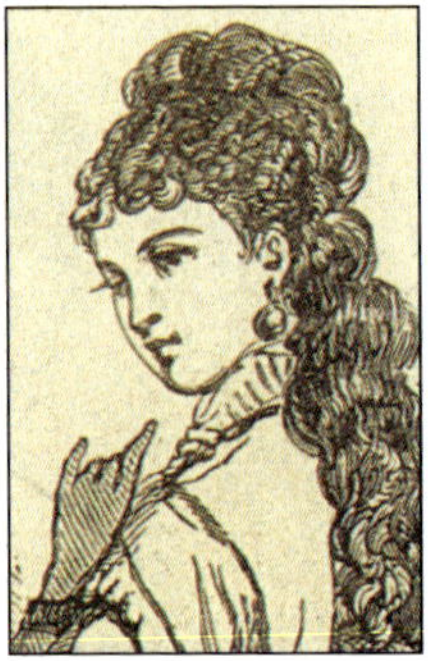

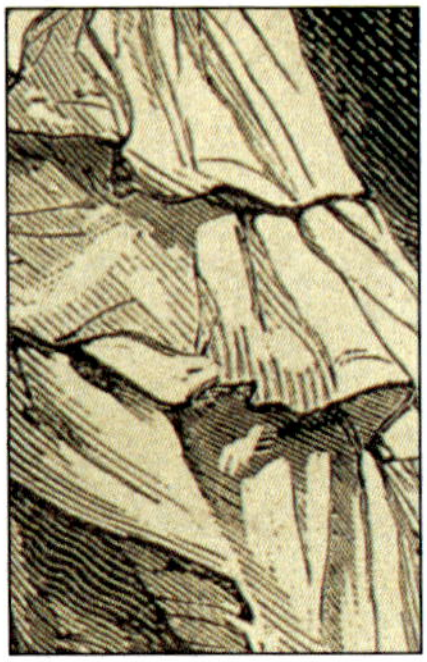

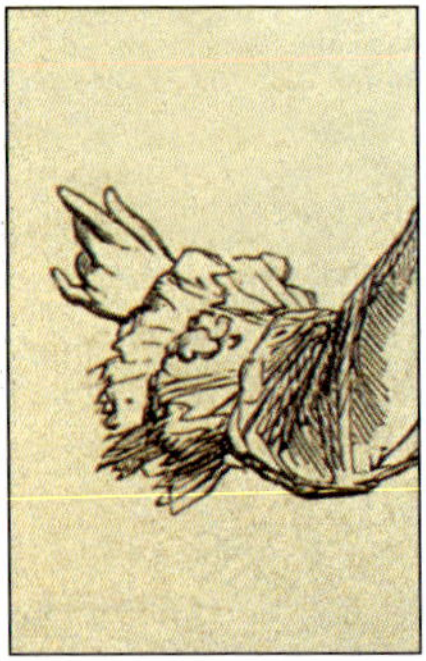

Întăriturile sunt executate din materiale rezistente, ca fanoanele de balenă, papura, oțelul și materialele elastice. Inițial create pentru a fi purtate deasupra hainelor, și abia mai târziu pentru a fi purtate deasupra lenjeriei, articolele din categoria corsetului sunt fabricate din materiale mult mai sofisticate decât cele pentru lenjerie, pentru a fi mai puțin vizibile. Articolele gen corset sunt uneori create pentru a se potrivi unui anumit tip de îmbrăcăminte sau pentru a se potrivi cu anumite articole de lenjerie, cum e cazul combinezonului.

## Turnuri și corsete

**1876-1877**
Modă de iarnă, album ilustrat pentru
Grands Magasins du Louvre
Muzeul Galliera, Paris

GRANDS MAGASINS DU LOUVRE

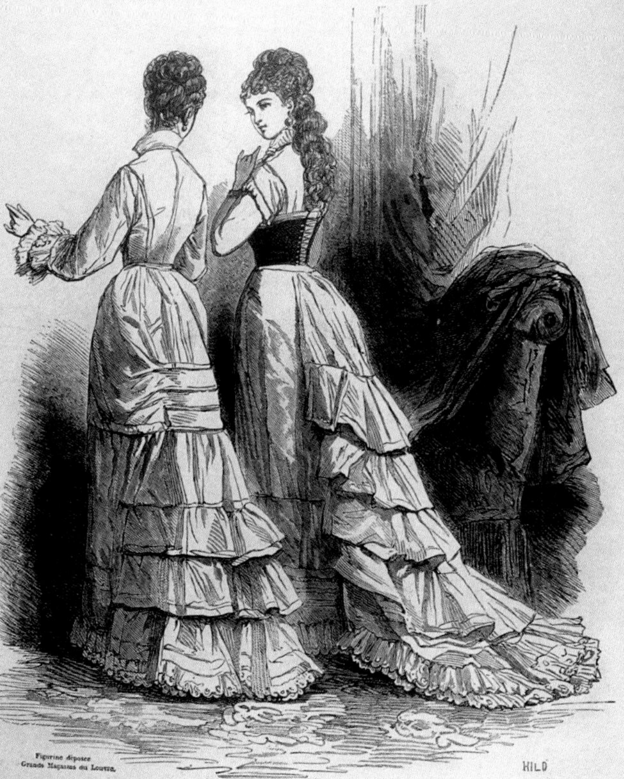


## TOURNURES ET CORSETS

**Fig. 603 — TOURNURE** en *nansouk*, forme très-élégante, pour robes demi-longues, ornée de trois volants et garnie au bas de deux riches broderies............... **33** et **36** fr.

**Fig. 604. — JUPON-TRAINE** *indispensable pour robes longues*, double jupe à cinq volants; garni de deux broderies très-riches. . . **49** fr.
**Le même**, garni de dentelle . . . . . . . . **39** fr.
*Longueur* 1m *devant*, 1m30 *derrière.*

*AVIS TRÈS IMPORTANT. — Afin d'éviter des erreurs ou des retards, nous prions les Dames de vouloir bien mentionner sur leurs commandes :* **Comptoir des Tournures et Corsets.**

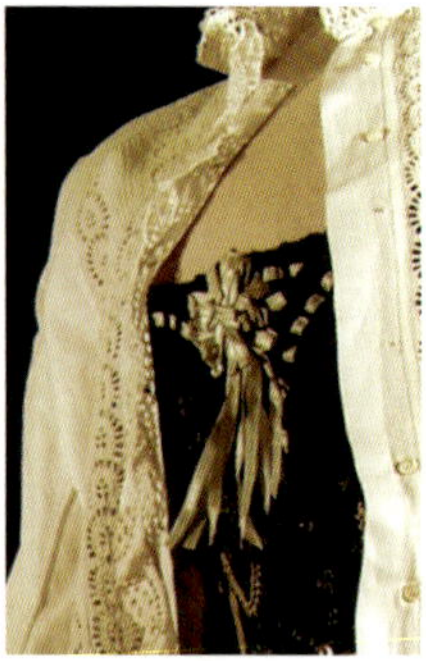

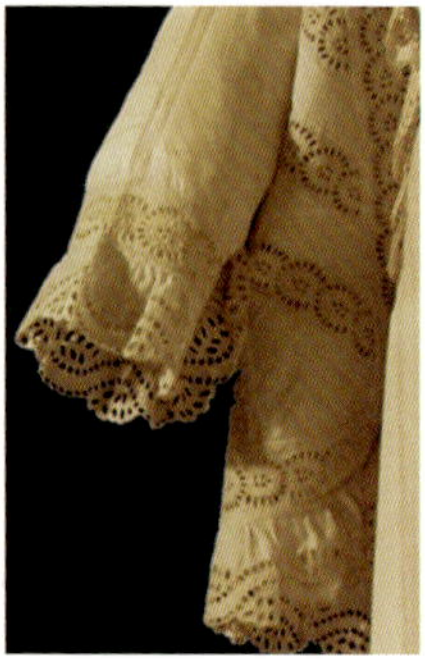

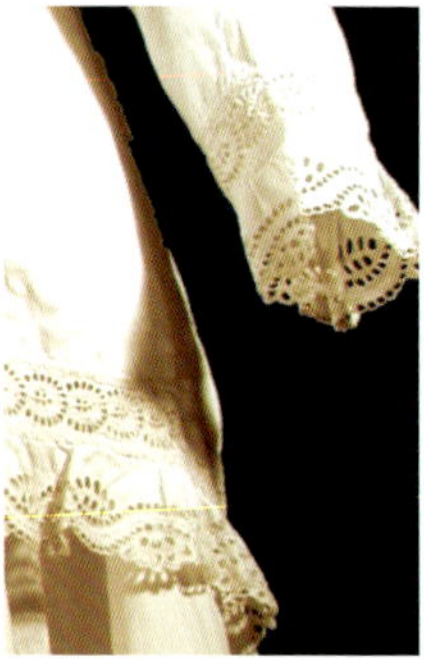

De aceea, corsetul este asociat cu lumea modei şi cu schimbările ei: nu numai că e mai evident decât lenjeria (în Evului Mediu corsetul era purtat deasupra rochiei) ci este înainte de toate la baza unei noi siluete. Ca urmare, corsetul a fost mult mai criticat decât lenjeria.

## Dimineața

circa 1880
Bumbac şi dantelă, Inv. 1975.1.4
Muzeul Galliera, Paris

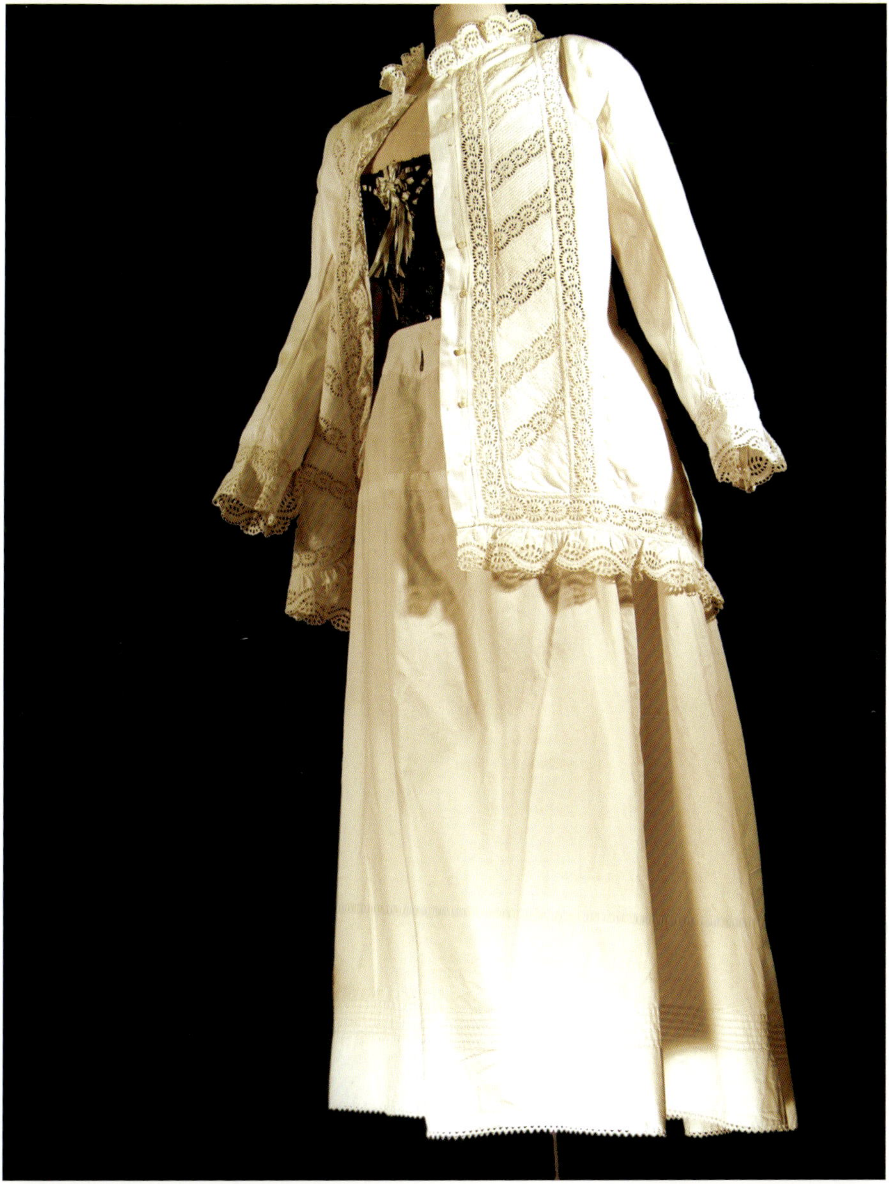

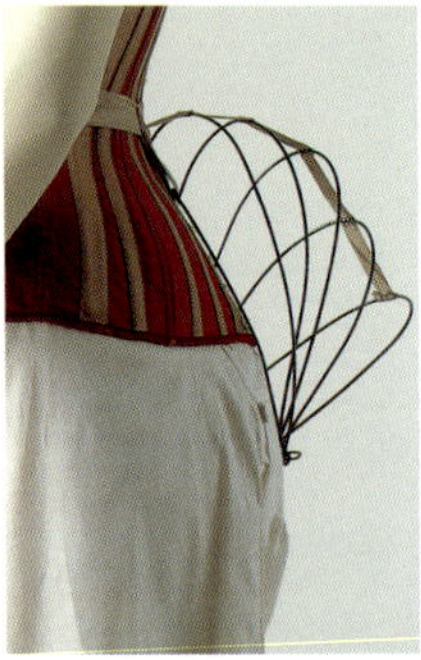

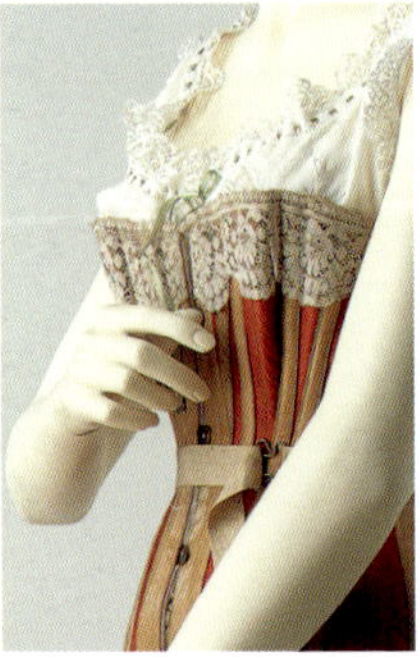

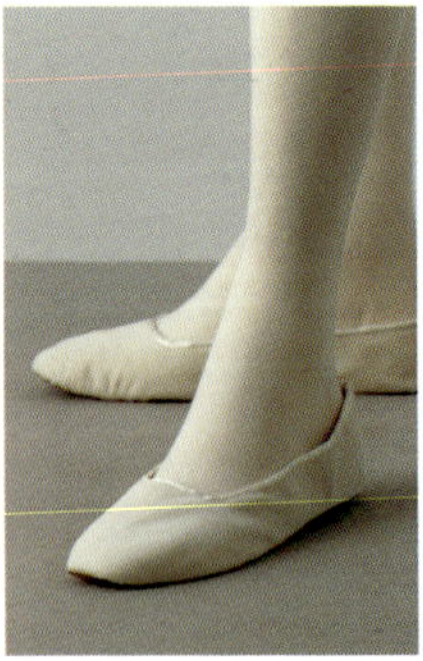

Pe de-o parte se aflau cei care susțineau corsetul, considerându-l un simbol de moralitate feminină, postura sa fizică evocând comportamentul vertical al femeii. De cealaltă parte se aflau medicii, igieniştii, iar mai târziu feministele, care acuzau designerii şi fabricanții că încearcă să încorseteze trupul feminin într-un aparat nenatural, care putea să provoace vătămări fizice.

## Combinezon

Anglia, circa 1883-1895
Bumbac alb cu corset lucios cu dantelă Bedfordshire Maltese, satin roşu şi turnură din fire de metal
Muzeul Victoria şi Albert, Londra

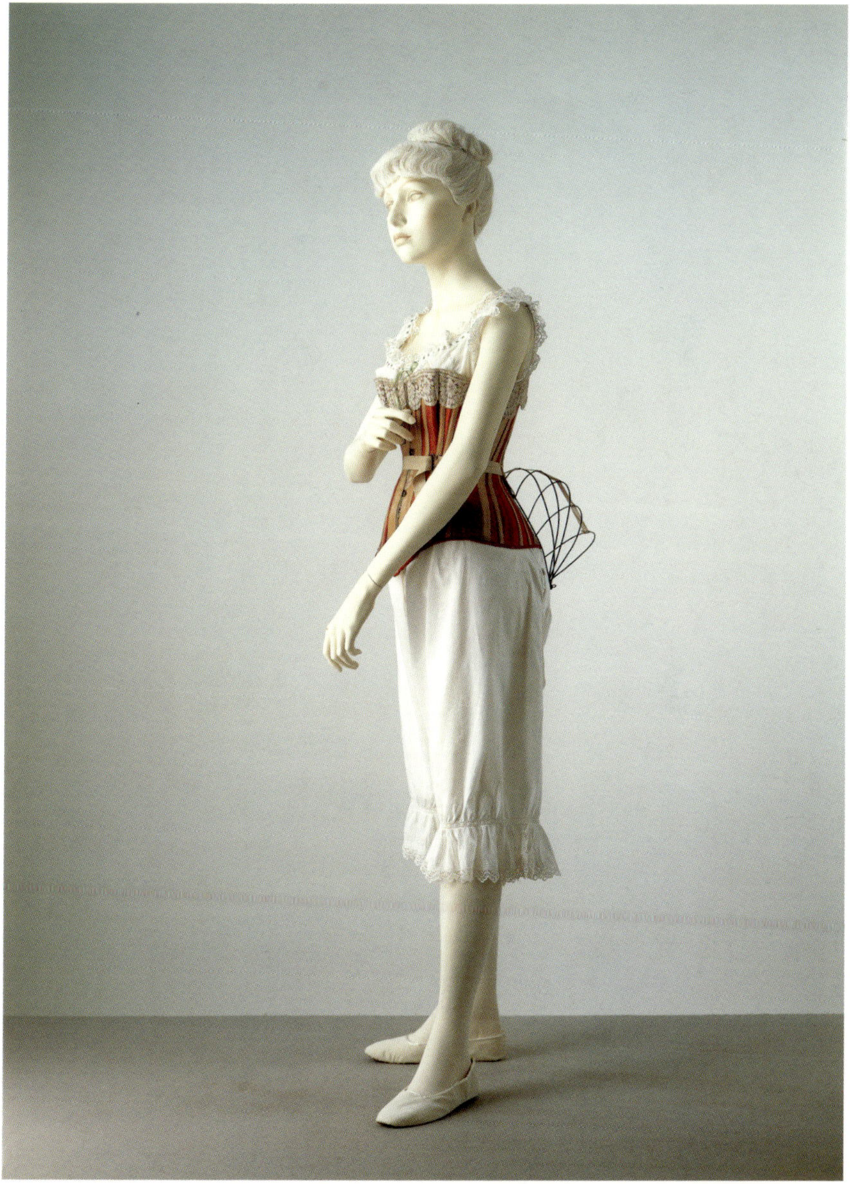

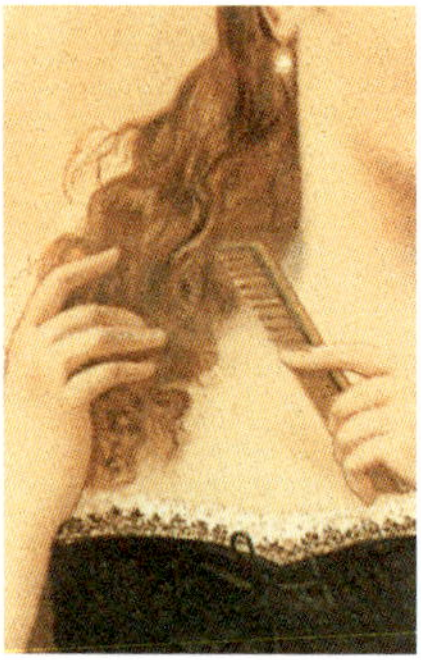

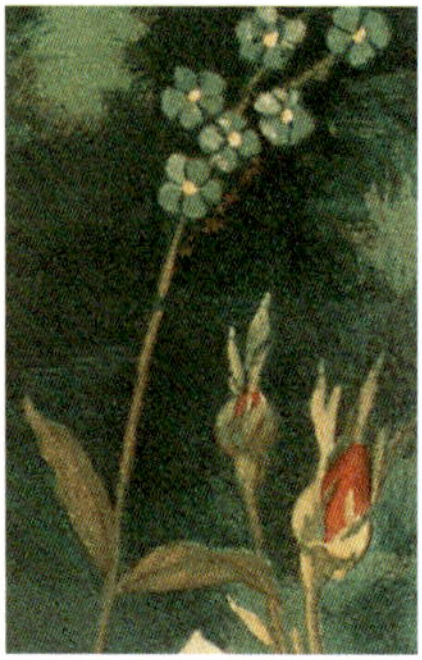

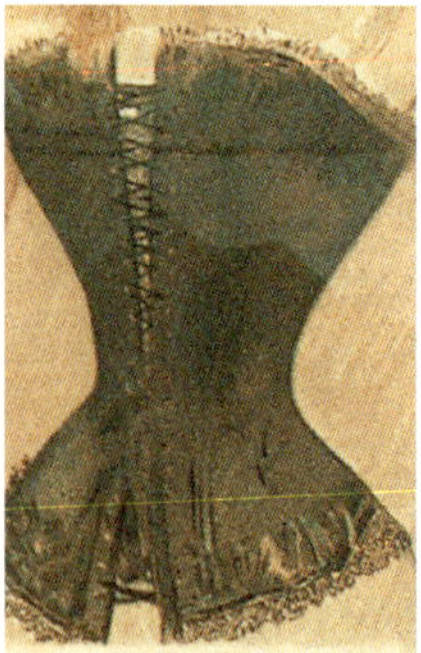

Faptul că femeile au acceptat să poarte acele întărituri în ciuda criticilor a reprezentat mai mult decât o acceptare a modei: pentru multe din ele, acestea erau un mod de a-şi ascunde imperfecţiunile fizice. Trupul femeii a fost dintotdeauna considerat moale, şi se credea că avea nevoie de un suport extern, asa cum se susţinea în revista Vogue, în 1932: „Este cunoscut faptul că muşchii abdominali ai femeii sunt slabi, şi nici măcar exerciţiile solicitante nu pot împiedica trupul să se lase, acesta având nevoie de un suport”.

„A la Perséphone”

Anonim, 1889
Afiş, 55 x 43 cm
Biblioteca Forney, Paris

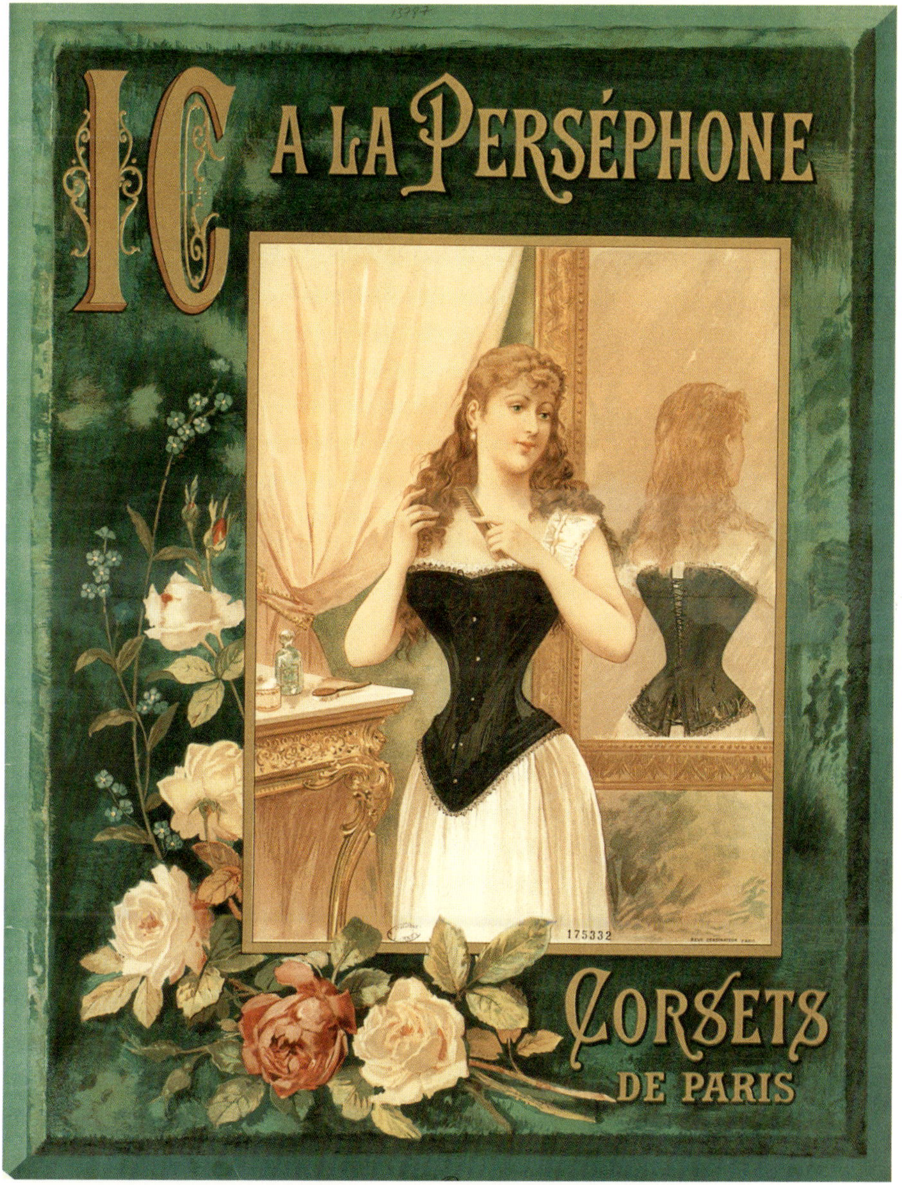
IC
A LA PERSÉPHONE
175332
CORSETS
DE PARIS

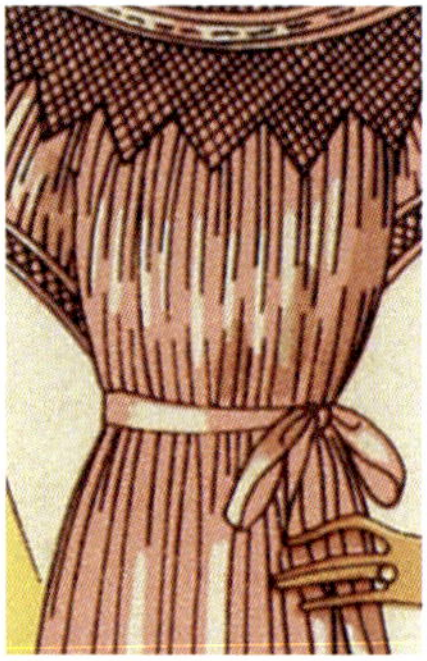

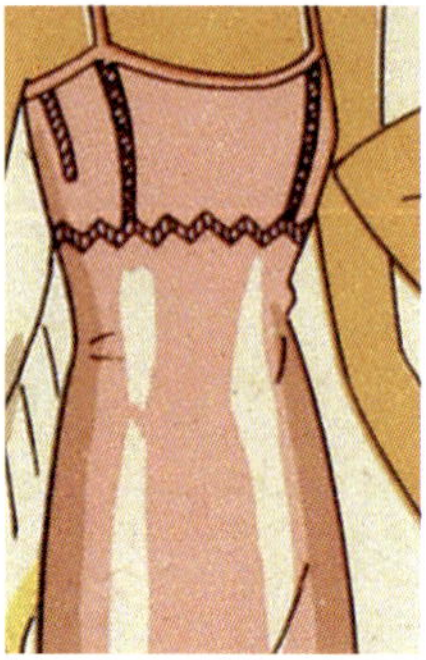

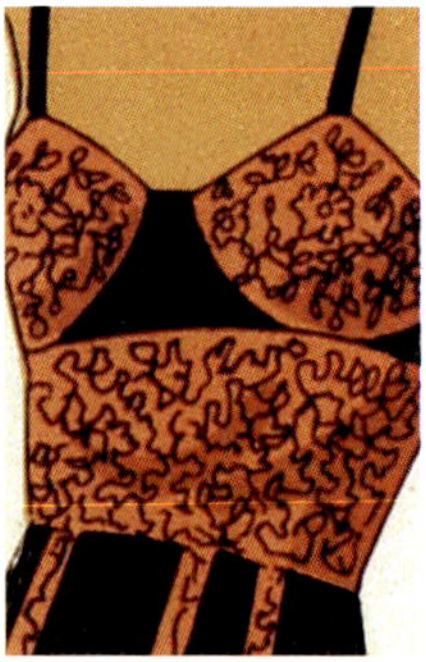

Corsetul era aliatul oricărei femei, deoarece îi permitea să-şi ascundă defectele corporale şi să îşi evidenţieze valorile (cu preţul unor mici suferinţe). Acesta a fost şi cazul Carolinei din *Petites misères de la vie conjugale* (Micile neplăceri ale vieţii conjugale) de Honoré de Balzac, care purta „cel mai înşelător corset". În cele din urmă, corsetul (asemenea lenjeriei) are un aspect foarte erotic, deoarece evidenţiază cele mai simbolice zone ale trupului feminin.

Patru tinere femei în capot şi cămaşă de noapte roz

1890
Pagini din revista *Art, Goût et Beauté*

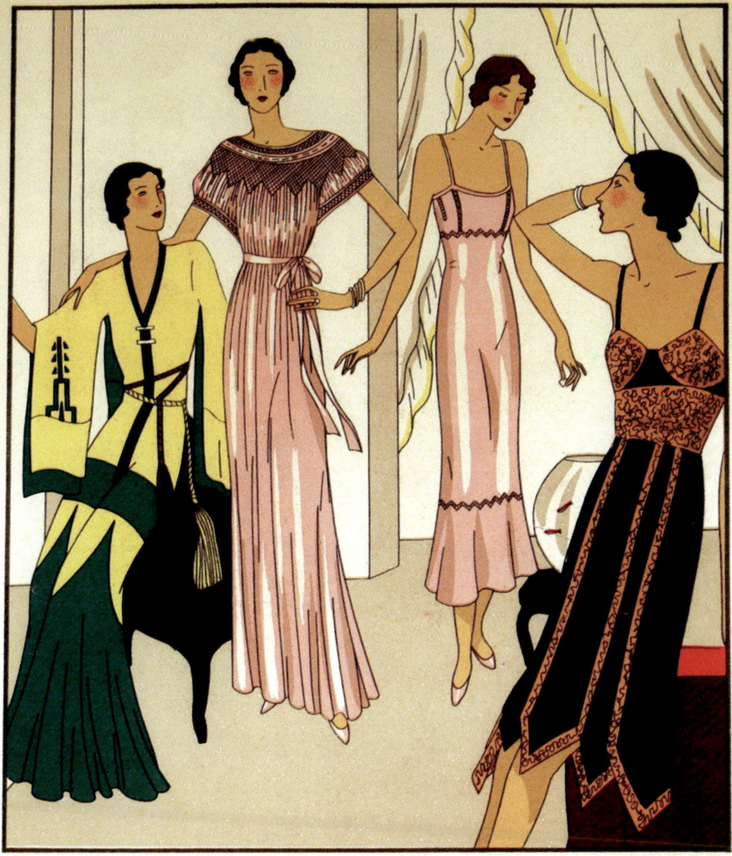

Modèle n° 598. — Pyjama en crèpe-satin vert pour le pantalon, doublure du ton pour la casaque. Broderie de style oriental sur les manches. Volants en forme posés sous découpes donnant l'ampleur en jupe du pantalon.

Création DUPOUY-MAGNIN.

INTIMITÉ. Chemise de nuit en crèpe-satin. Travail de nids d'abeille et points de lingerie autour de l'encolure et sur les manches de forme pingouin.

Création ROUFF.

COQUETTERIE. — Combinaison dessous de robe en crèpe-satin et crèpe georgine Iris A.G.B. Le crèpe georgine Iris A.G.B. forme le soutien-gorge et le volant en forme en bas. Travail de jours en dentelures au bord du crèpe-satin.

Création ROUFF.

L'AURORE. — Combinaison-jupon en crèpe georgine Iris A.G.B. noir et dentelle ancienne ocrée. Travail de fils de fronces au milieu de la gorgerette. Haute ceinture. Panneaux plissés formant la jupe tout autour.

Création PREMET.

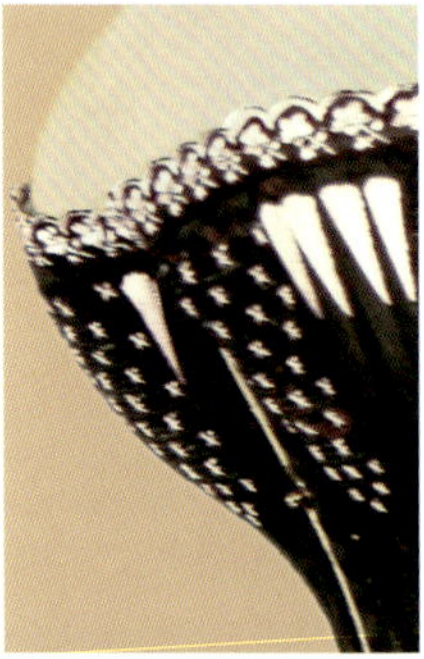

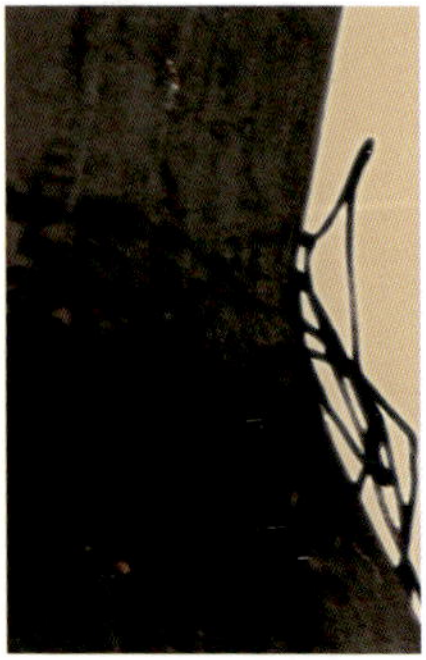

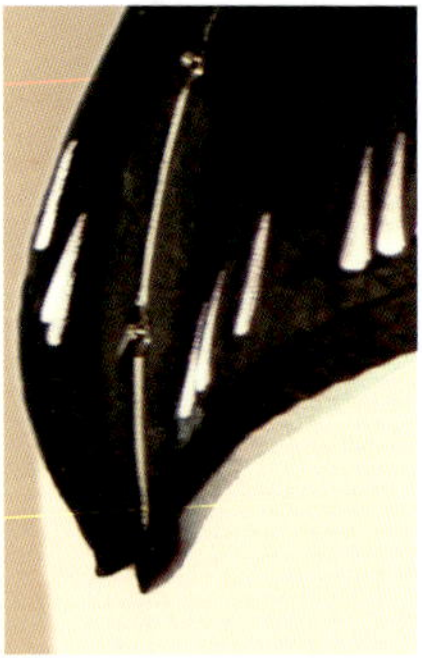

Acest studiu ar fi incomplet dacă nu ar fi menționată lenjeria tricotată. Această a treia categorie a lenjeriei grupează manufactura, fabricarea şi comercializarea tricotajelor, incluzând ciorapii, şosetele şi anumite articole de lenjerie intimă precum chiloţii şi maioul. Lenjeria tricotată este definită de țesătura sa, bazată pe împletire – folosind lână, bumbac, mătase, nailon, iar actualmente şi microfibre.

Corset negru brodat cu mov

Circa 1890
Fundația Leloir, Inv. 1986.59.16
Muzeul Galliera, Paris

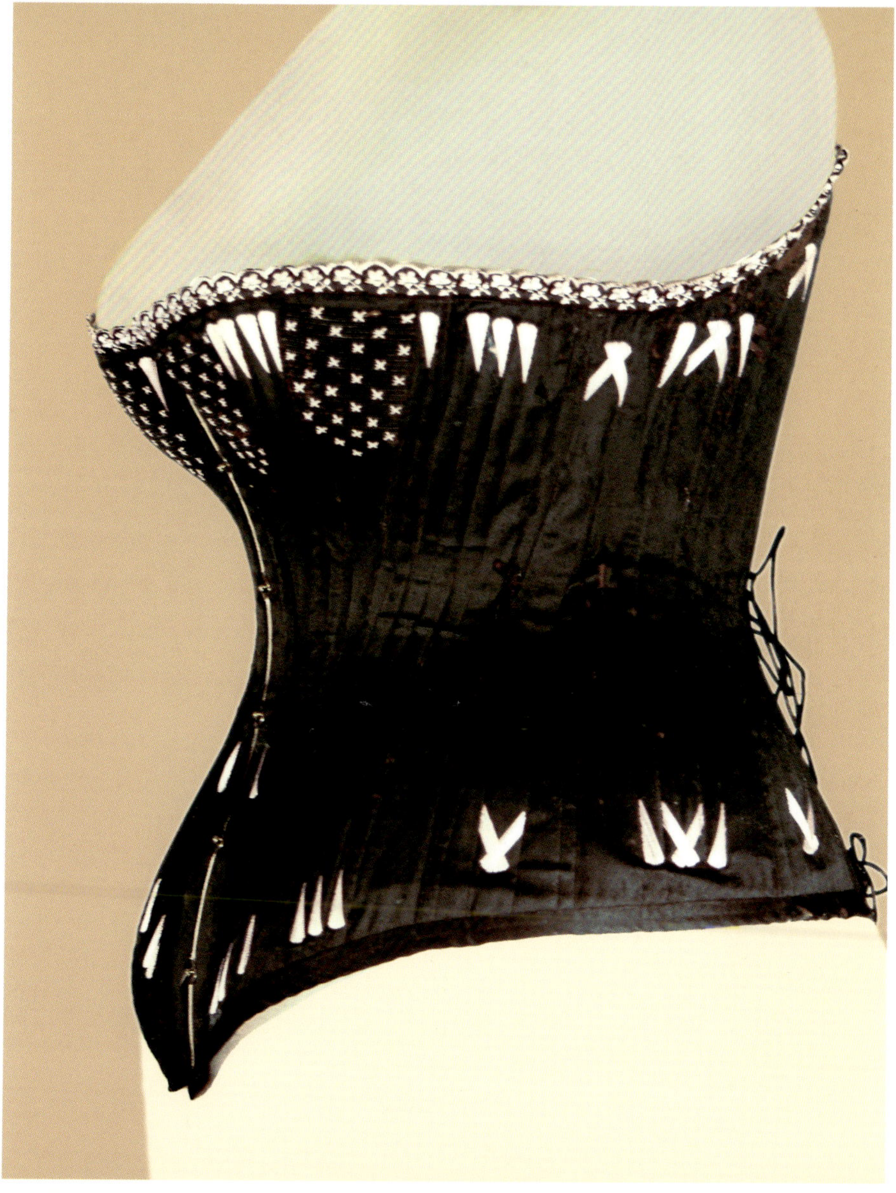

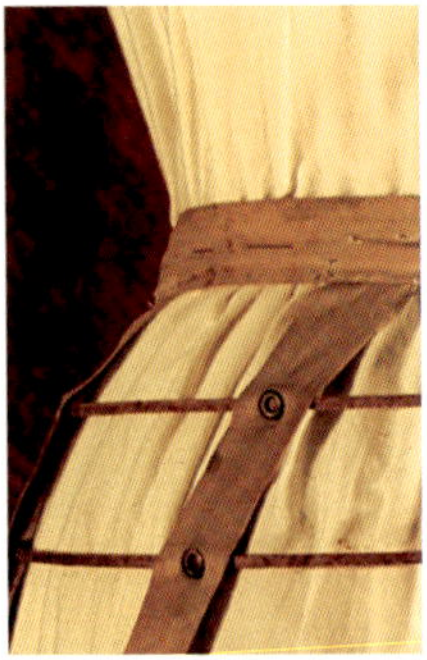

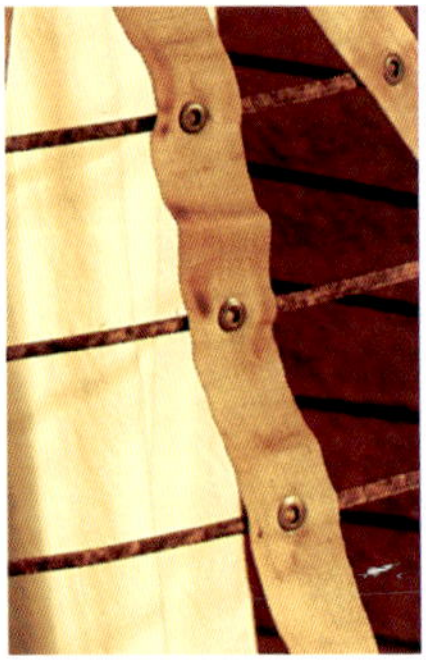

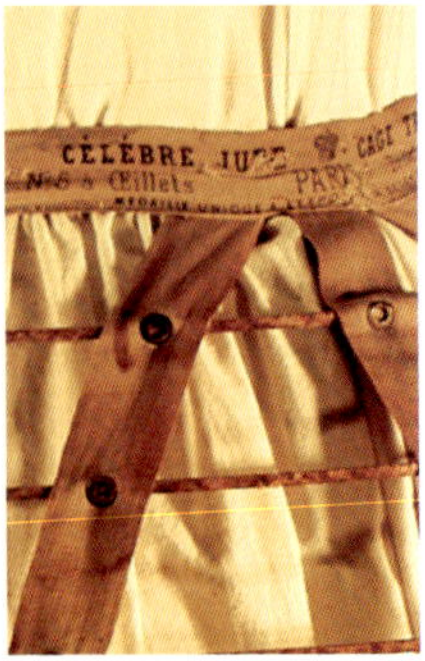


Industria lenjeriei tricotate, trecută prin schimbări tehnologice majore legate de modernizările războaielor de țesut şi industrializările din sector, completează trilogia lenjeriei pentru femei cunoscută sub numele de lenjerie-corsetaj-lenjerie tricotată. În era noastră, diferența dintre cele trei categorii a cam dispărut, existând încrucişări frecvente între cele trei grupuri (de exemplu sutienul fără bretele, ciorapi control-top şi *tummy control* - chiloți scurți de damă, care strâng abdomenul).

Crinolină Thomson

---

Cercuri de metal
Inv. 2003.74.X
Muzeul Galliera, Paris

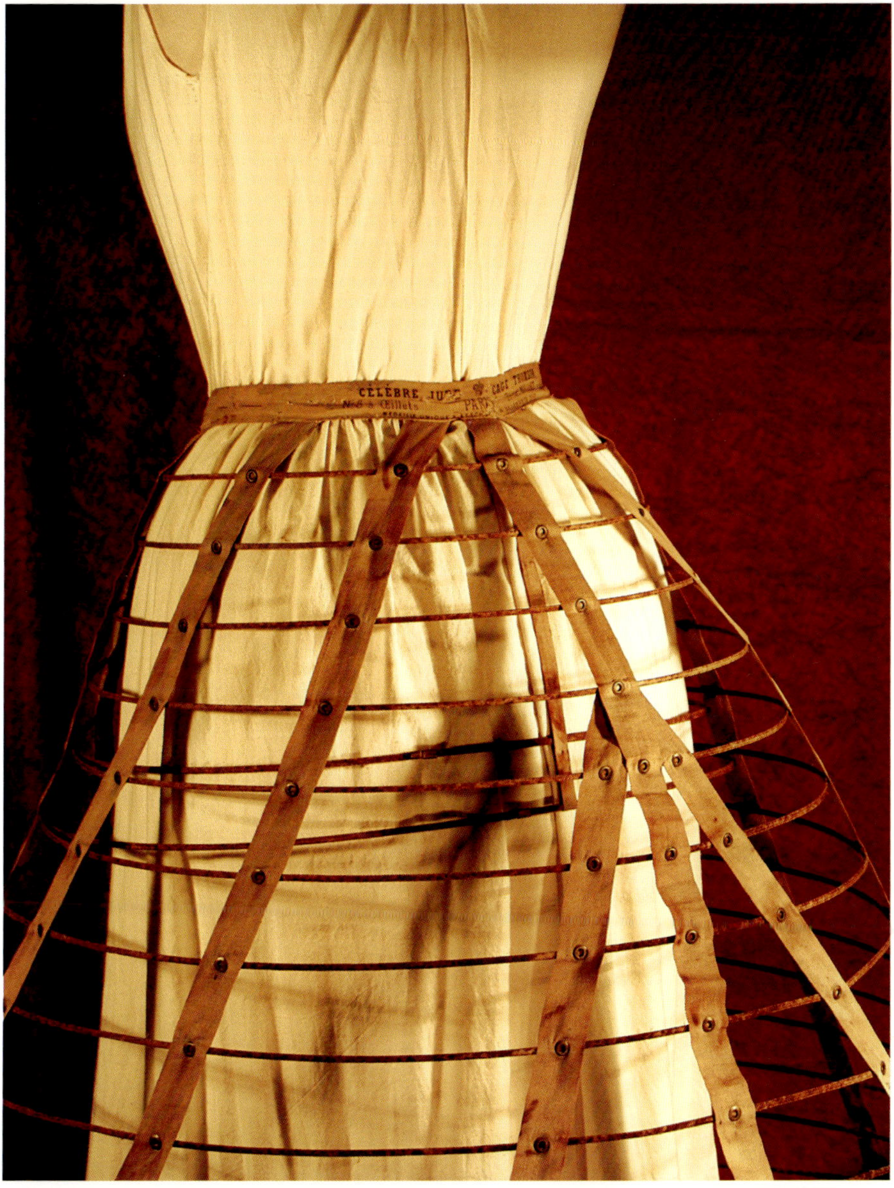
CÉLÈBRE

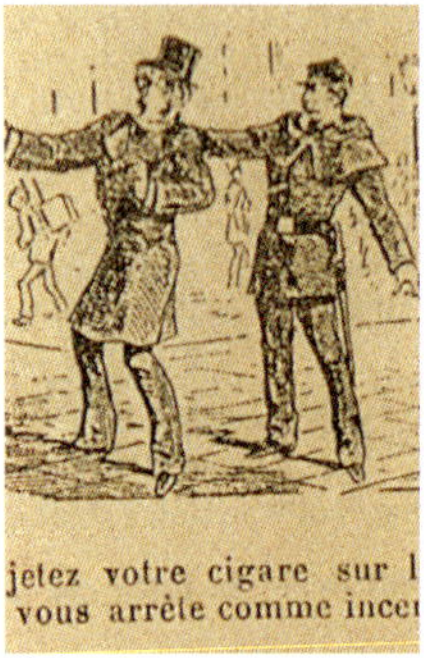


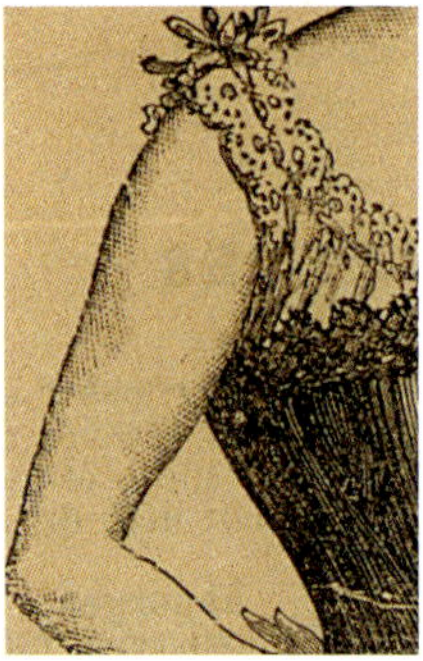

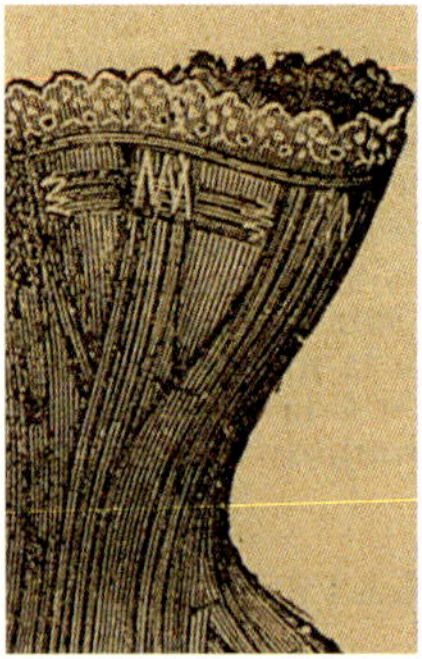

Lenjeria contemporană este într-adevăr rezultatul evoluției celor trei categorii. Funcțiile lor igienice, modelatoare şi estetice s-au îmbinat, dând naştere lenjeriei secolului XXI. Fiecare perioadă a creat o estetică a designului, făcând ca era precedentă să pară demodată. Hainele de corp pentru femei joacă un rol fundamental în construirea unei siluete la modă. Modelarea se face în principalele zone de suport ale costumului: umeri, talie, şolduri şi bust.

„Comptoir des corsets"

1894
Reclamă
Muzeul Galliera, Paris

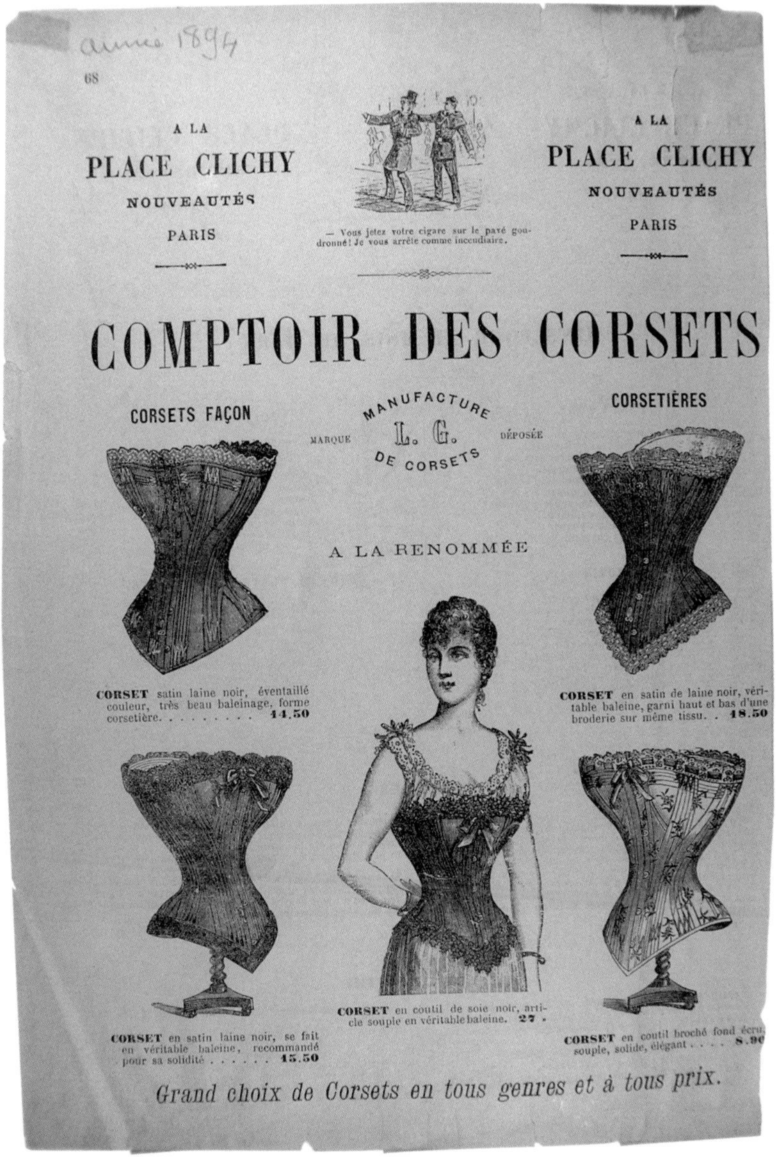
Année 1894
68
A LA
PLACE CLICHY
NOUVEAUTÉS
PARIS
— Vous jetez votre cigare sur le pavé goudronné! Je vous arrête comme incendiaire.
A LA
PLACE CLICHY
NOUVEAUTÉS
PARIS
COMPTOIR DES CORSETS
CORSETS FAÇON
MANUFACTURE
MARQUE
L. G.
DÉPOSÉE
DE CORSETS
CORSETIÈRES
A LA RENOMMÉE
CORSET satin laine noir, éventaillé couleur, très beau baleinage, forme corsetière. . . . . . . . . 14.50
CORSET en satin de laine noir, véritable baleine, garni haut et bas d'une broderie sur même tissu. . 18.50
CORSET en coutil de soie noir, article souple en véritable baleine. 27 .
CORSET en satin laine noir, se fait en véritable baleine, recommandé pour sa solidité . . . . . . 15.50
CORSET en coutil broché fond écru, souple, solide, élégant . . . . 8.90
Grand choix de Corsets en tous genres et à tous prix.

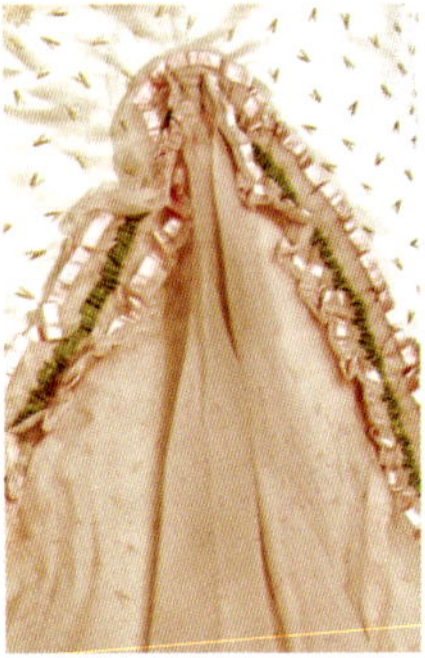

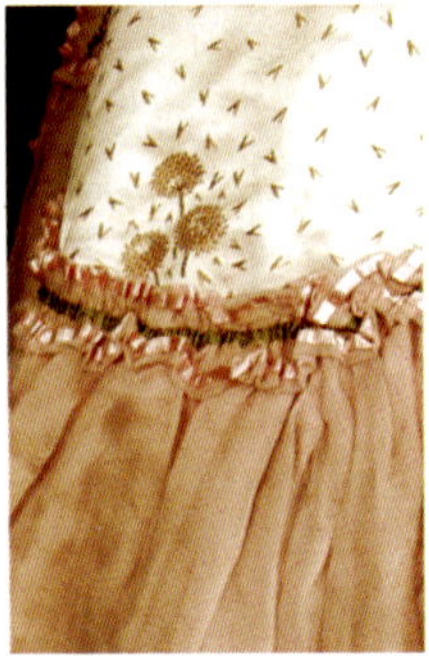

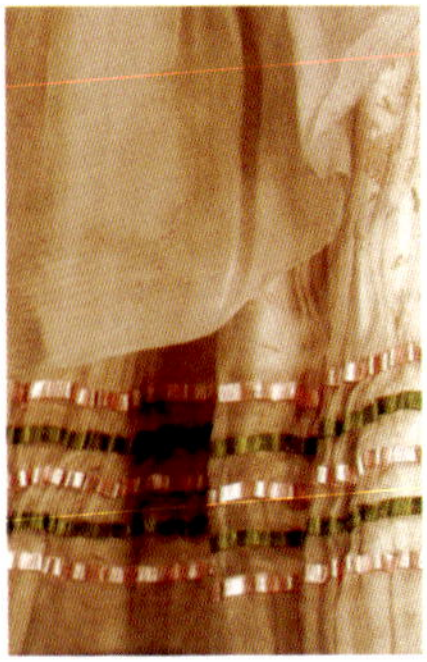

În Antichitate, trupul era îmbrăcat în drapaje, care scoteau în evidență silueta. În Egipt, lenjeria de corp lipsea, lăsând trupul gol să se mişte liber sub o tunică. Sclavii, dansatorii şi muzicienii umblau goi, pentru a indica separarea de stăpâni, care purtau o tunică transparentă.

## Jupon

circa 1897
Tafta roz, panglici din satin
Donație Belgerie, Inv.1979.77.1
Muzeul Galliera, Paris

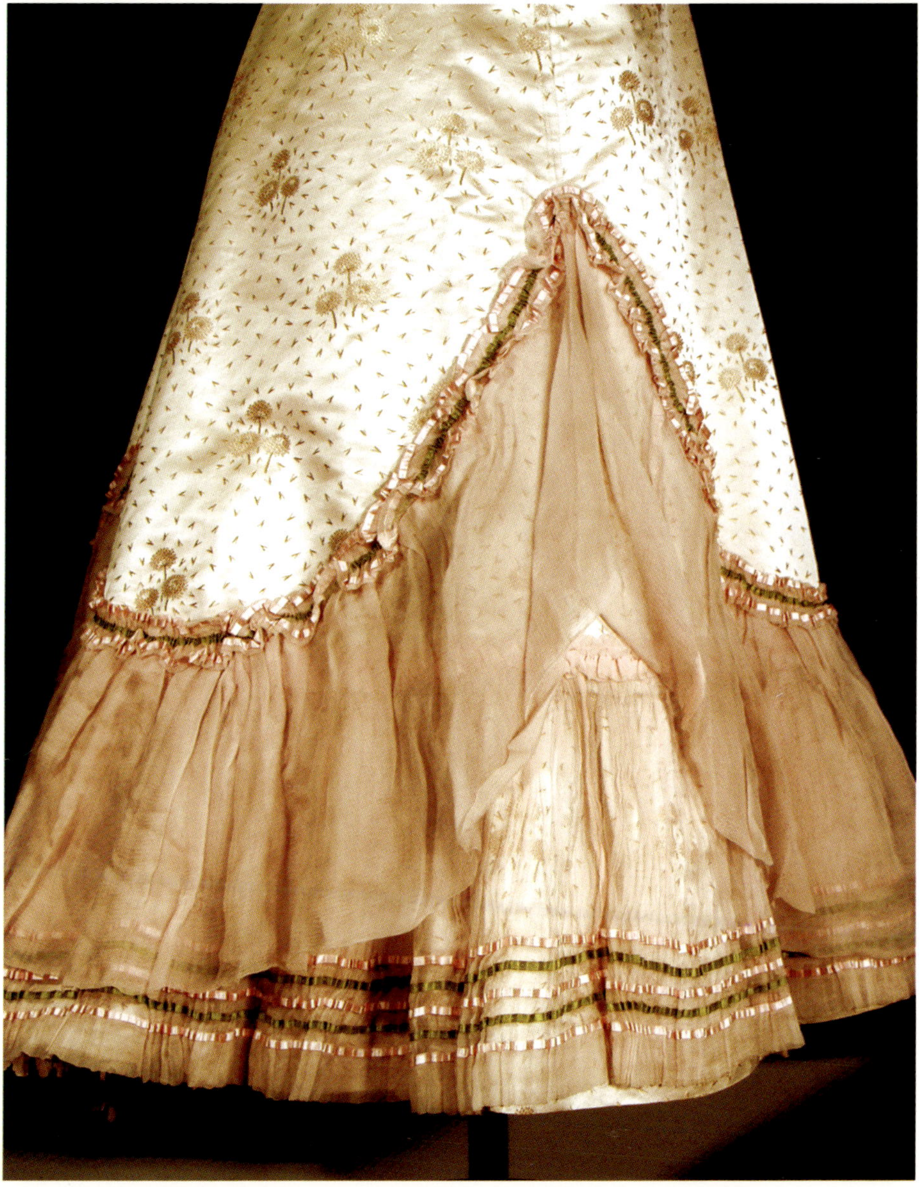

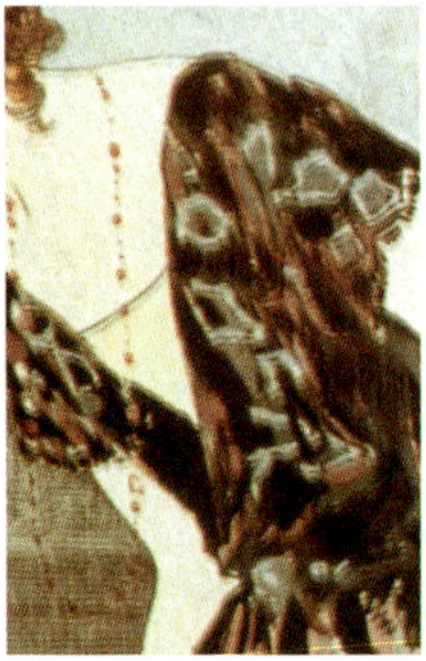

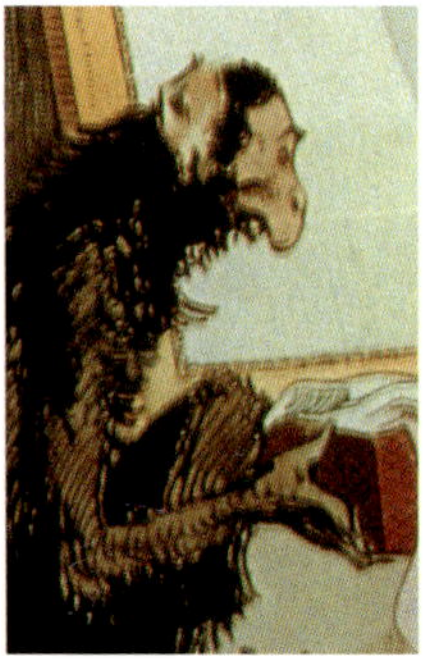

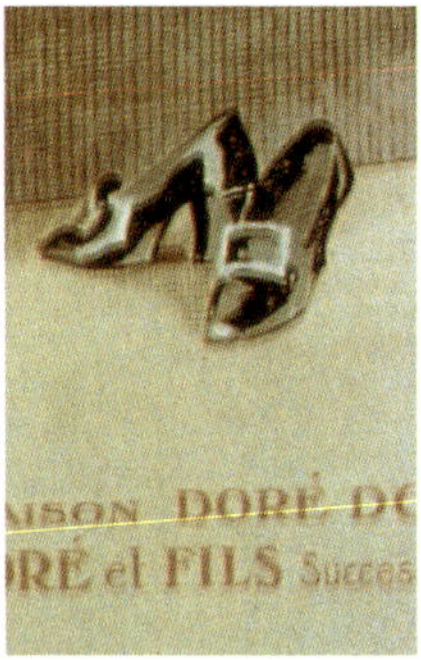

Deşi atitudinea deschisă faţă de rochie şi de veşmintele largi ce cădeau în falduri a persistat în clasica şi elenistica Grecie, feminitatea era suprimată de benzi de material ce aplatizau pieptul şi şoldurile. Aspectul androgin, datorat şi valorilor homosexuale ale civilizatiei elene, guverna silueta. Femeia elenă era acoperită în întregime, sexualitatea ei fiind ascunsă sub falduri de material.

„Les bas de soie”
(Ciorapii de mătase)

Afiş din Maison Doré
Muzeul de Artă şi Istorie, Troyes

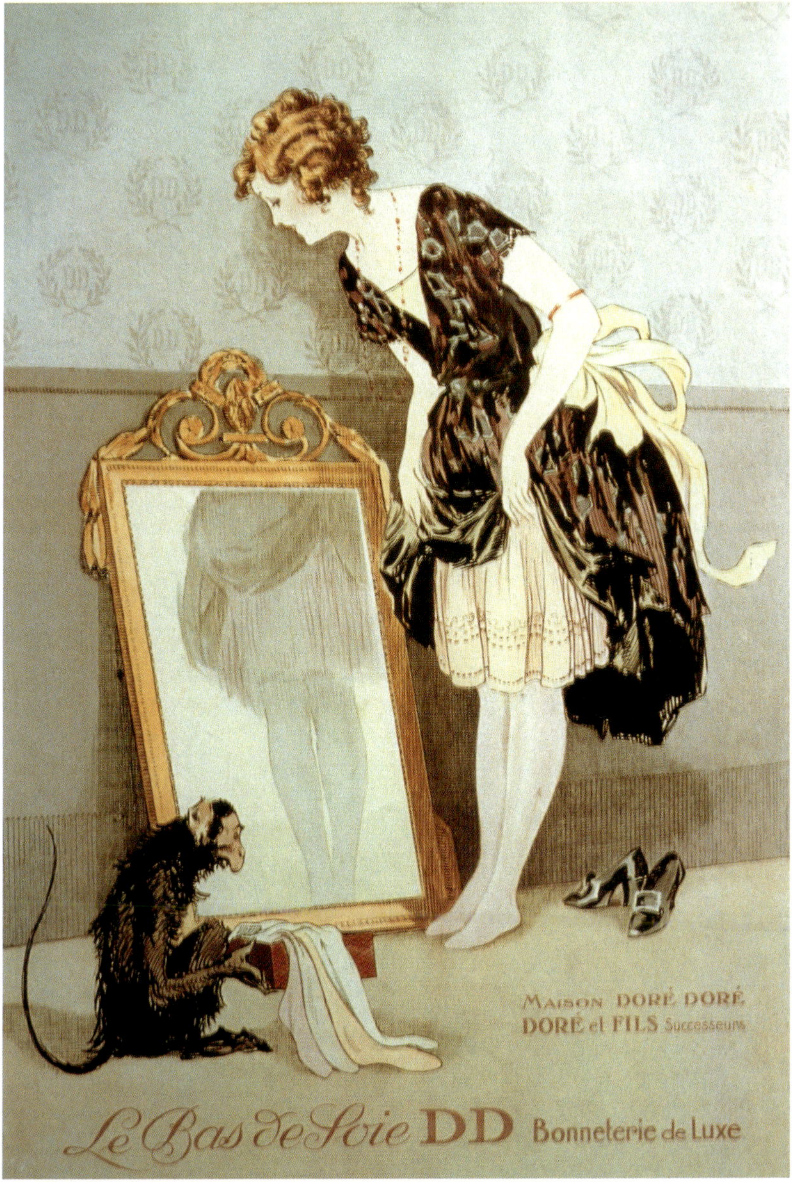
Maison DORÉ DORÉ
DORÉ et FILS Successeurs
Le Bas de Soie DD Bonneterie de Luxe

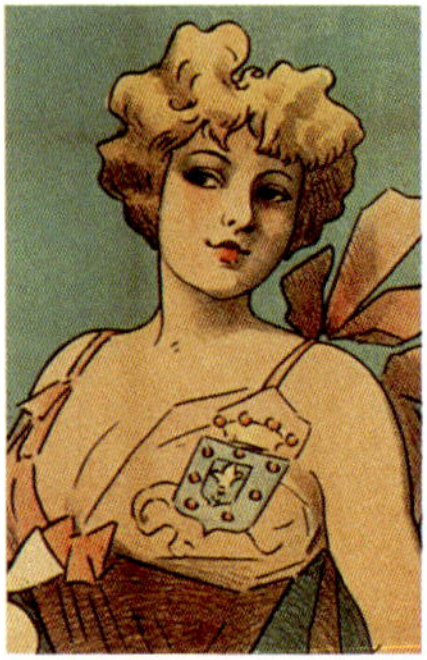

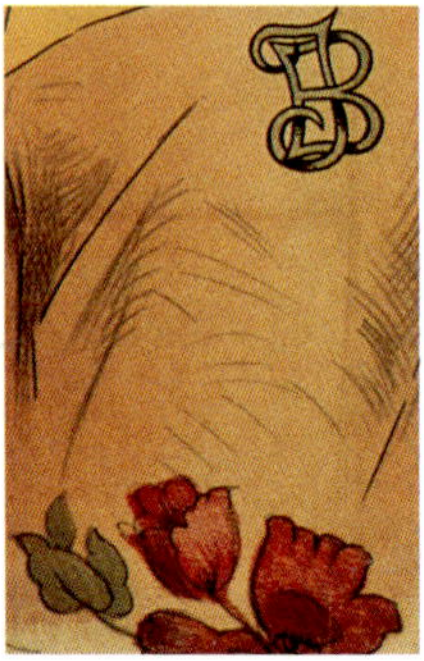

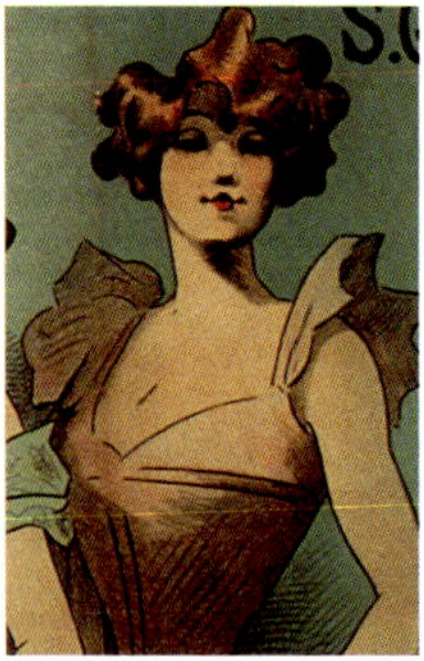

Civilizatia romană a continuat războiul împortiva curbelor. Într-o societate dominată de bărbați, în care femeile nu jucau niciun rol, acestora din urmă li s-a interzis să își expună formele. Unii învățați au oferit chiar și tratamente de prevenire a unui bust supradezvoltat. Dioscorides a sugerat pudrarea pieptului cu praf din piatră de Naxos; Pliniu a sugerat noroiul folosit de tocilari; Ovidiu a recomandat cataplasme din firimituri de pâine înmuiate în lapte.

„Corsets baleinine incassables"
(Corsete cu balene incasabile)

---

Alfred Choubrac, circa 1900
Afiş, 93 x 129 cm
Biblioteca Forney, Paris

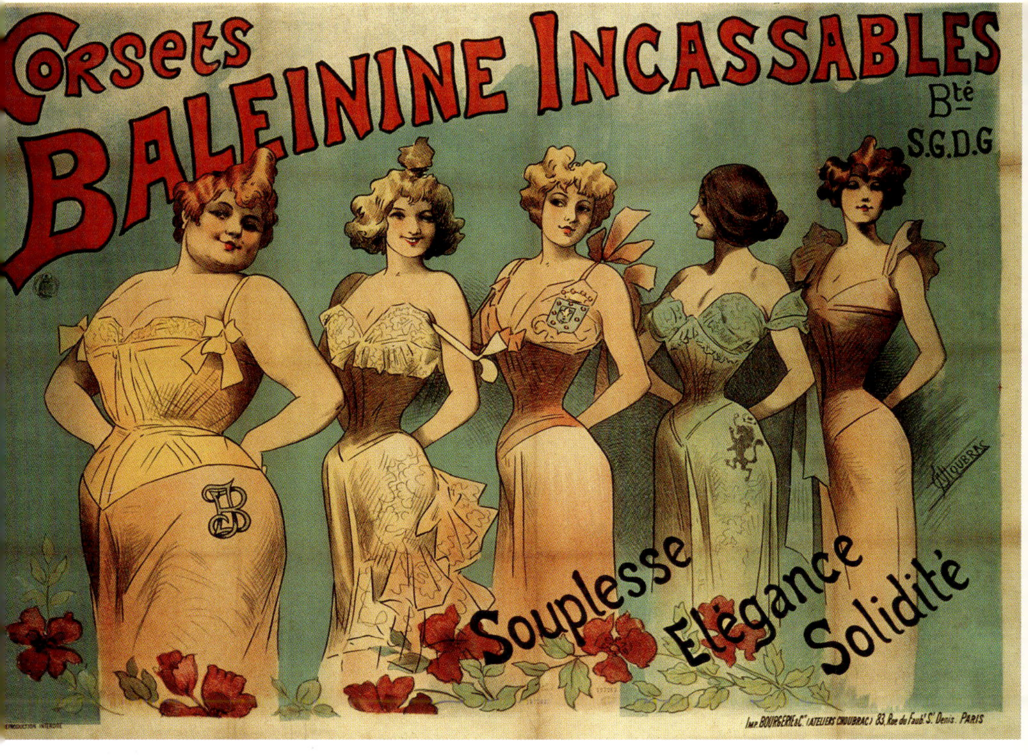
Corsets
Baleinine Incassables
Bté
S.G.D.G
Souplesse
Elégance
Solidité
Imp. BOURGERIE & Cie (ATELIERS CHOUBRAC) 83, Rue du Faubg St Denis. PARIS

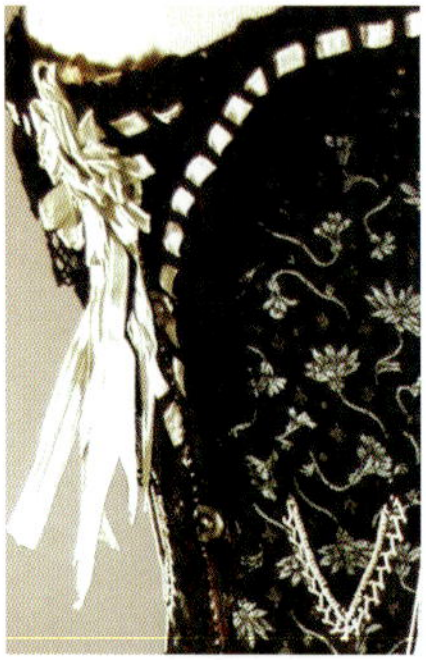

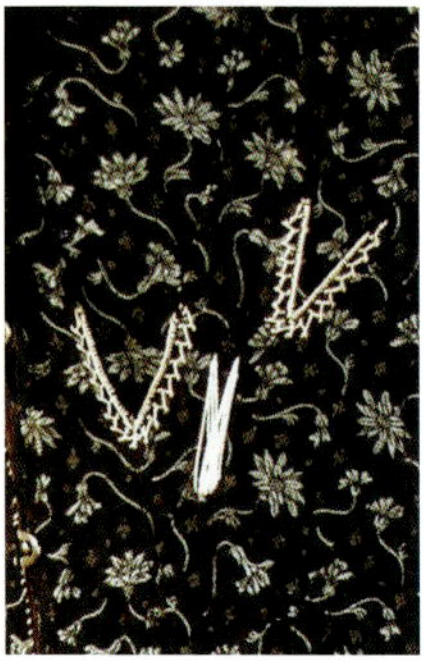

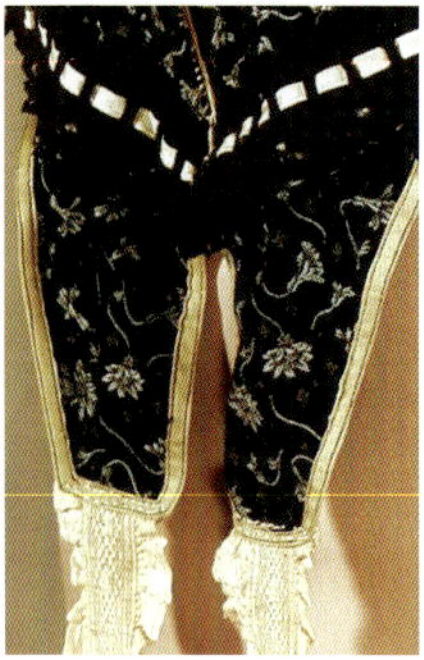

Deşi eficacitatea acestor miraculoase tratamente este necunoscută, ele reflectau dispreţul faţă de trupul femeii şi moliciunea acestuia, cât şi dorinţa de a reprima atributele fizice ale feminităţii. În Evul Mediu, silueta era slabă, iar talia începea să se definitiveze. În secolele XIV şi XV a predominat un cult pentru aspectul suplu, culminând cu rufăria de corp ajustată şi, în special, o tunică ce aplatiza pieptul, accectuând curba din spate a şalelor şi scoţând în evidenţă abdomenul.

Corset negru împodobit cu flori albastre

1900
Donaţie Burdy, Inv. 1958.7.4
Muzeul Galliera, Paris

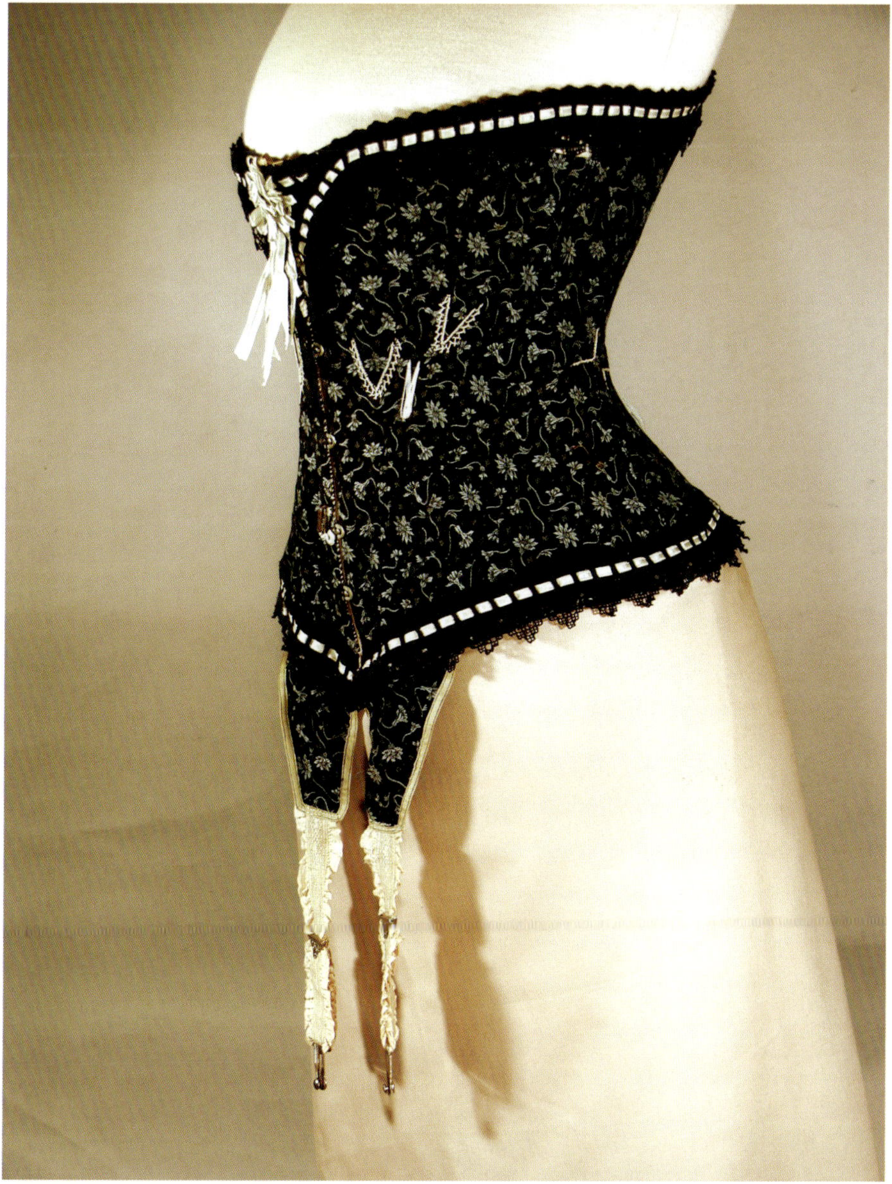

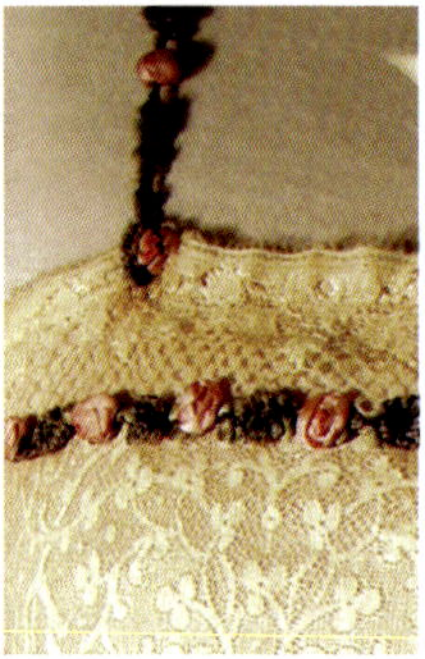

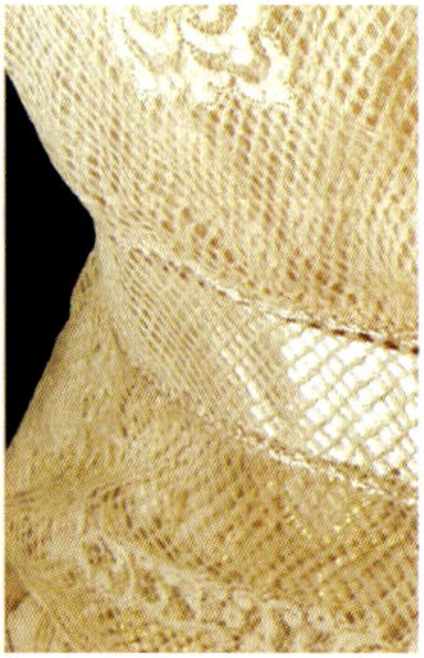

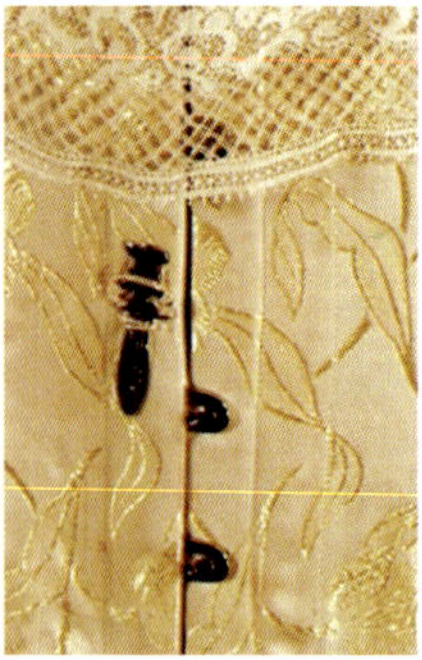

În perioada Evului Mediu târziu, o epocă marcată de epidemii de ciumă, pântecul rotund şi buricul erau apreciate ca simboluri ale fertilităţii, fiind speranţa unei Europe depopulate. Poetul englez John Gower (1325-1403) evoca preferinţa faţă de femeile cu pântecele sănătos în următoarele versuri:

O admiră toată privind dornic
La trupu-i rotund, la mijlocu-i mic.

Cache-corset

circa 1900
Dantelă Ivory
Muzeul Galliera, Paris

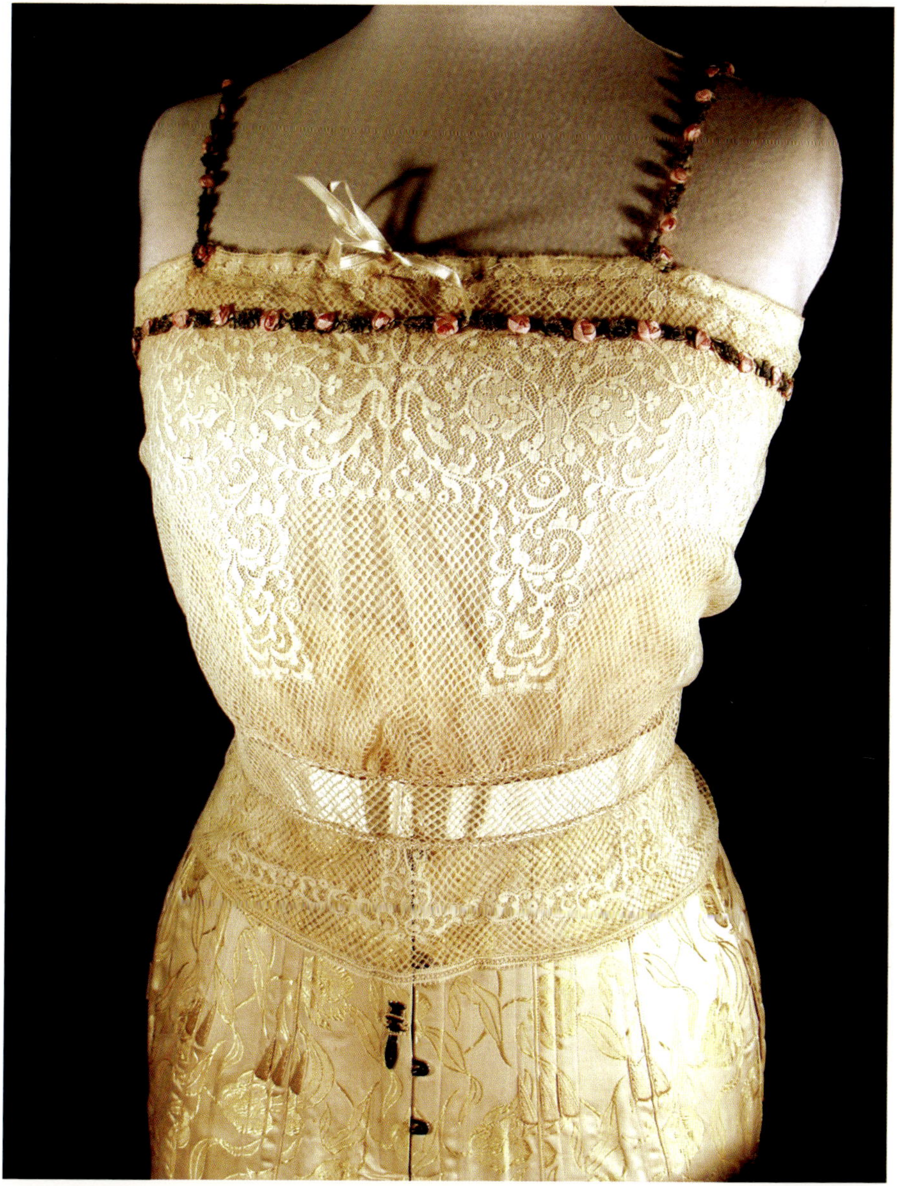

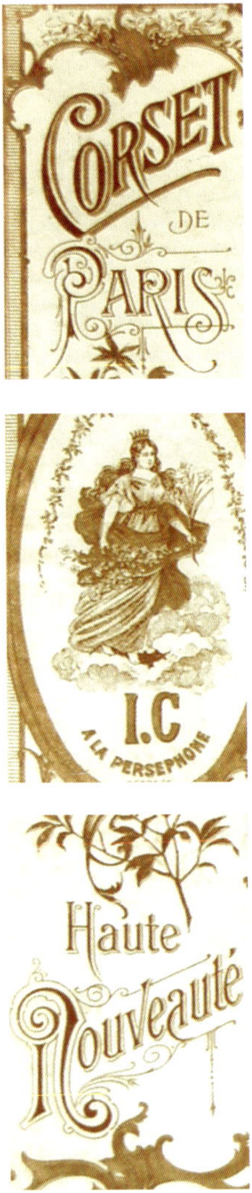


În contrast cu drapajul lejer al Antichității, rigiditatea este acum obținută din armături interioare care strâng şi controlează corpul. Costumul european al secolului al XVI-lea este marcat de o rigoare particulară, de origine spaniolă. *Vertugadin*-ul sau *vertugale*-ul era o nouă îmbrăcăminte de corp menită să ofere volum fustei.

Cutie de corset „à la Persephone"

---

Muzeul Galliera, Paris

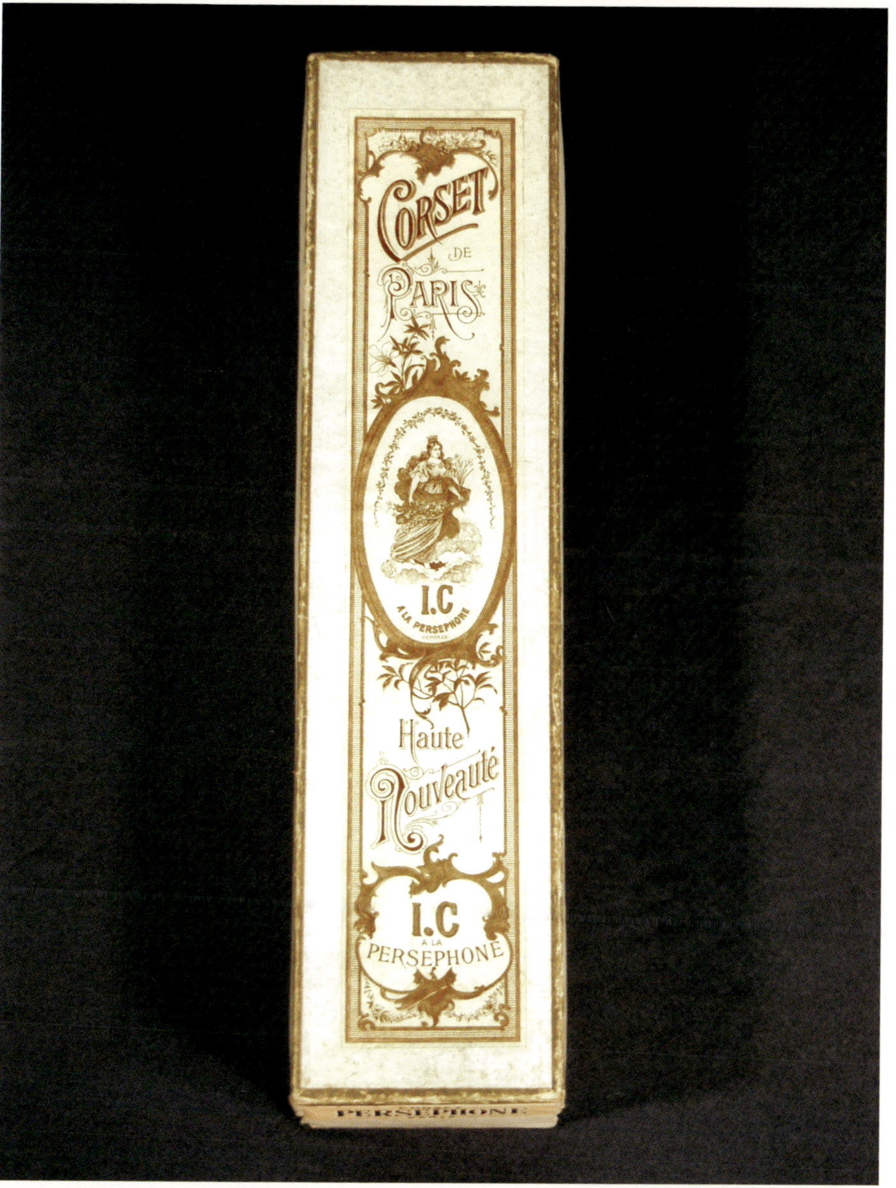
Corset
de
Paris
I.C
A LA PERSEPHONE
Haute
Nouveauté
I.C
A LA
PERSEPHONE
PERSEPHONE

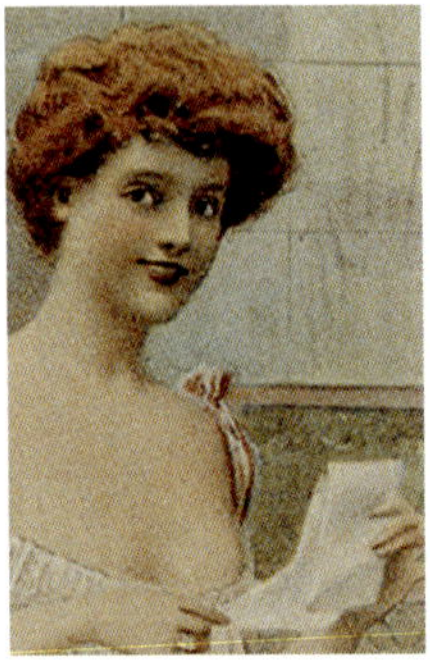
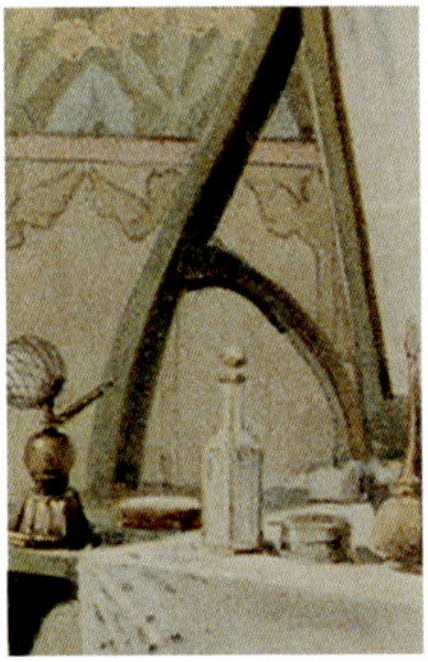
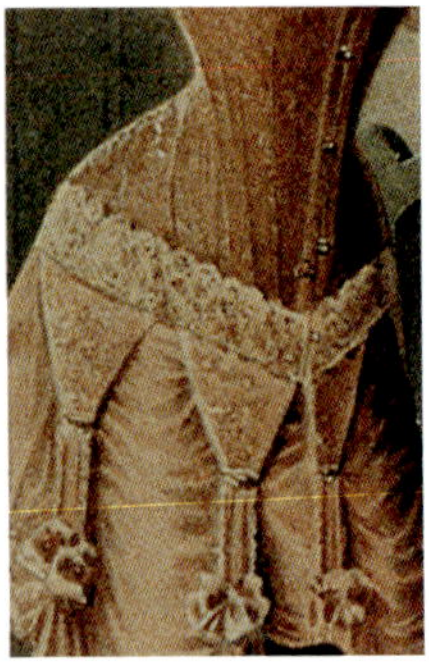

Adoptată în Anglia în anii 1550, unde era denumita *farthingale* (crinolină sau malacof), prin 1590 atinsese o circumferință enormă. În Spania s-a purtat până în anul 1625. Această turnură oferea volum şoldurilor, exagera mărimea abdomenului şi accentua curbura spatelui. Dedesubt, femeile purtau un pantalonaş scurt, larg, care sublinia forma coapselor şi a şezutului şi mărea volumul fustei.

„Un corset droit"
(Un corset drept)

Martie 1903
Reclamă pentru revista Les Modes
Muzeul Galliera, Paris

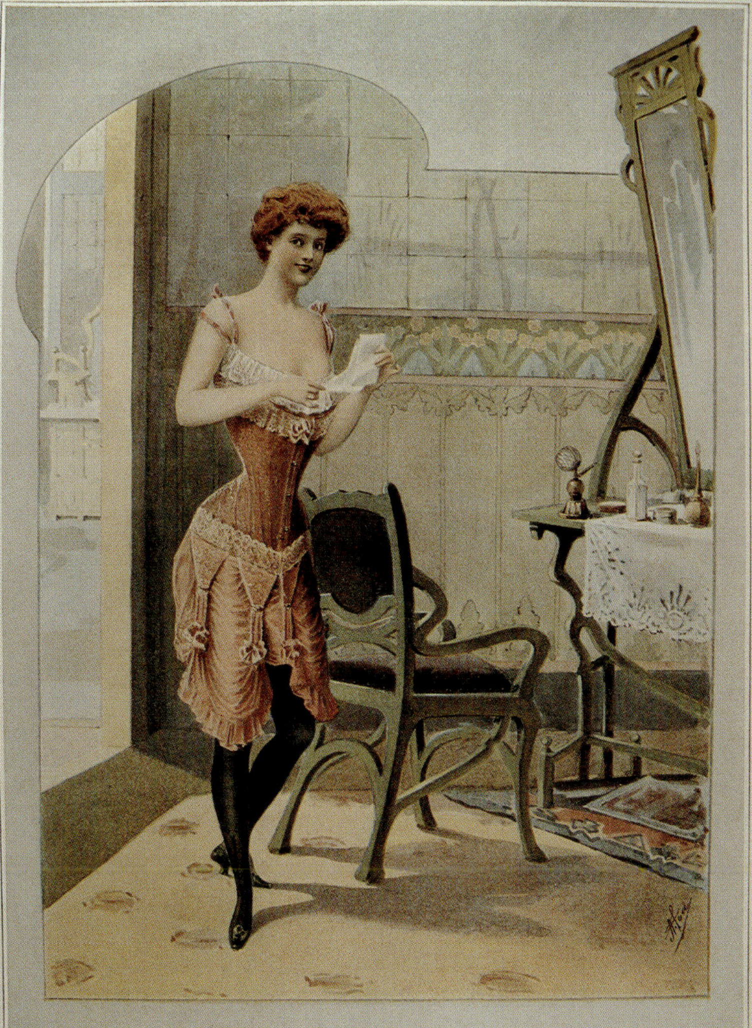

UN CORSET DROIT, FORME NOUVELLE

DE LA M$^{on}$ DE VERTUS SŒURS

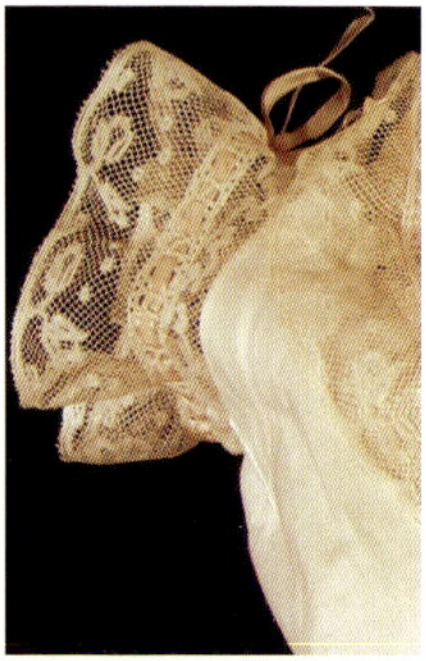
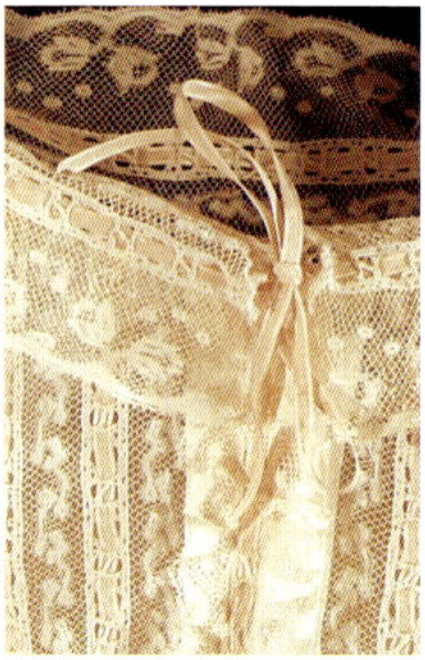
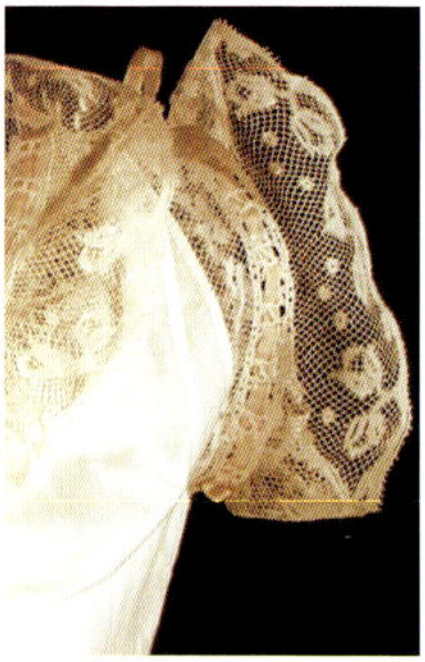

Bustul era în formă de pâlnie, înțepenit într-un pieptar numit *basquine*, care strângea talia, ascundea sânii şi se lărgea spre umeri. În secolul al XVIII-lea, forma sânilor a redevenit rotundă, ei fiind evidențiați de corsete cu fanoane de balenă care urcau mult pe tors şi reduceau lărgimea taliei printr-o legătură strânsă.

## Cache-corset

circa 1905
Bumbac şi dantelă cu in roz
Donație Oberkampf, Inv. 1993.103.6
Muzeul Galliera, Paris

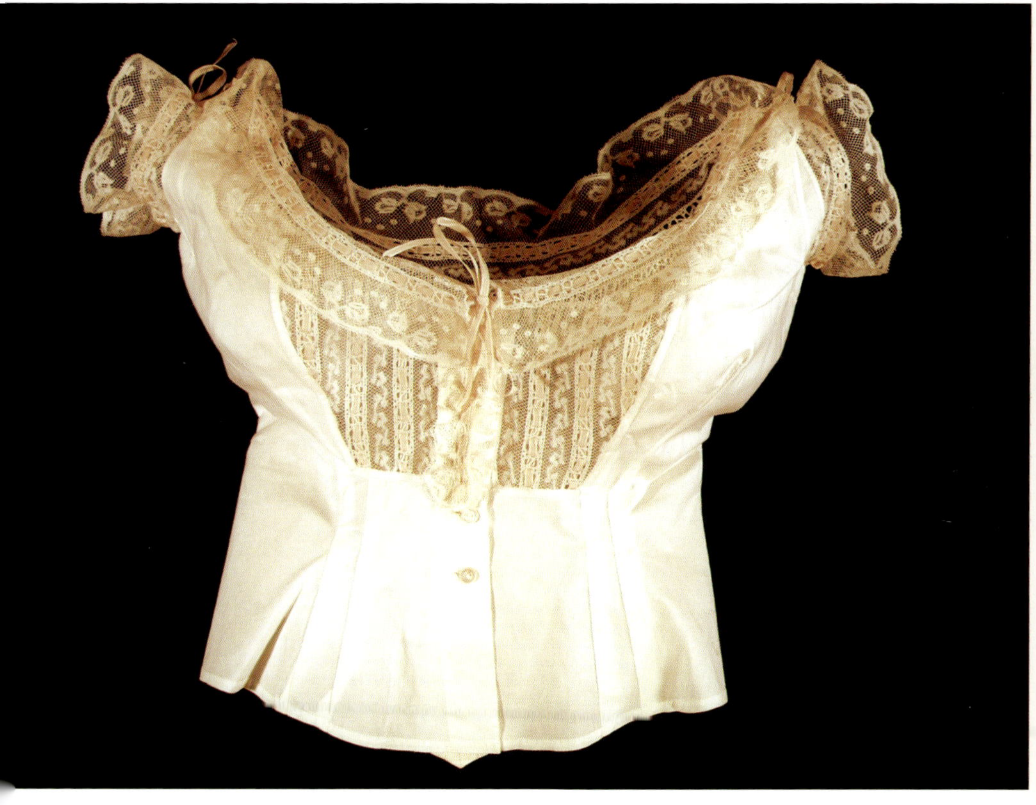

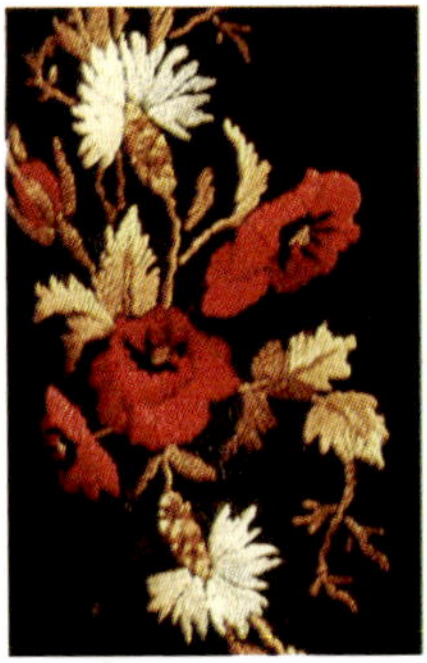

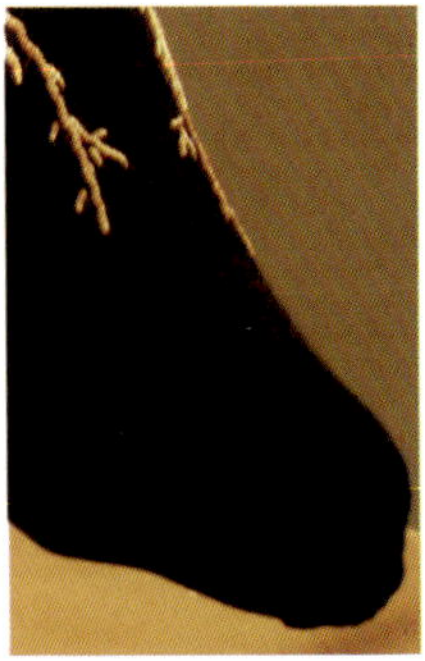

Prin anul 1670, bustul era alungit, deoarece corsetul de balenă se întindea mult sub talie, şi în faţă şi în spate. Corsetul s-a ridicat şi mai sus în secolul al XVIII-lea, când fetele îl purtau de la o vârstă fragedă. La sfârşitul secolului al XVIII-lea, unele femei au ajuns să-şi ascundă sâni falşi în pieptar.

Pereche de şosete brodate

circa 1905
Muzeul Galliera, Paris

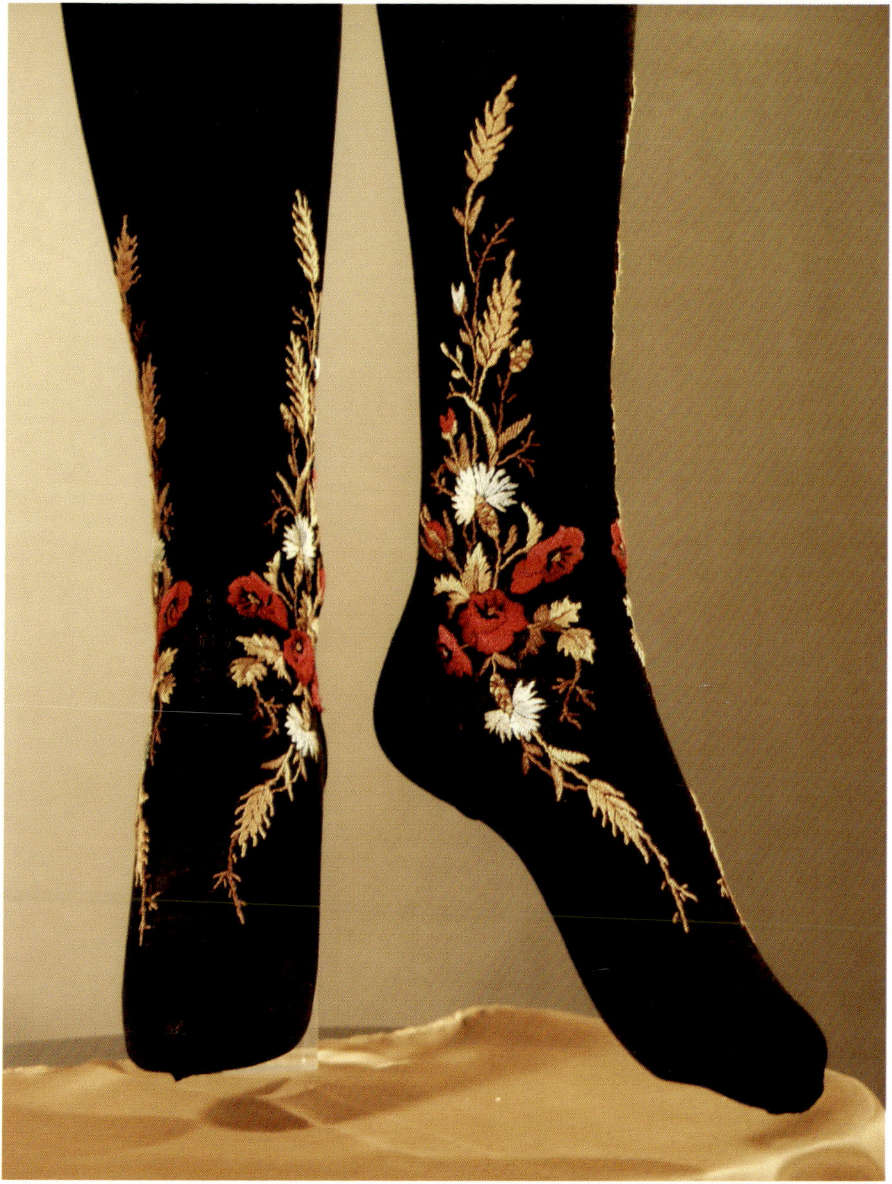

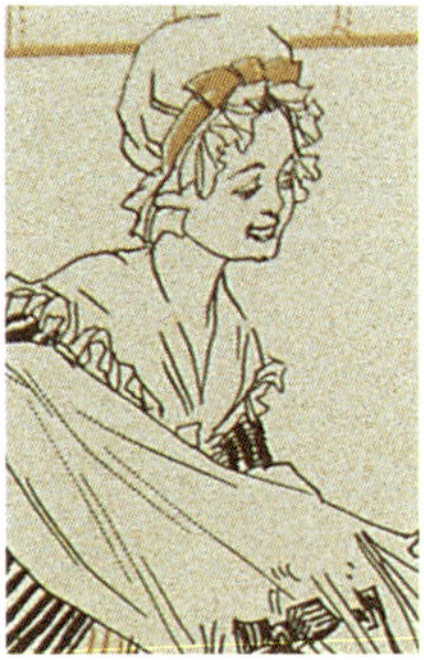

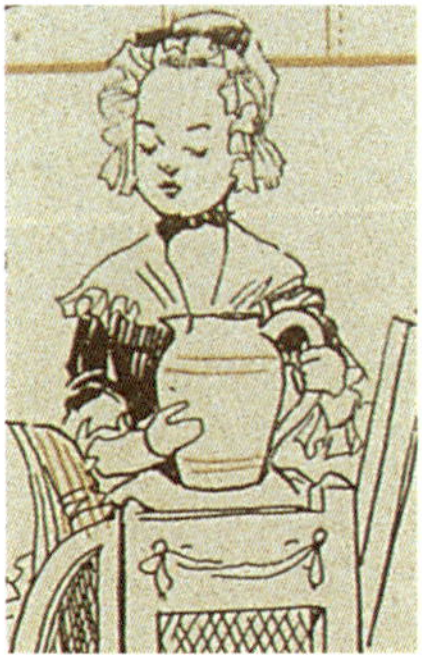

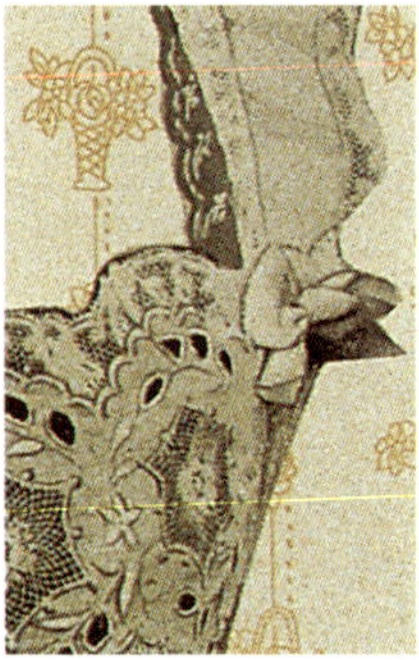

În secolul al XVII-lea, crinolina este înlocuită de *robe volante* (rochia zburătoare) care era completată cu cercuri de sârmă (*paniers*). Acestea schimbau forma fustei în funcție de schimbările rapide ale modei, având o formă rotundă în 1718, ajungând ovală în 1725, formă ce se va păstra până în 1730. Aceste cercuri au fost mai târziu adaptate la o multitudine de forme incluzând aşa-numitul *„panier à coude”* (la înălțimea cotului), care se extindea mult în afară, pe laturi.

## Cache-corset şi jupon larg

1906
Cataloage de reclame din departamentul francez
al magazinului Au Printemps
Muzeul Galliera, Paris

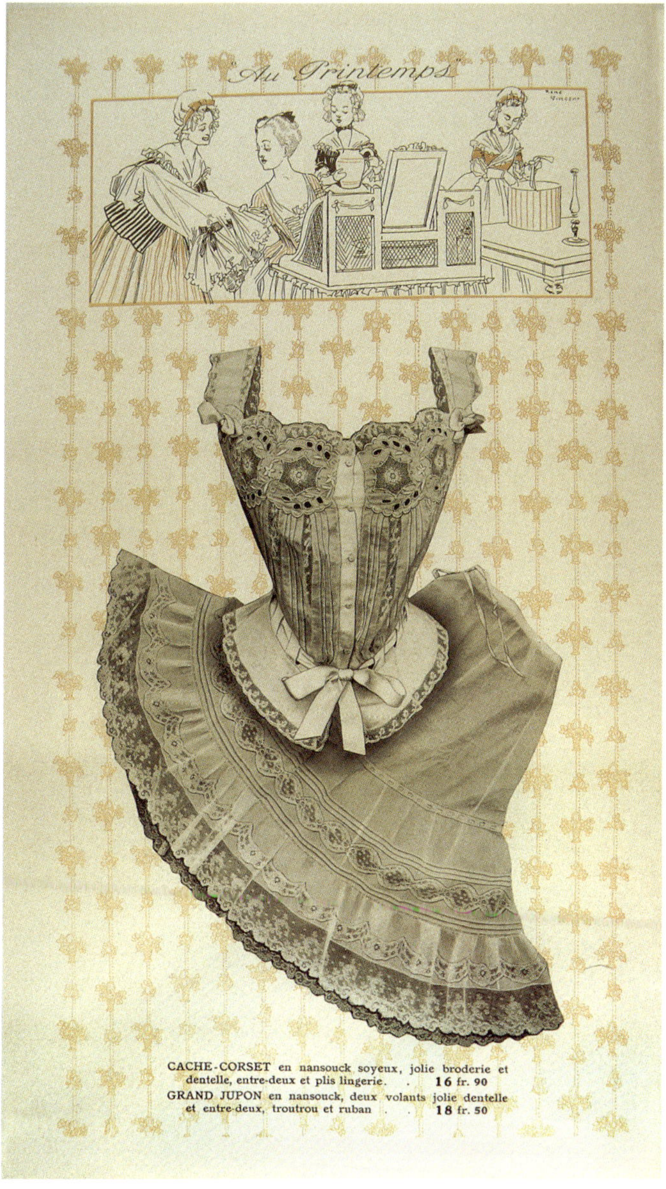
Au Printemps
CACHE-CORSET en nansouck soyeux, jolie broderie et dentelle, entre-deux et plis lingerie. . 16 fr. 90
GRAND JUPON en nansouck, deux volants jolie dentelle et entre-deux, troutrou et ruban . . 18 fr. 50

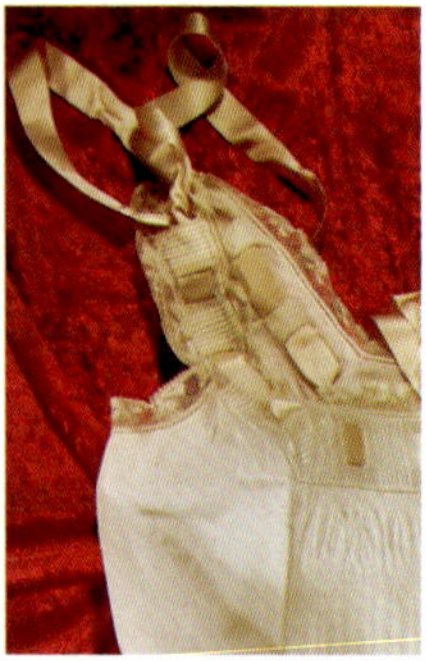

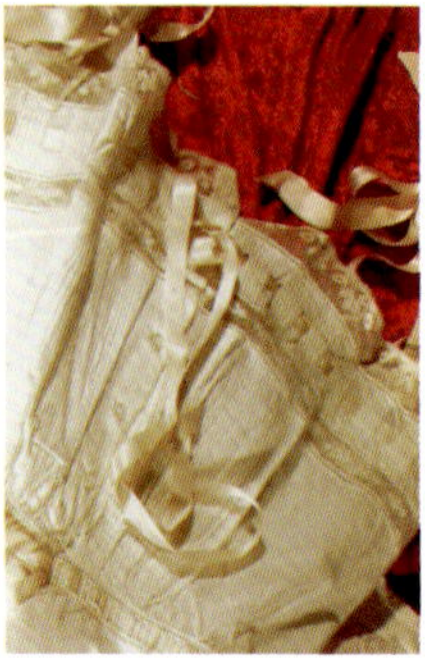

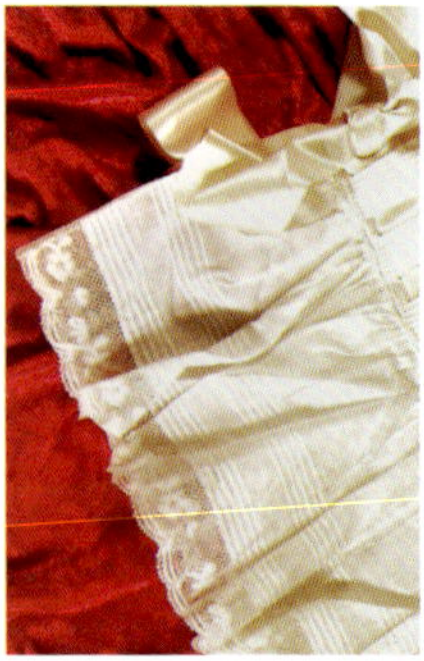

După 1740, acestuia i s-au adăugat alte două *paniers* mai mici, aşezate lateral, care dădeau fustei un aspect plat în faţă şi în spate, dar foarte extins în părţile laterale. La sfârşitul secolului al XVIII-lea, aceste cercuri de sârmă au fost înlocuite cu o turnură, o piesă de corset purtată în partea din spate pentru a intensifica sau accentua curbele naturale ale trupului.

## Lenjerie de corp, cache-corset şi combinezon

---

1906
Bumbac, dantelă şi panglici de satin
Inv. 1972.12.1A/B/C
Muzeul Galliera, Paris

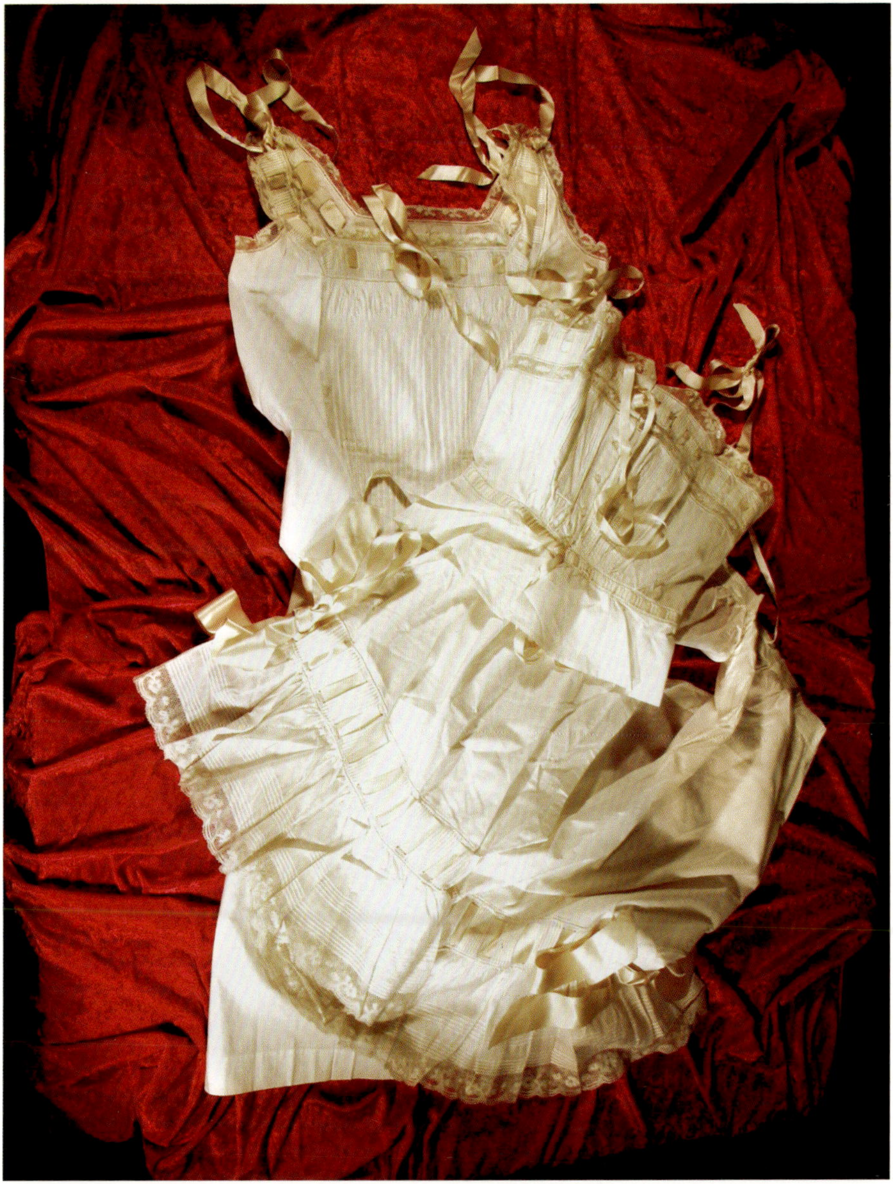

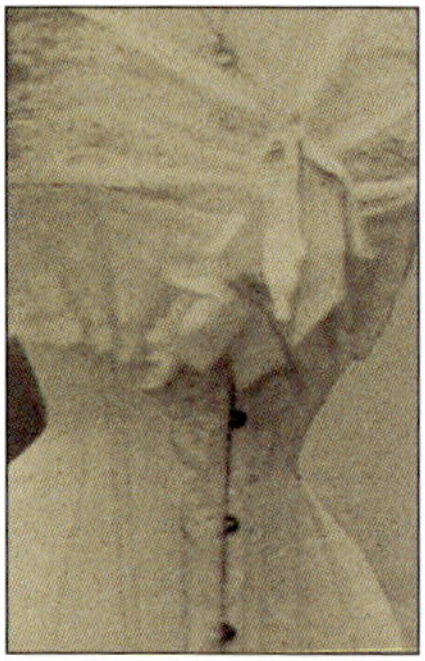

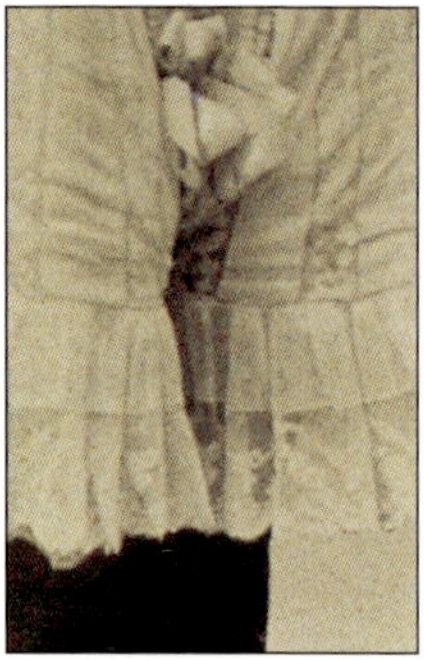

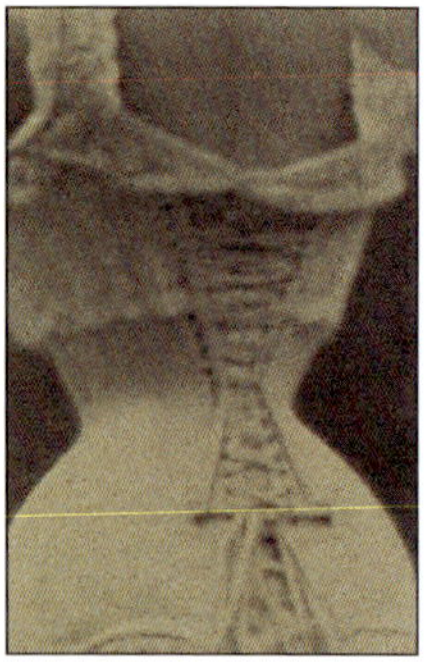

Începând cu 1770 utilizarea balenelor a fost criticată de contemporani ca Jean-Jaques Rousseau, care doreau o întoarcere la simplitate şi natură. Alții au lansat adevărate cruciade medicale şi educaționale, ca Bonnaud, autorul lucrării *Degradarea rasei umane ca urmare a utilizării corsetului cu balene* (1770).

„Corsetul Thylda, corsetul igienic ideal pentru femeia pariziană"

Decembrie 1907
*Les Modes*
Muzeul Galliera, Paris

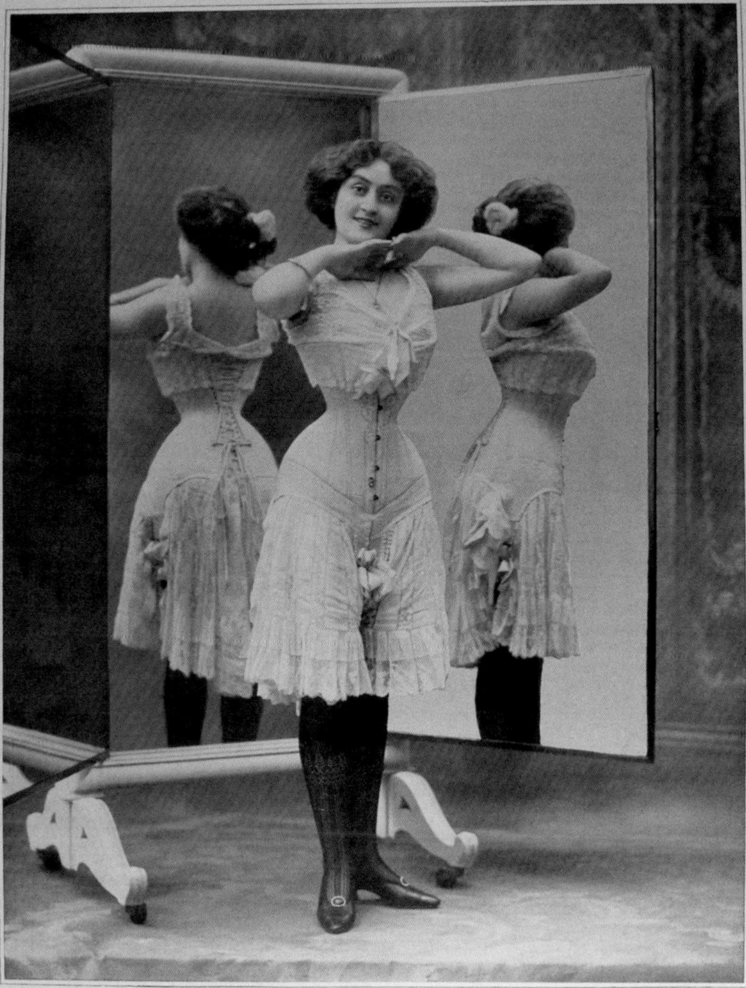

Photo Félix.

LE CORSET THYLDA
22, Place Vendôme. — Paris

*L'idéal corset hygiénique de la Parisienne.*

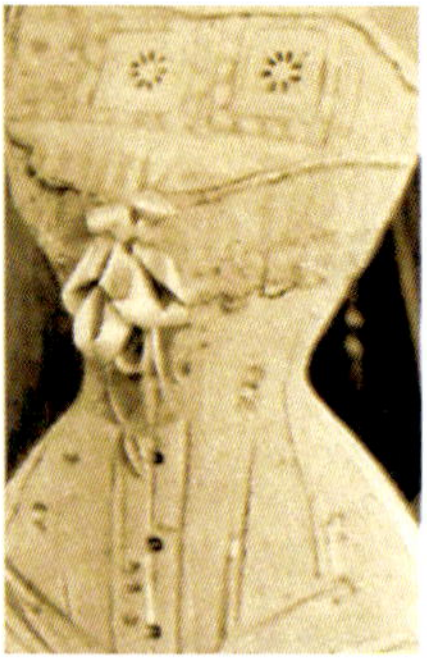

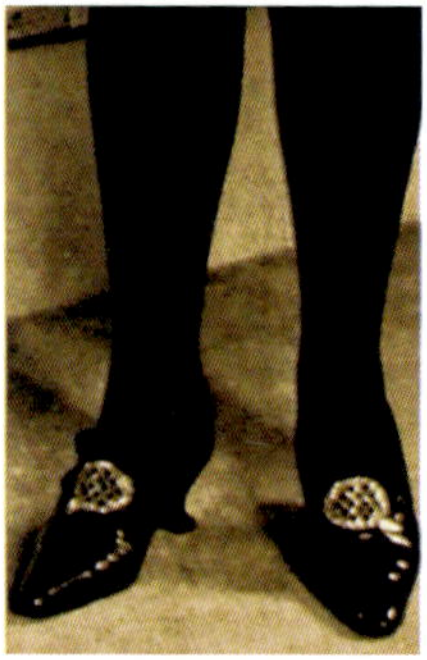

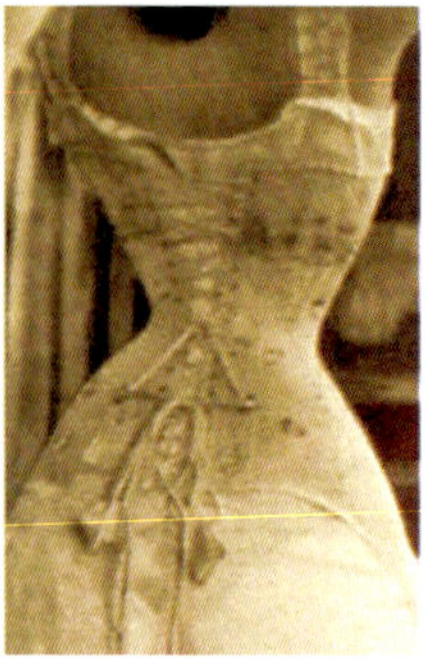

Deşi nu a rezultat nimic din aceste condamnări (talia mică, fusta largă şi bustul generos au rămas la fel de apreciate), moda s-a întors la o siluetă dreaptă: *Panier*-ul a fost înlocuit de turnură care, la rândul ei, a dispărut treptat. Din această modă, în Franța s-a născut un nou stil al trupurilor zvelte, introdus de elegantele femei cunoscute sub numele de *Les Merveilleuses*, printre care se numărau Madame Récamier şi Madame Tallien.

## Corsetul Thylda

Decembrie 1907
*Les Modes*
Muzeul Galliera, Paris

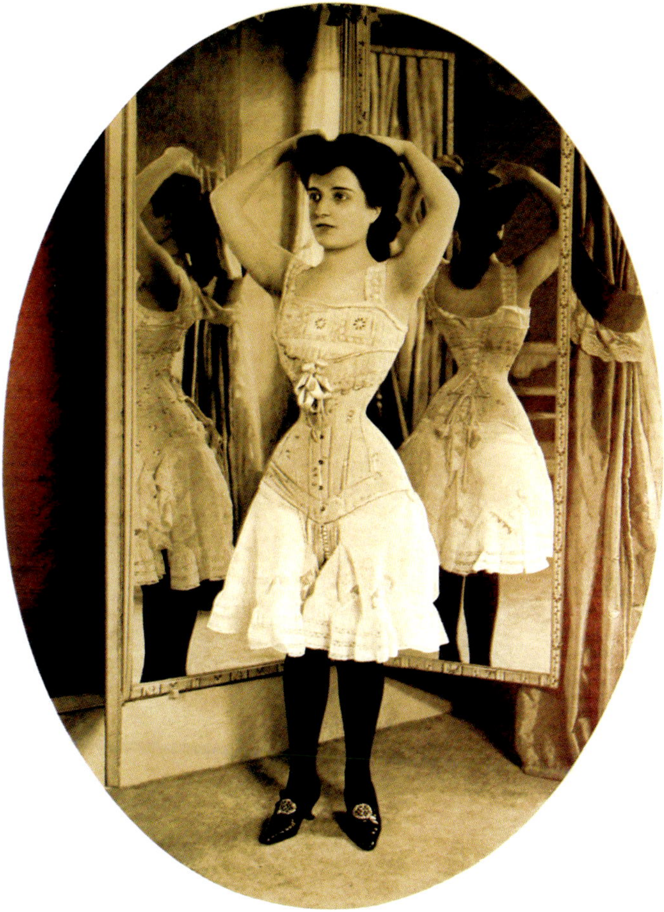

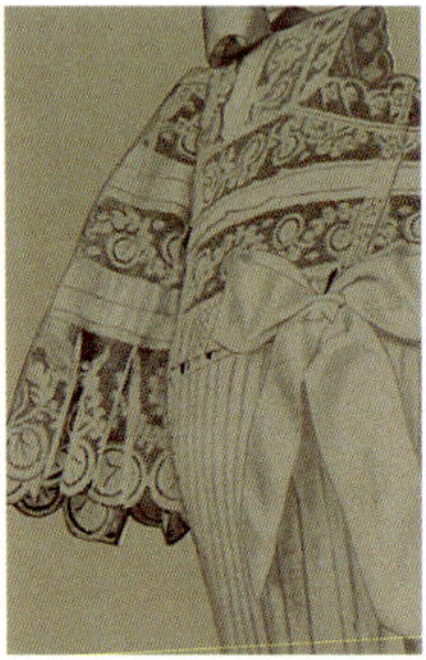

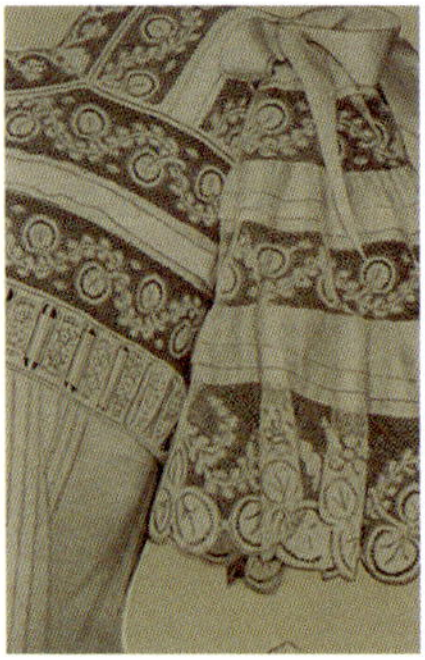

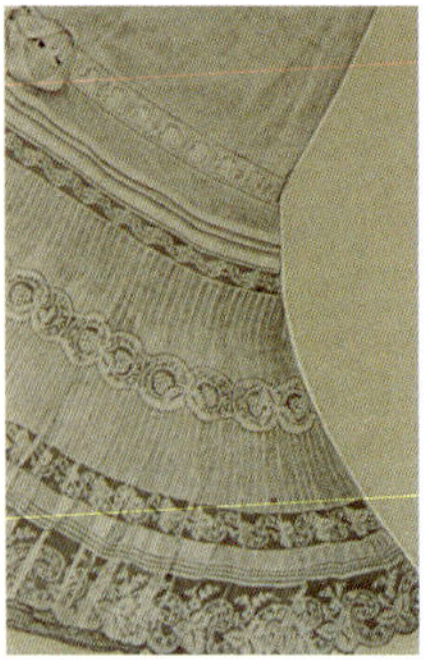

Silueta lungă şi dreaptă a apărut în Anglia odată cu o imigrantă postrevoluționară, Rose Bertin. Întoarcerea tunicii greceşti a marcat prima renaştere a istoriei modei. Silueta este lungă, dreaptă şi cu o talie înaltă. Îmbrăcămintea de corp nu a dispărut cu totul, fiind purtată în special de cele care nu aveau un trup perfect după canoanele modei.

## Cămaşă de noapte şi jupon

1908
Cataloage de reclame din departamentul francez al magazinului Au Printemps
Muzeul Galliera, Paris

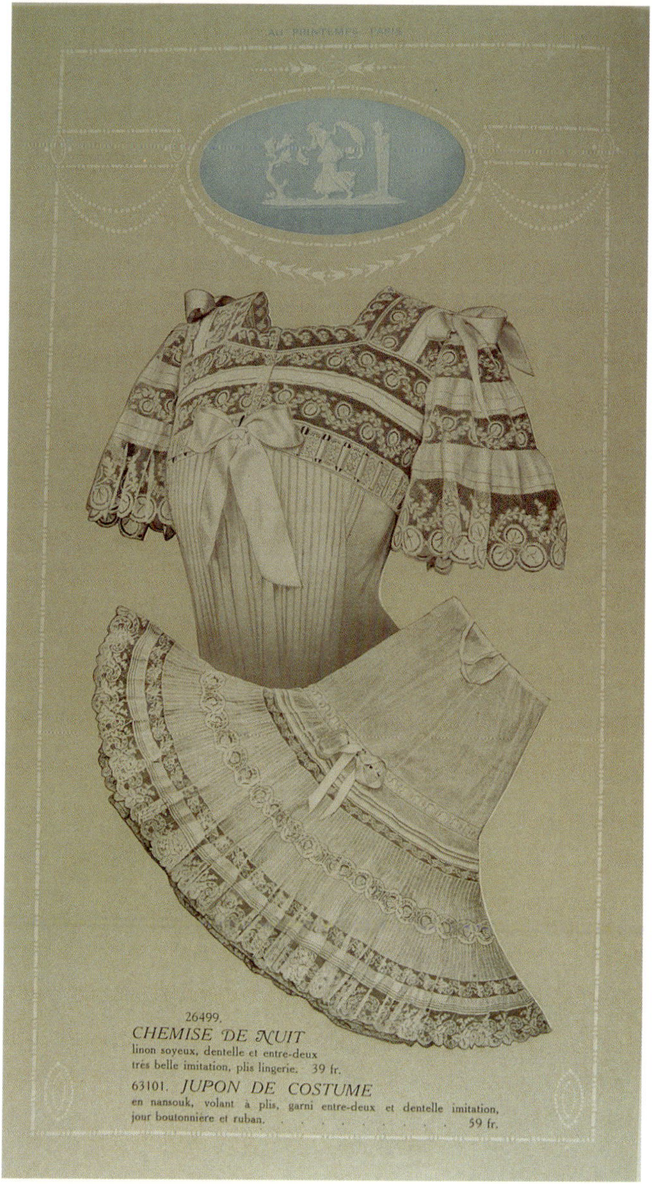
AU PRINTEMPS, PARIS
26499.
CHEMISE DE NUIT
linon soyeux, dentelle et entre-deux
trés belle imitation, plis lingerie. 39 fr.
63101. JUPON DE COSTUME
en nansouk, volant à plis, garni entre-deux et dentelle imitation,
jour boutonnière et ruban. . . . . . . . . . . 59 fr.

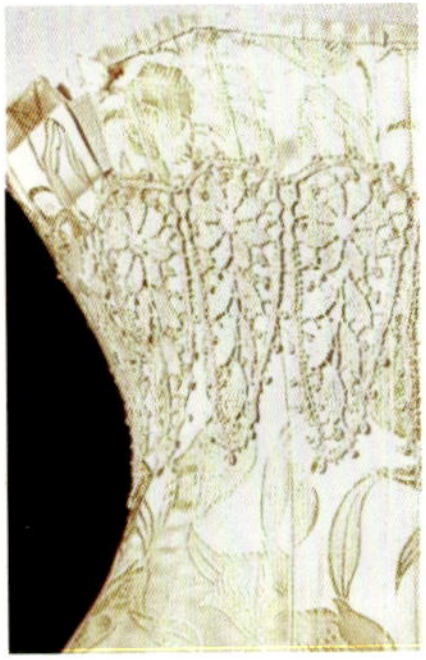

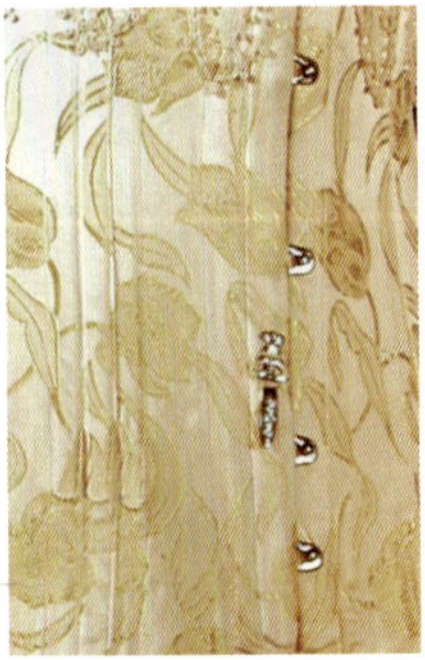

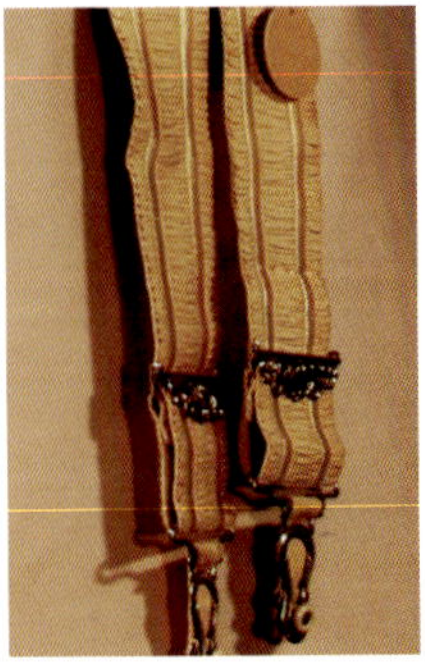

În 1800 corsetul mai era dorit pentru a reduce rotunjimile, cei mai cunoscuți producători de corsete fiind Lacrois și Furet, iar stilul Primului Imperiu, cu cupe separate, introdus de Louis-Hippolyte Leroy, a făcut purtarea sa inevitabilă. Corsetul *à la Ninon*, până la talie și căptușit, menit să creeze un corp amplu, a marcat întoarcerea la un aspect voluptuos, cu sâni mari, ideal feminin promovat de politicile imperialiste.

Corset „Furet”

---

1908
Donație Galea, Inv. 1962.108.225
Muzeul Galliera, Paris

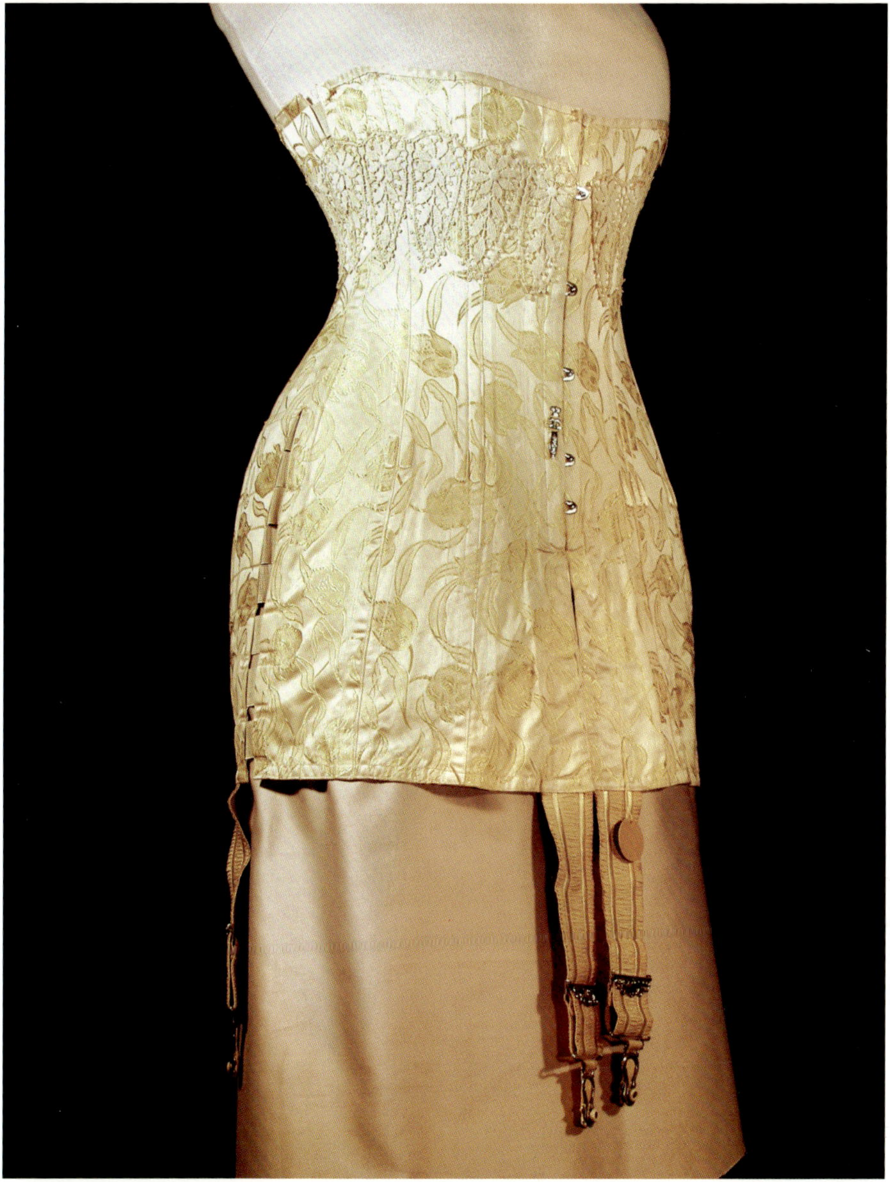

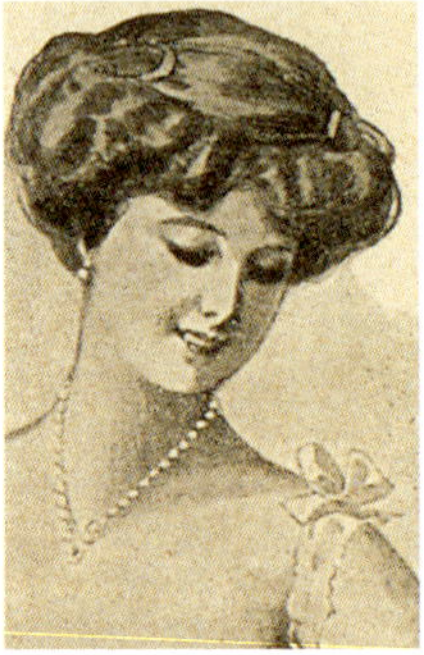

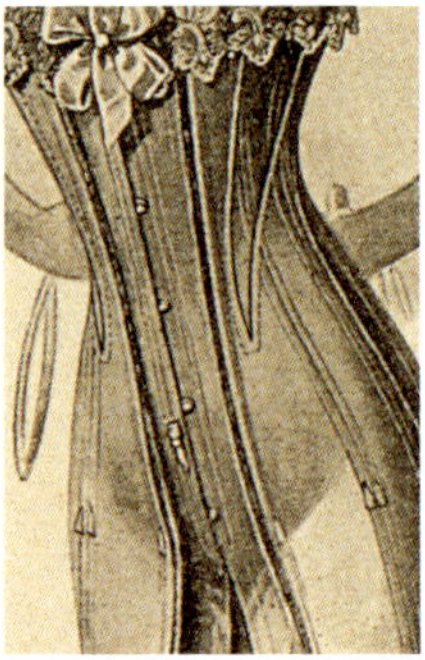

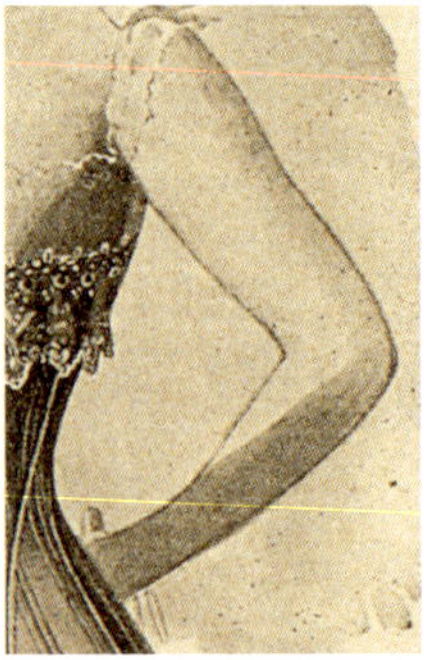

"Corsetul de divorț" (numit astfel datorită cupelor separate) introdus în 1816 a continuat moda separării sânilor. Talia a coborât la poziția ei normală. Talia femeii romantice era accentuată de corsetul împletit din şnur. Ea purta o fustă care se lărgea în formă de clopot, susținută de un jupon şi mâneci bufante cu întărituri. Umerii căzuți erau admirați, fiind subliniați de răscroieli foarte adânci sub braț.

„Corsets C.P. à la Sirene"

Reclamă
Grands Magasins de la Samaritaine

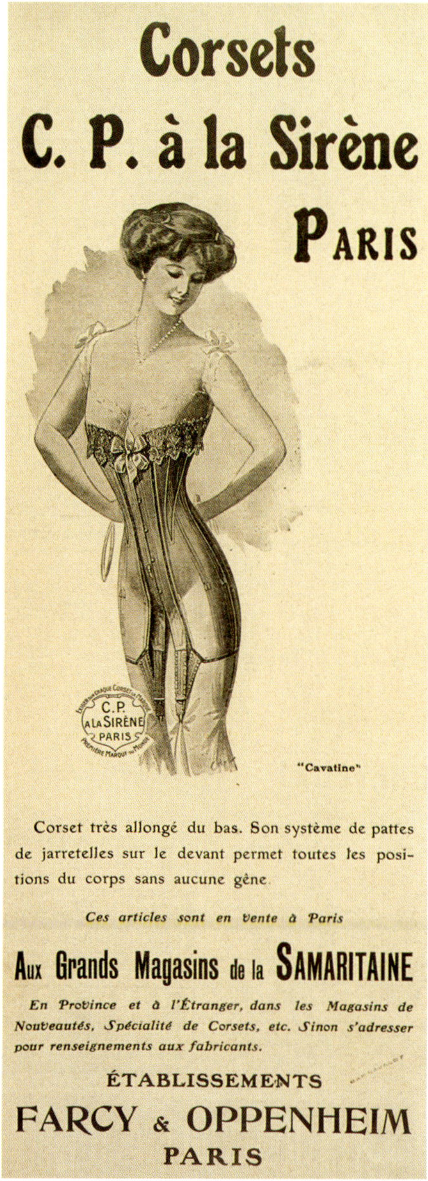
Corsets
C. P. à la Sirène
Paris
C.P.
à LA SIRÈNE
PARIS
"Cavatine"
Corset très allongé du bas. Son système de pattes de jarretelles sur le devant permet toutes les positions du corps sans aucune gêne.
Ces articles sont en vente à Paris
Aux Grands Magasins de la SAMARITAINE
En Province et à l'Étranger, dans les Magasins de Nouveautés, Spécialité de Corsets, etc. Sinon s'adresser pour renseignements aux fabricants.
ÉTABLISSEMENTS
FARCY & OPPENHEIM
PARIS

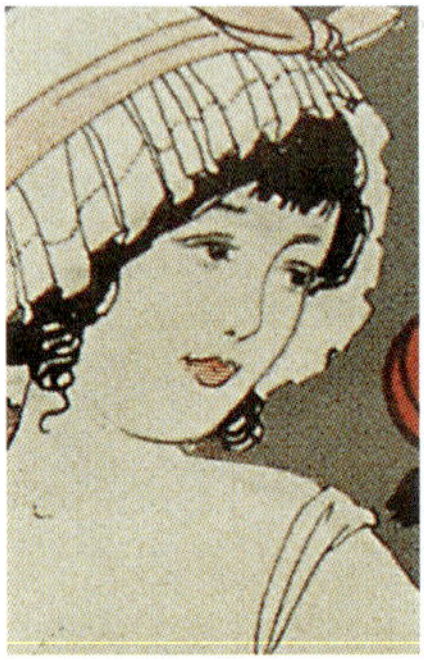
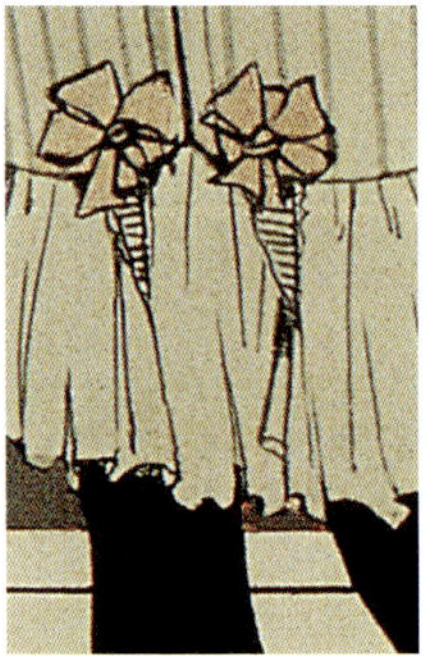
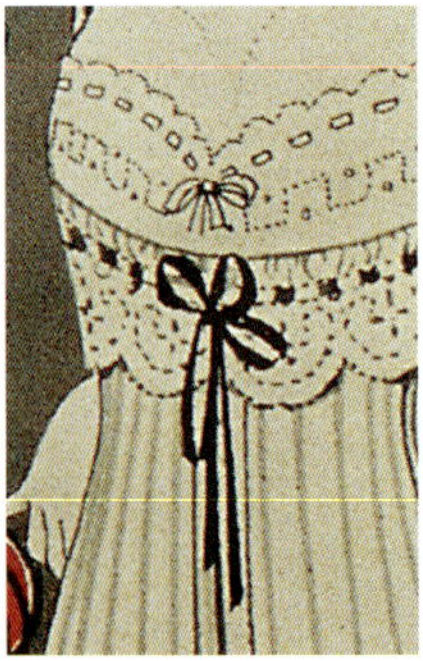

Crinolina, având la origine o formă de clopot, era rotundă în partea de jos şi uşor bombată în spate. După anul 1860, partea din spate s-a lungit, dând impresia unei flăcări. Dar prin 1868 crinolina devenise victima propriilor sale extreme, şi a fost redusă la o formă simplă de con, formă care va evolua într-o turnură proeminentă doar în spate.

Copertă pentru catalogul de reclame
*Comptoir des Corsets*

A. Rapeno, iarna 1913-1914
Grands Magasins du Louvre
Muzeul Galliera, Paris

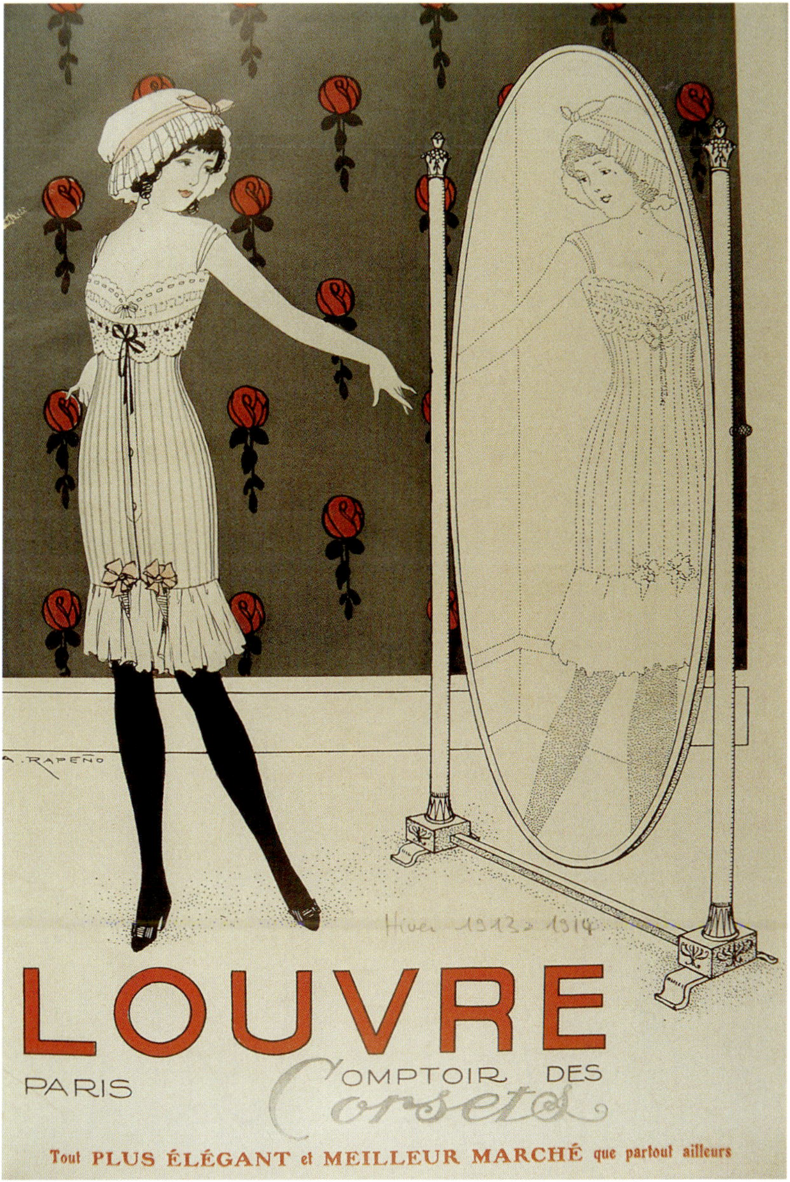
A. RAPEÑO
Hiver 1913-1914
LOUVRE
PARIS
Comptoir des Corsets
Tout PLUS ÉLÉGANT et MEILLEUR MARCHÉ que partout ailleurs

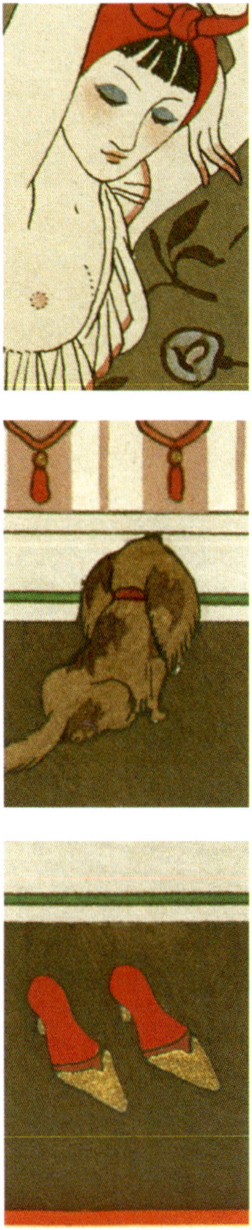

În jurul anilor 1865-1870, silueta a devenit mai puțin voluminoasă. Turnura sau „şezutul parizian” a marcat curba şalelor şi a permis cutelor rochiei să rămână în spate. Partea din față era foarte plată, datorită unui corset înalt care susținea bustul. Aceste corsete ce reduceau talia dădeau trupului o formă de clepsidră.

„La belle matineuse”
(Frumoasa matinală)

1914
*Modes et manières d’aujourd’hui*
Muzeul Galliera, Paris

1914 MODES ET MANIÈRES D'AUJOURD'HUI Pl. I.

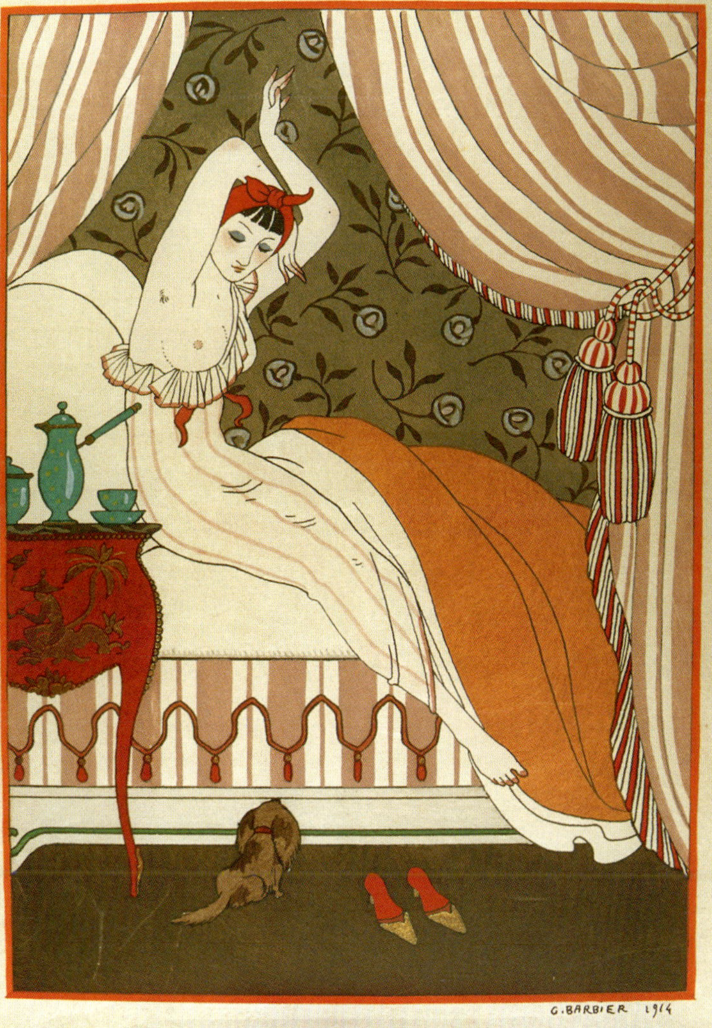


*La Belle Matineuse*

*Je t'ai connue a ton matin, ô belle Matineuse! Souviens-toi.....*

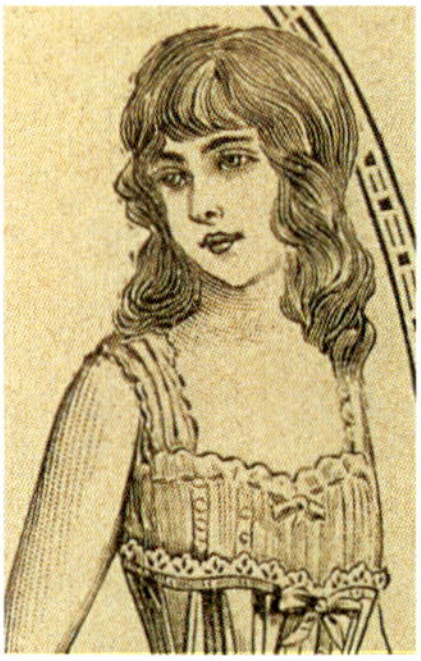

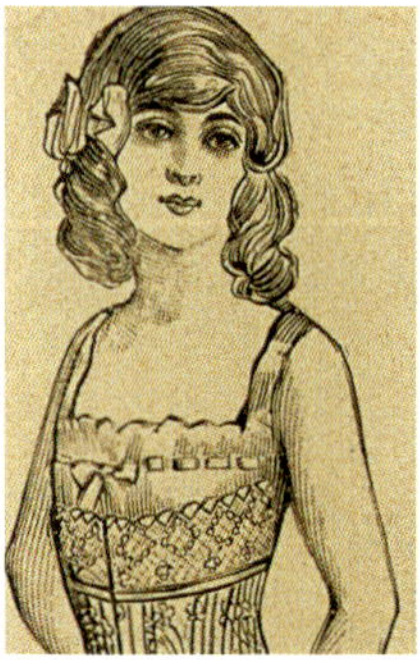

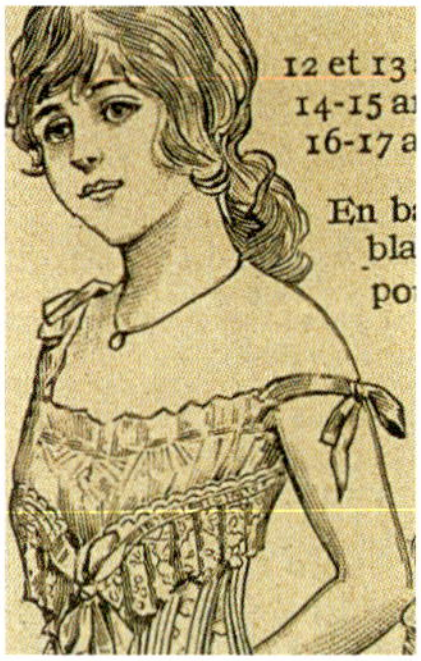


Aceasta a fost o eră a dezbaterilor asupra efectelor benefice sau dăunătoare ale corsetului, parte a unei dezbateri mai largi asupra statutului nedrept al femeilor. Unele femei, ca ziarista americană Amalia Bloomer, au încercat să schițeze o „rochie rațională" formată dintr-o rochie scurtă în stilul tunicii, purtată peste pantaloni bufanți, dar aceşti pantaloni bufanți au fost considerați ridicoli, iar îmbrăcămintea feminină a continuat să sublinieze curbele trupului.

„Corsets pour enfants et fillettes"
(Corsete pentru fetițe şi fete tinere)

Iarna 1913-1914
Grands Magasins du Louvre
Muzeul Galliera, Paris

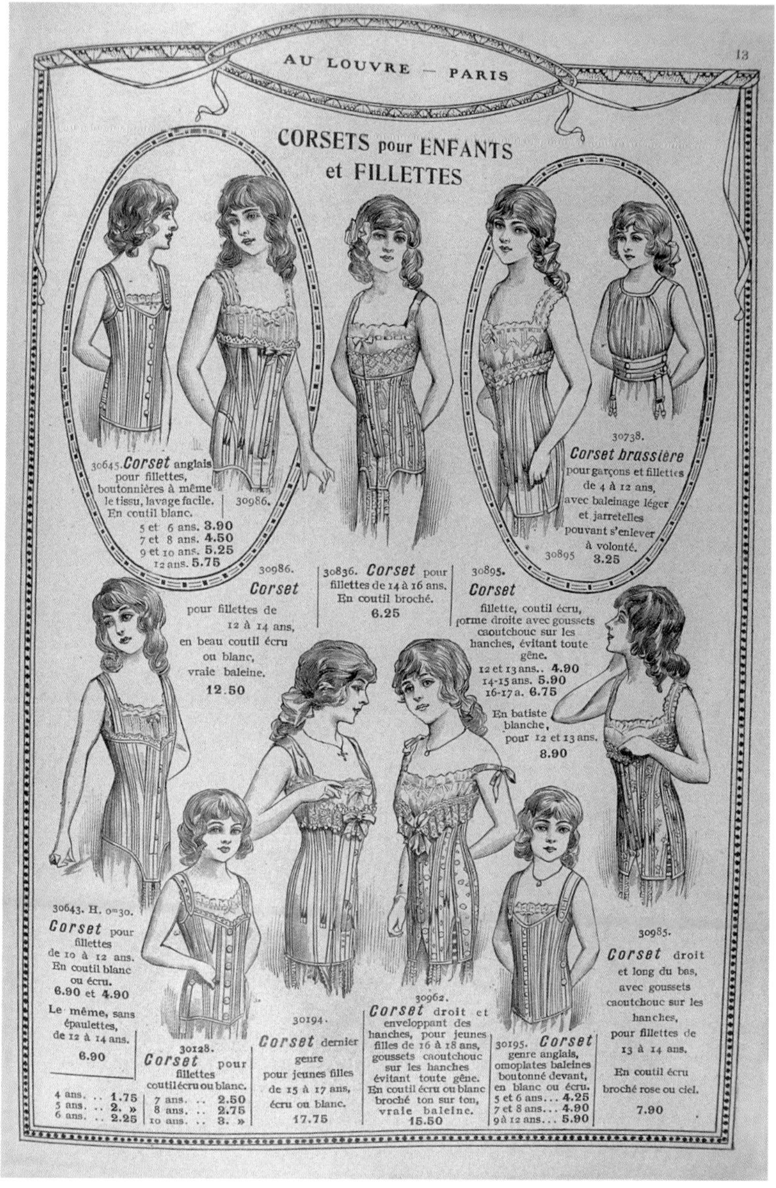

AU LOUVRE — PARIS 13

CORSETS pour ENFANTS et FILLETTES

30645. **Corset** anglais pour fillettes, boutonnières à même le tissu, lavage facile. En coutil blanc.
5 et 6 ans. **3.90**
7 et 8 ans. **4.50**
9 et 10 ans. **5.25**
12 ans. **5.75**

30986.

30738. **Corset brassière** pour garçons et fillettes de 4 à 12 ans, avec baleinage léger et jarretelles pouvant s'enlever à volonté. **3.25**

30895

30986. **Corset** pour fillettes de 12 à 14 ans, en beau coutil écru ou blanc, vraie baleine. **12.50**

30836. **Corset** pour fillettes de 14 à 16 ans. En coutil broché. **6.25**

30895. **Corset** fillette, coutil écru, forme droite avec goussets caoutchouc sur les hanches, évitant toute gêne.
12 et 13 ans.. **4.90**
14-15 ans. **5.90**
16-17 a. **6.75**
En batiste blanche, pour 12 et 13 ans. **8.90**

30643. H. 0m30. **Corset** pour fillettes de 10 à 12 ans. En coutil blanc ou écru. **6.90** et **4.90**
Le même, sans épaulettes, de 12 à 14 ans. **6.90**
4 ans. .. **1.75**
5 ans. .. **2. »**
6 ans. .. **2.25**

30128. **Corset** pour fillettes coutil écru ou blanc.
7 ans. .. **2.50**
8 ans. .. **2.75**
10 ans. .. **3. »**

30194. **Corset** dernier genre pour jeunes filles de 15 à 17 ans, écru ou blanc. **17.75**

30962. **Corset** droit et enveloppant des hanches, pour jeunes filles de 16 à 18 ans, goussets caoutchouc sur les hanches évitant toute gêne. En coutil écru ou blanc broché ton sur ton, vraie baleine. **15.50**

30195. **Corset** genre anglais, omoplates baleines boutonné devant, en blanc ou écru.
5 et 6 ans... **4.25**
7 et 8 ans... **4.90**
9 à 12 ans... **5.90**

30985. **Corset** droit et long du bas, avec goussets caoutchouc sur les hanches, pour fillettes de 13 à 14 ans. En coutil écru broché rose ou ciel. **7.90**

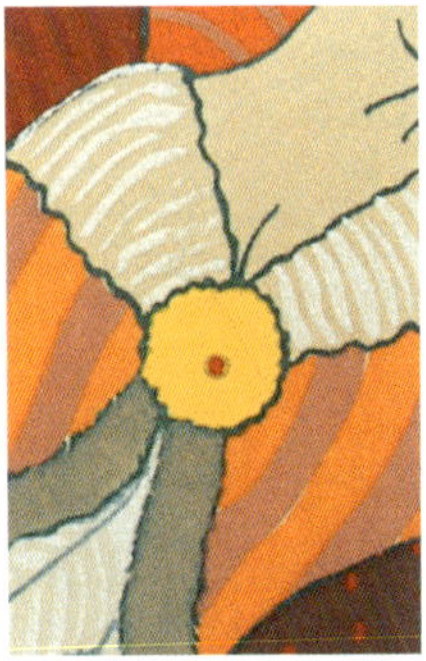

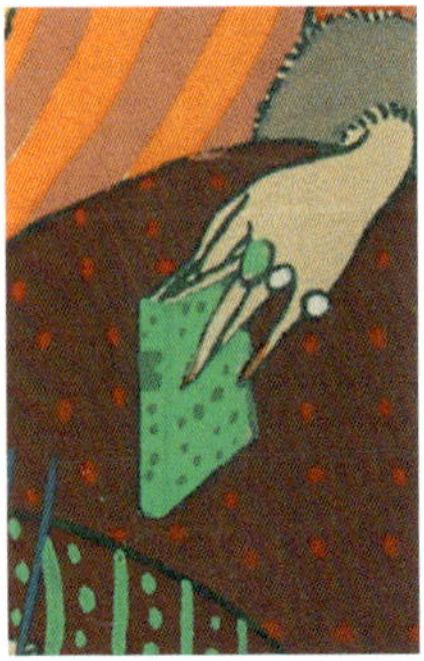

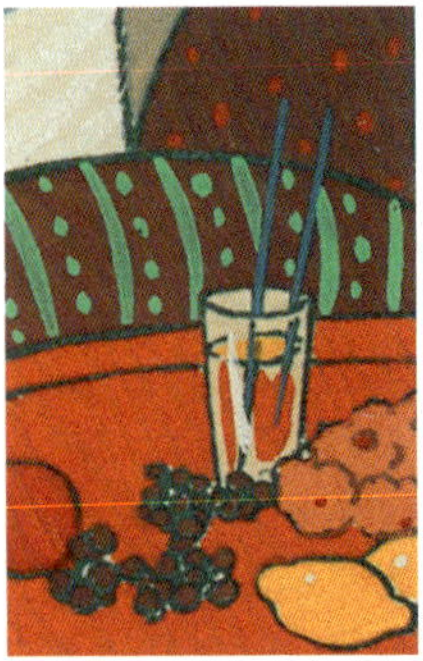

În anii 1880, partea din față a siluetei era din ce în ce mai subliniată, datorită corsetelor cu balene metalice lungi, care micşorau abdomenul şi strângeau bustul şi şoldurile. Între anii 1880 şi 1905, corpul femeii era deformat în forma de „S": bustul era împins în față, iar şoldurile şi fesele erau împinse în spate.

„Les coussins"
(Pernițele)

---

Muzeul Galliera, Paris

1912 LES COUSSINS Pl. V.

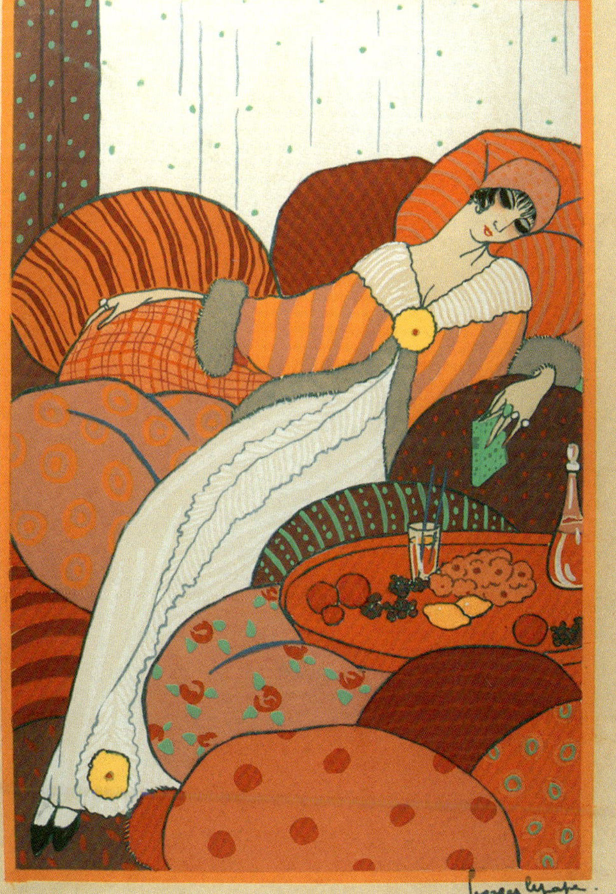

*Voici l'heure entre toutes si délicate.*
*Si délicate et précieuse, où l'on goûte*
*Les minutes qui s'égrennent goutte à goutte*
*Comme un collier de turquoises et d'agates.*

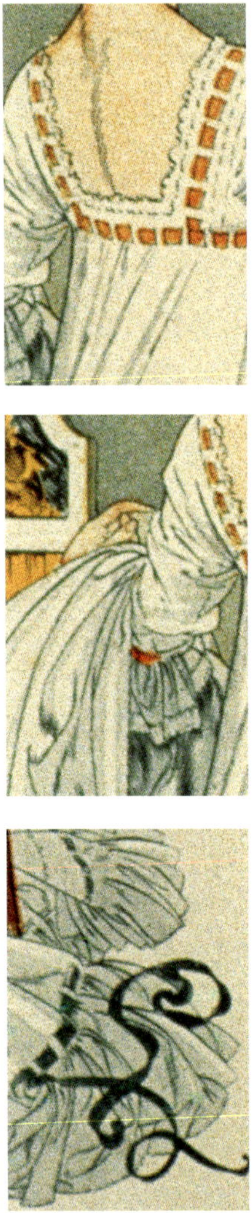

Bustul era jos, amplu şi nedivizat, ceea ce îi conferea un aspect de grandilocvență, uneori intensificat de sâni artificiali făcuți din piele de căprioară, satin matlasat sau cauciuc. Turnura ridica fesele şi definea şalele. Această nouă siluetă serpentinată corespunde arabescurilor mişcării Art Nouveau.

Copertă pentru catalogul de reclame
*A la chaussée d'Antin*

Charles Hérouard, 1917
27 x 22 cm
Biblioteca Forney, Paris

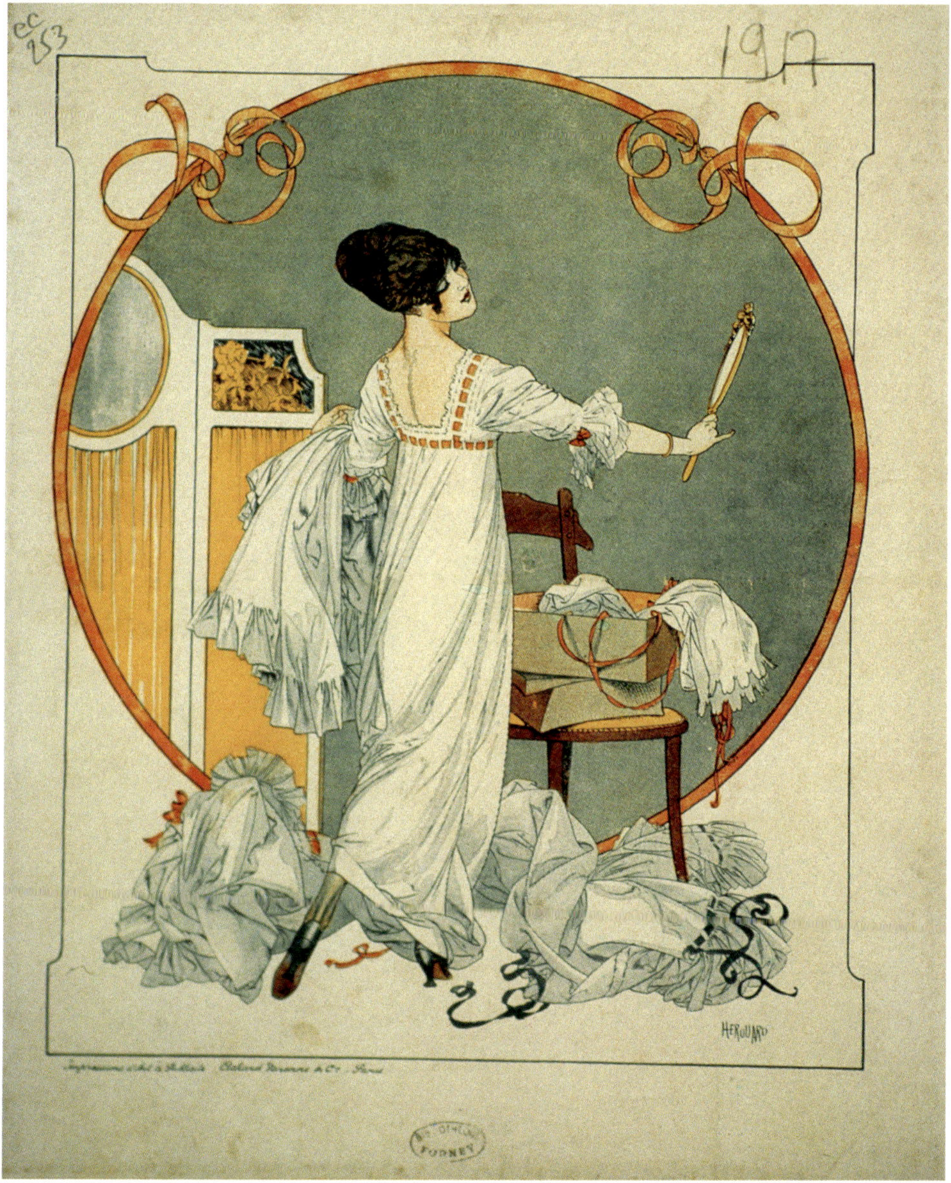
1917
HEROUARD

Ca răspuns la silueta sinuoasă, doctorul Franz Glenard şi madame Gaches-Sarraute, o producătoare de corsete cu experiență medicală, au introdus noi corsete, care confereau toracelui mai multă libertate. Aceste modele susțineau abdomenul fără a-l strânge, în timp ce eliberau pieptul şi diafragma. În acelaşi spirit, au apărut o serie de ligi anglo-saxone anti-corset, cu scopul de a raționaliza purtarea acestui articol vestimentar.

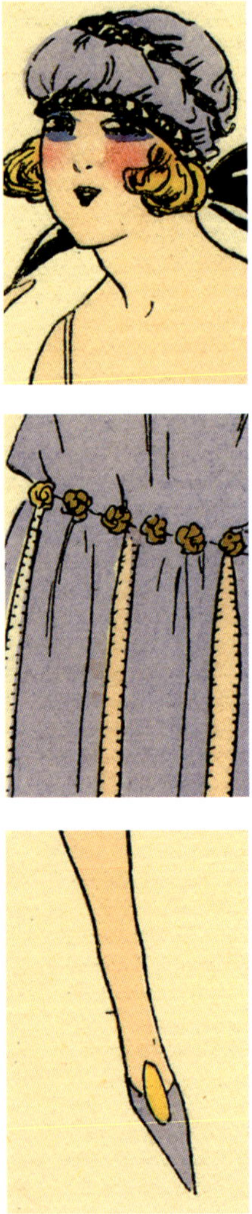

Extras din catalogul Yva Richard

circa 1920
Şablon în acuarelă, 22 x 16 cm
Colecție particulară, Paris

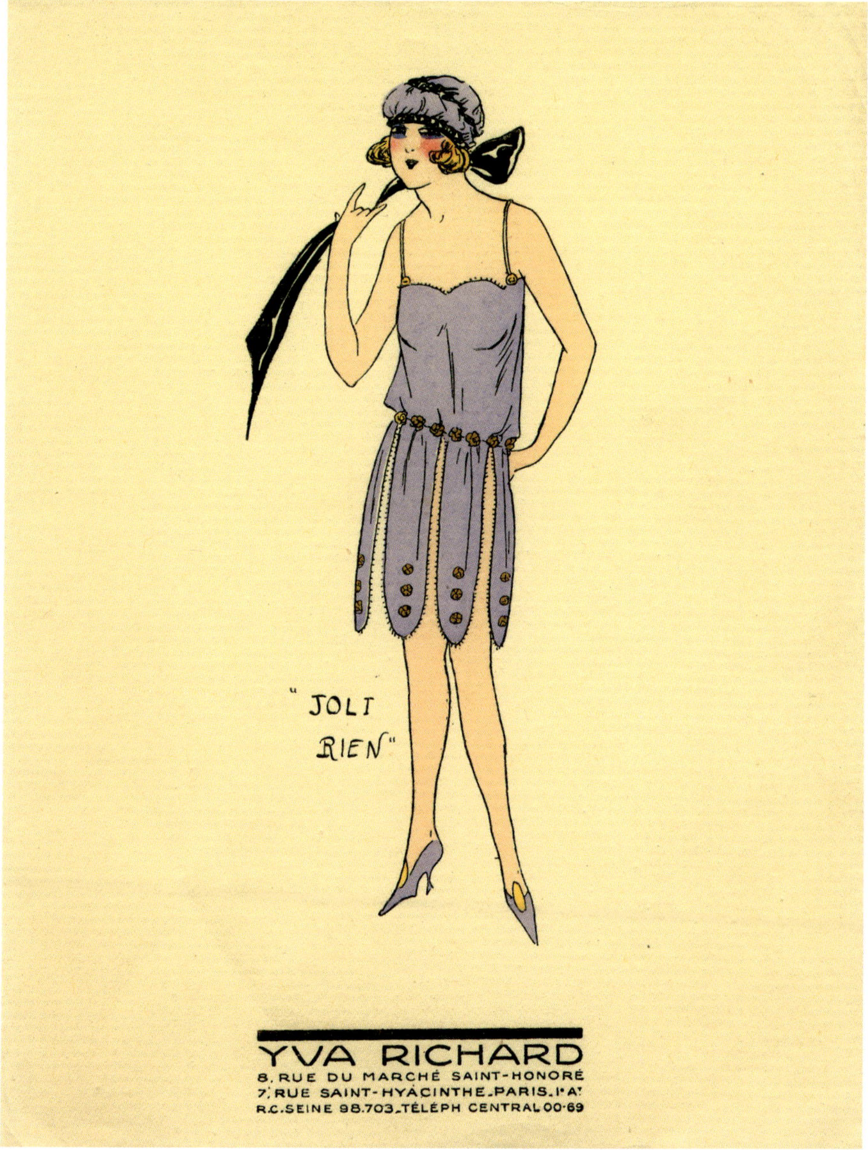
"JOLI
RIEN"
YVA RICHARD
8, RUE DU MARCHÉ SAINT-HONORÉ
7, RUE SAINT-HYACINTHE_PARIS. 1er Ar
R.C.SEINE 98.703_TÉLÉPH CENTRAL 00-69

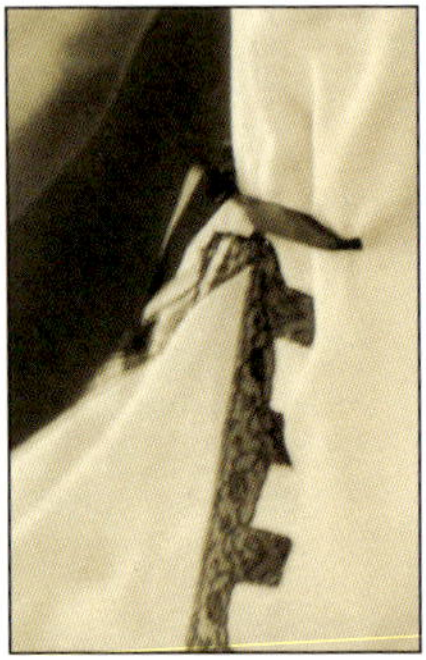

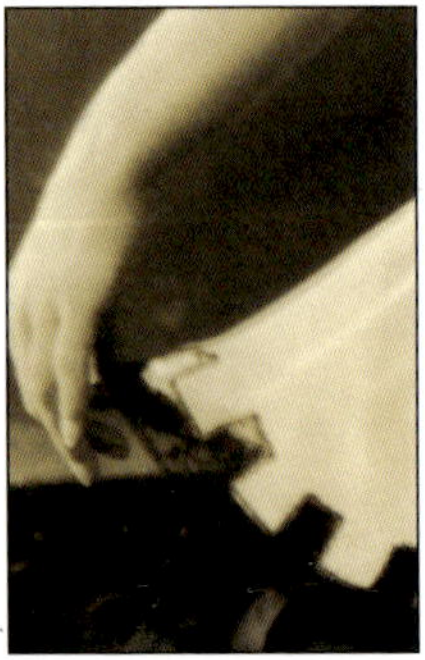

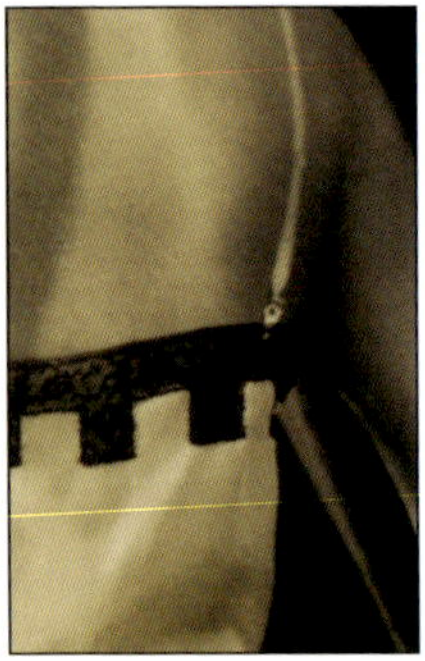

Autoritățile multor țări s-au împotrivit purtării corsetului. Acest război împotriva corsetului (controlul asupra trupului femeii a fost mult timp asociat rectitudinii morale) şi-a găsit ecou în mişcarea din Anglia pentru dreptul la vot al femeilor, care luptau pentru egalitate în drepturi. În 1907 silueta în formă de „S" pierduse teren, lăsând loc unui aspect mult mai rafinat, care amintea de stilul Empire.

## Lenjerie pentru femei

Yva Richard, circa 1920
Stampă, 18 x 13 cm
Colecție particulară, Paris

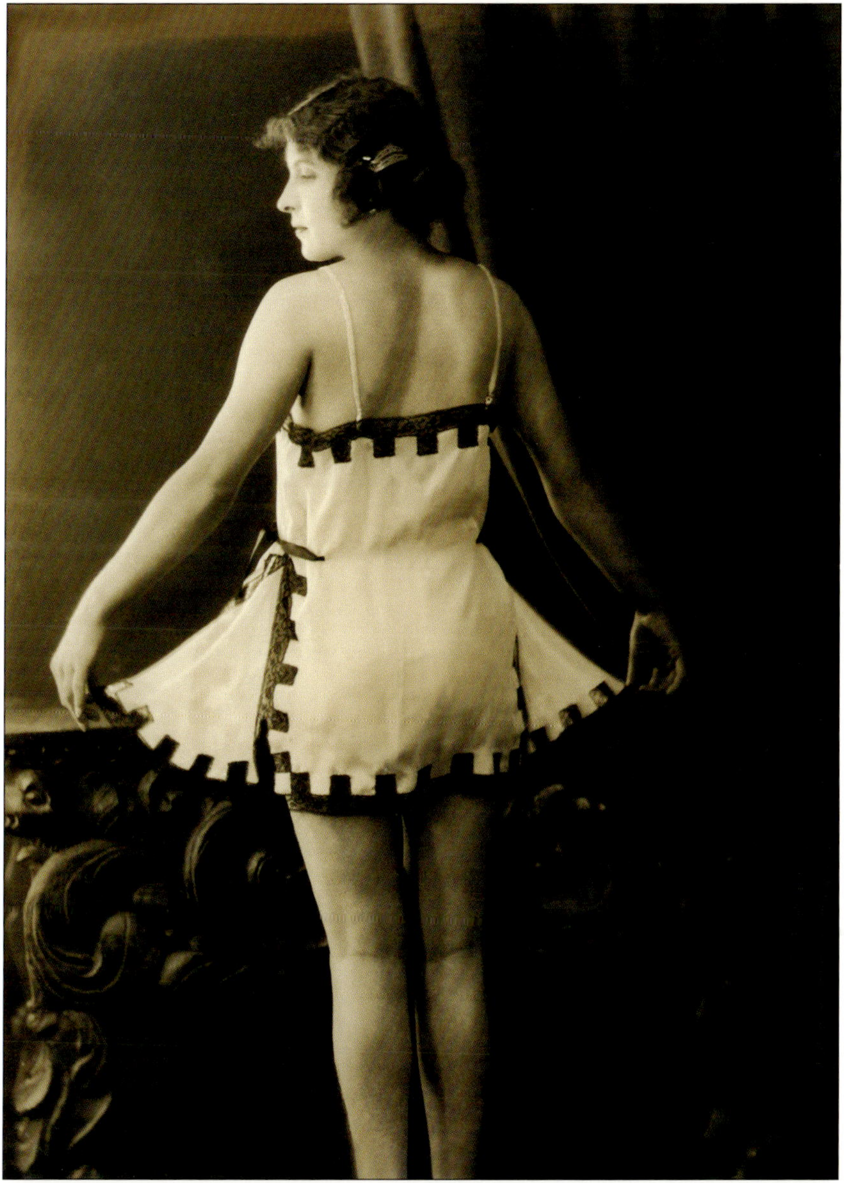

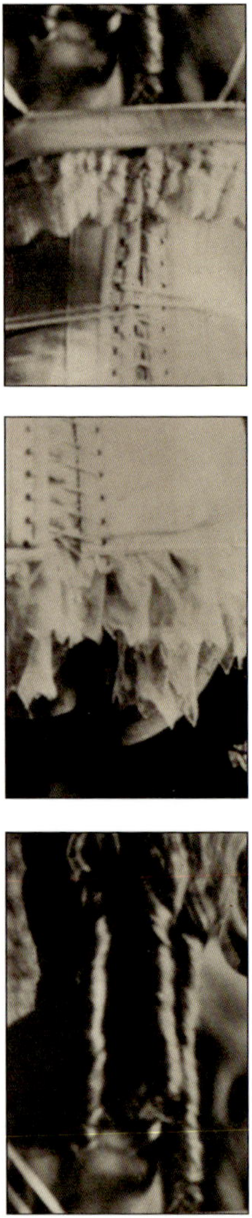

Noua siluetă avea talia înaltă, un bust diminuat şi şolduri înguste, dând femeii un aspect tubular. Deşi acest stil a marcat sfârşitul unei mode care susținea talia strânsă, s-au impus şoldurile drepte şi fesele plate, prin urmare corsetul trebuia să fie să fie plat şi rigid în partea din față, lăsat pe şolduri. Moliciunea a fost restituită bustului grație inventării sutienului.

## Carte poştală

Yva Richard, circa 1920
14 x 9 cm
Colecție particulară, Paris

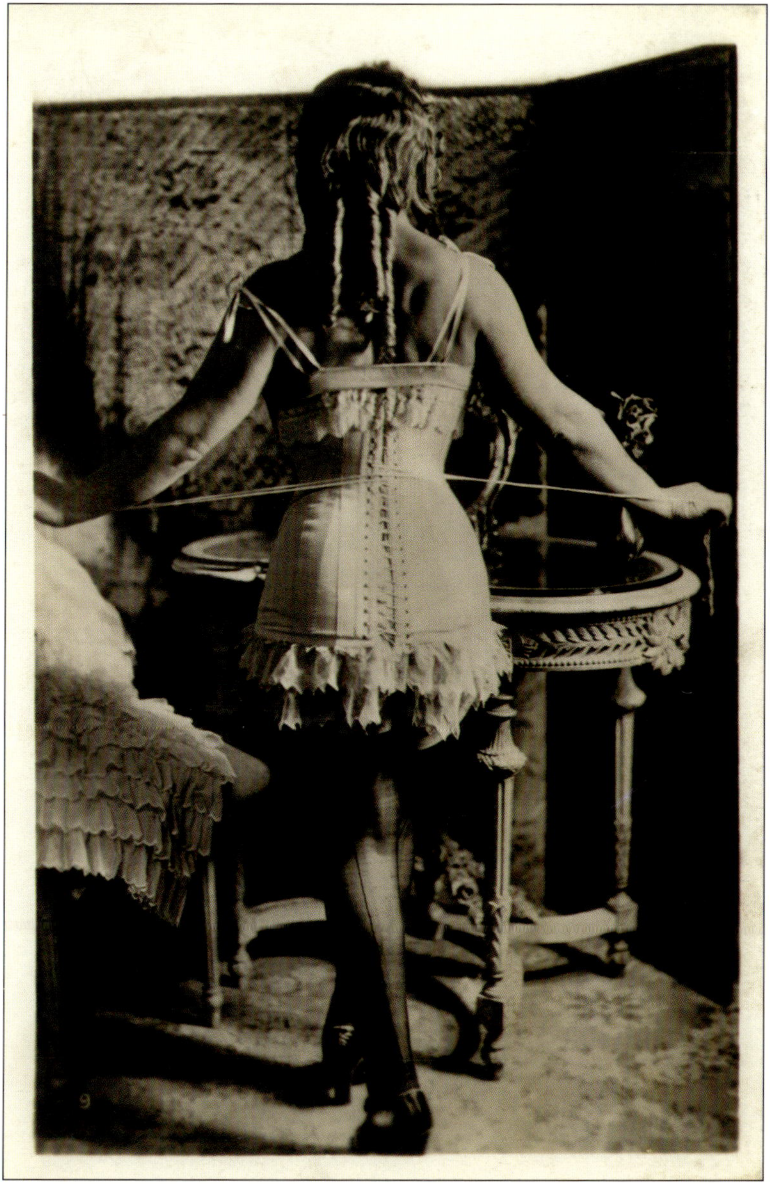

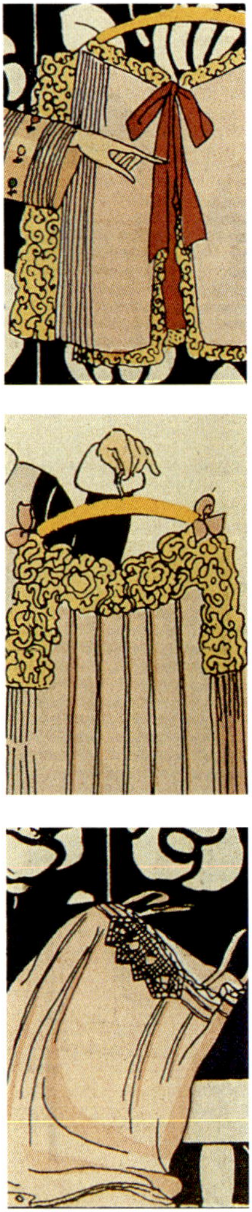

Silueta subțire a rămas esențială. Potrivit revistei Vogue din 1922, „căutarea zvelteții este una dintre principalele greutăți ale femeii moderne”.

Ideea de destindere fizică era de asemeni promovată de producțiile teatrale în care actorii își mişcau liber trupurile pe scenă. Unele spectacole, prinrte care cele ale trupei *Les Ballets Russes*, jucate la Theatre du Chatelet în 1909, şi cele ale dansatoarel Isadora Duncan, au fost primite cu entuziasm.

„Lenjerie”, creațiile Martial şi Armand

*Art, Goût, Beauté*, mai 1925
Muzeul Galliera, Paris

# LINGERIE

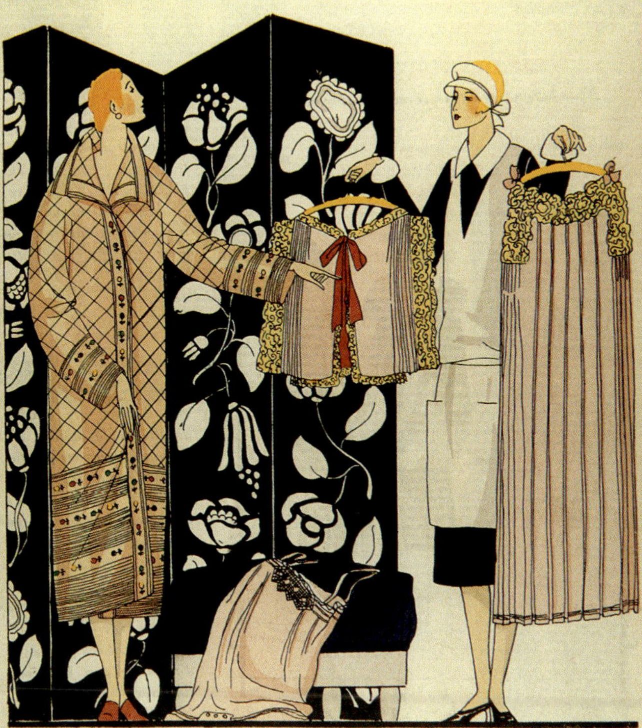

Créations Martial et Armand

*Parure en Supercrêpe A. G. B.*

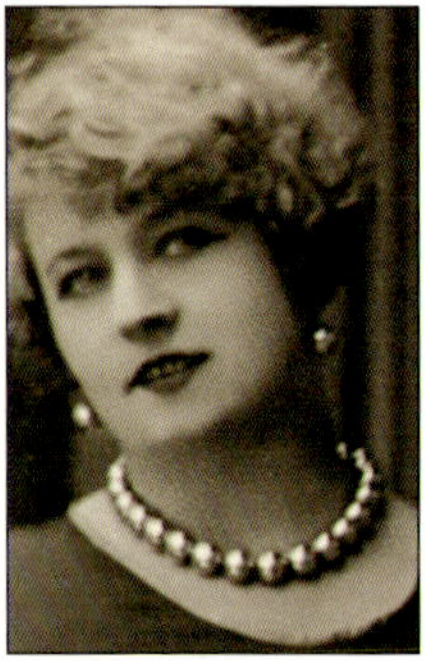

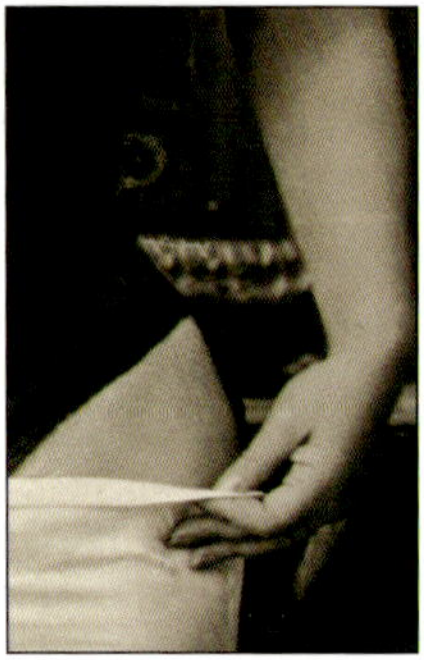

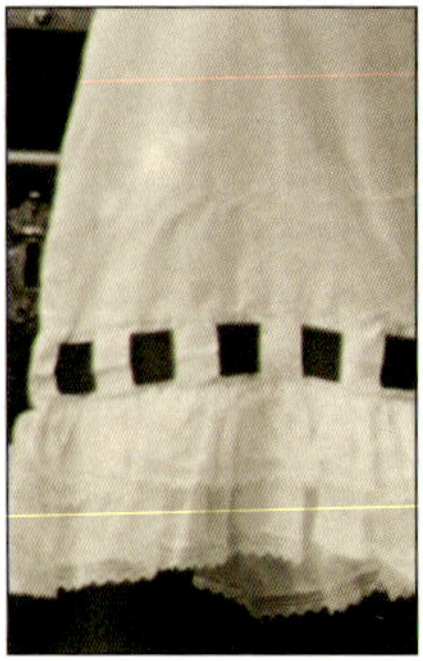

Conştienţi de aceste schimbări, croitorii Paul Poiret, Madeleine Vionnet şi Nicole Groult a ajutat la abolirea siluetei sinuoase. Inovaţiile lor au coincis cu noile obsesii pentru dansurile latine şi americane (tango şi charleston) care necesitau un corp neîncătuşat. Nevoia clasei muncitoare de mijloc de a avea o îmbrăcăminte cât mai practică a adus un nou impuls creaţiei de noi genuri de ţesături.

## Bouclette şi corsetul ei

Yva Richard, circa 1925
Stampă, 17,6 x 13 cm
Colecţia Alexandre Dupouy, Paris

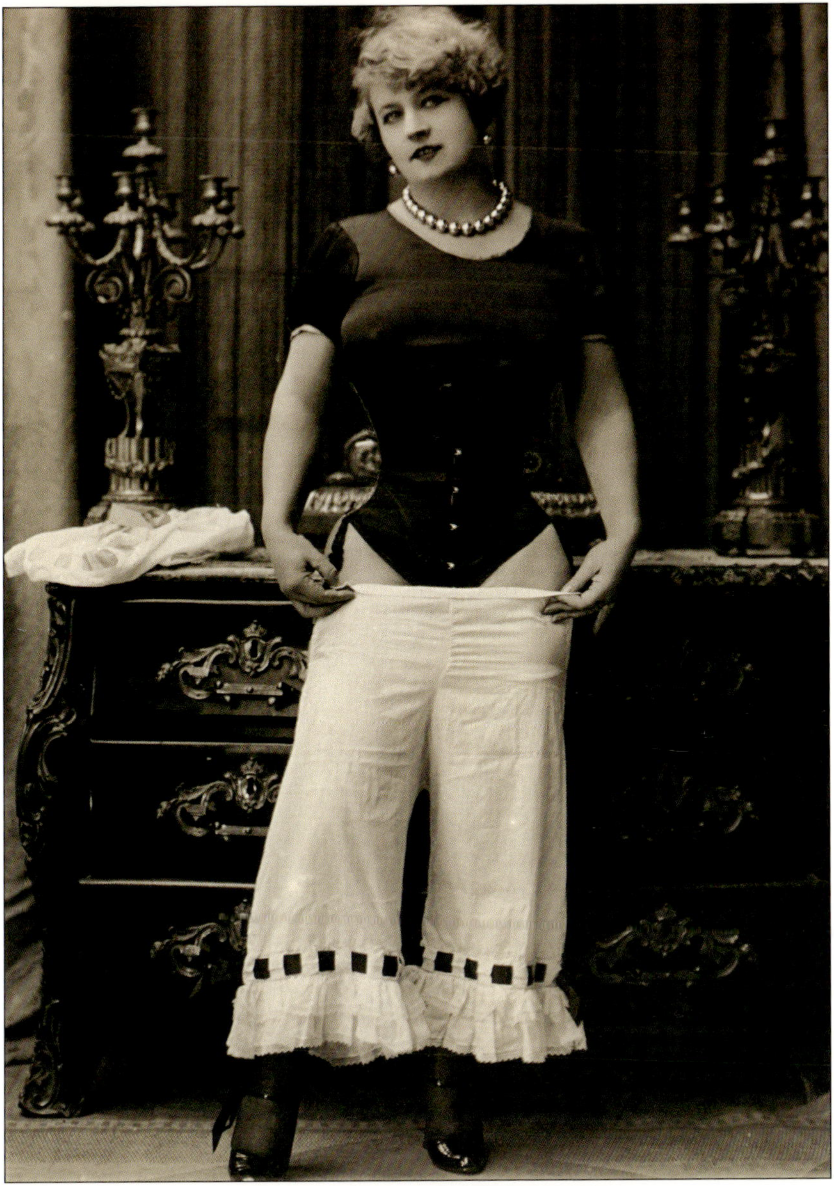

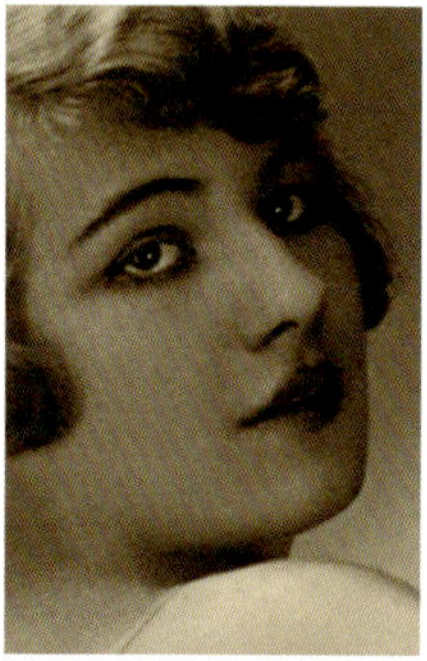

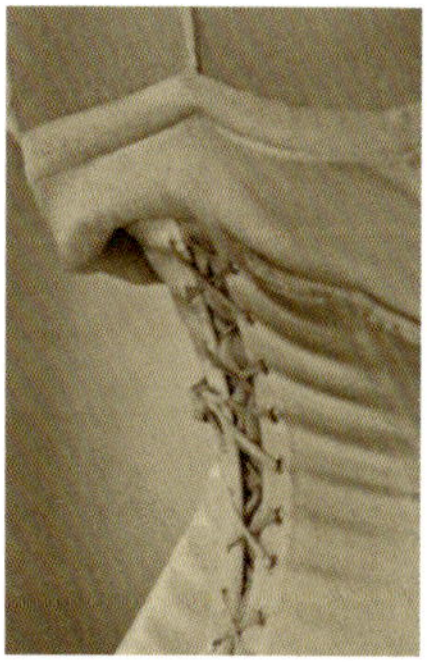

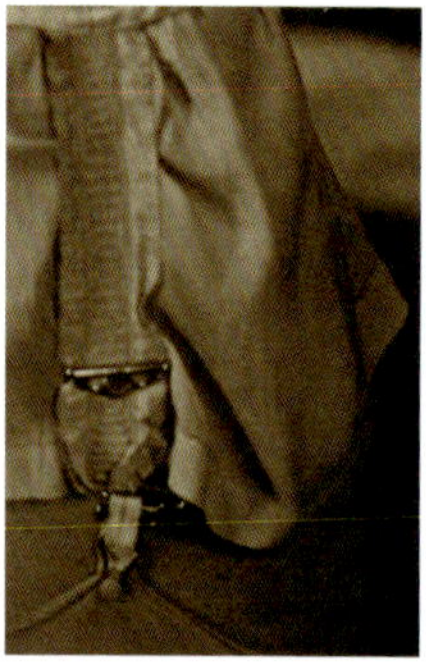

Odată cu Primul Război Mondial (1914-1918) silueta a continuat să se simplifice, iar volumul a fost abandonat. Cu toate acestea, doar femeile slabe au avut curajul să renunțe la corset. Pentru celelalte a apărut un nou corset micşorat, invizibil.

În anii 1920, femeile purtau o rochie lungă până la genunchi, care făcea invizibili sânii şi talia.

## Wyndham nr. 176

circa 1925
Vedere imprimată pe verso, 14 x 9 cm
Colecție particulară, Paris

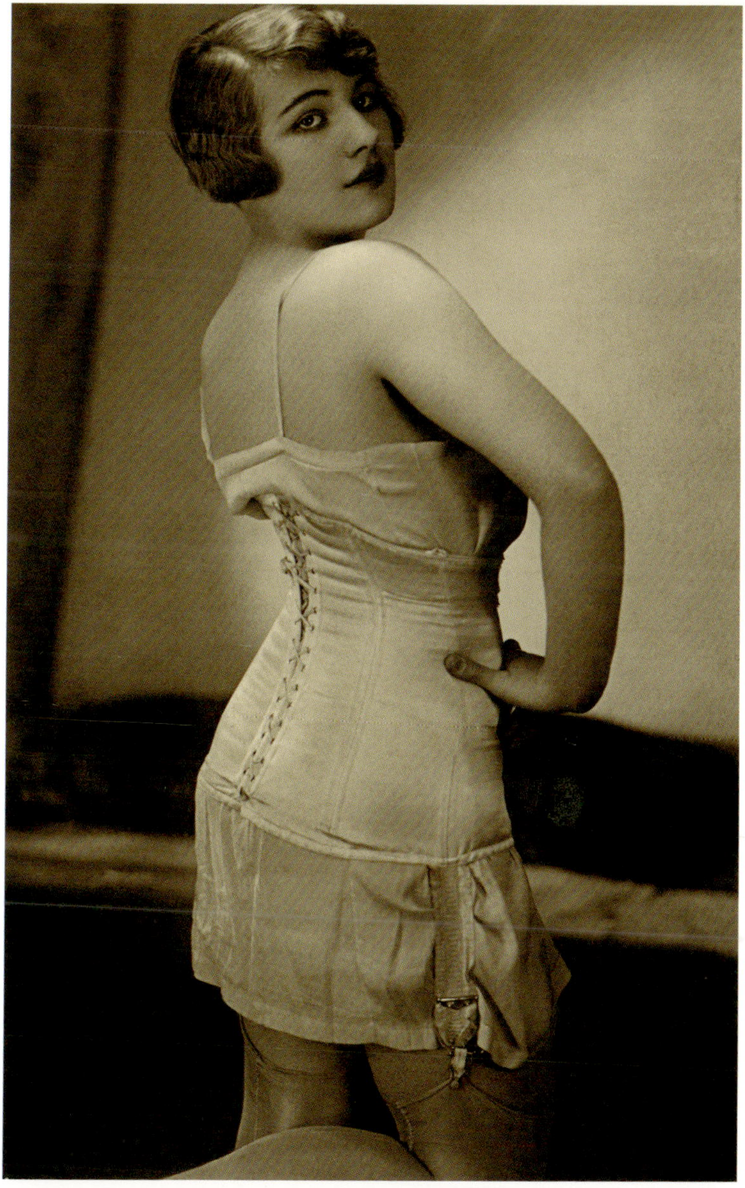

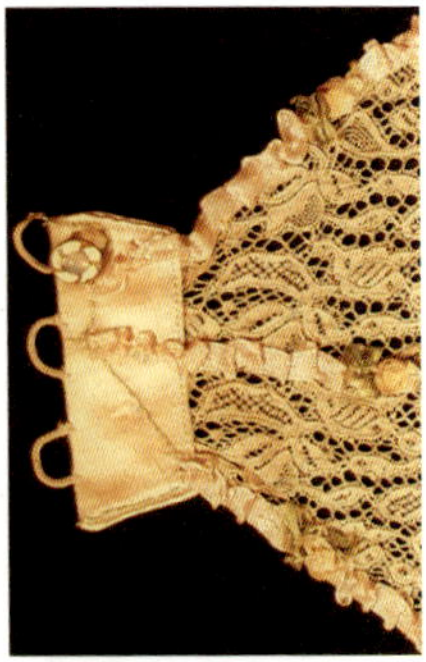

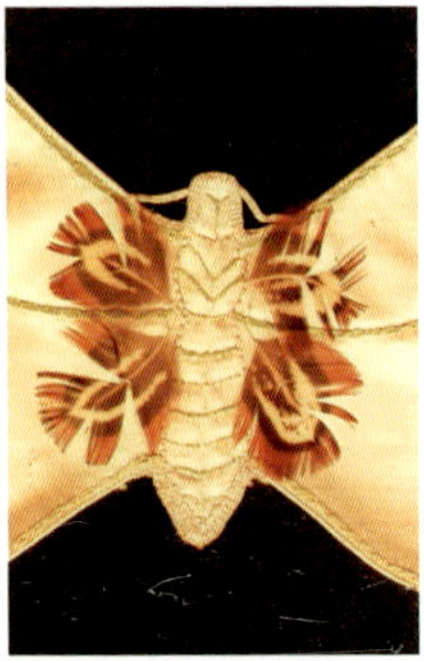

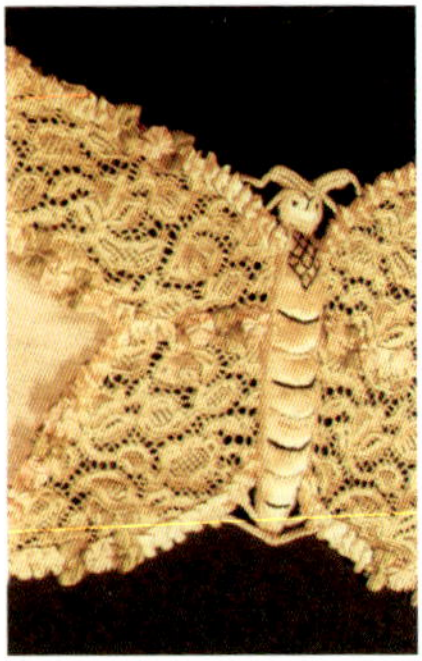

Un bust amplu nu mai era o problemă, deoarece femeile purtau sutiene, incluzând modele care aplatizau sânii în stil roman. Moda curbelor a revenit la sfârşitul deceniului, iar bustul, acum definit şi accentuat, necesita întărituri pentru suport.

## Sutien

Prezentat la Expoziția de Arte Decorative, 1925
Broderie, bumbac, dantelă şi satin
Donație Andreev, Inv. 1947.49
Muzeul Galliera, Paris

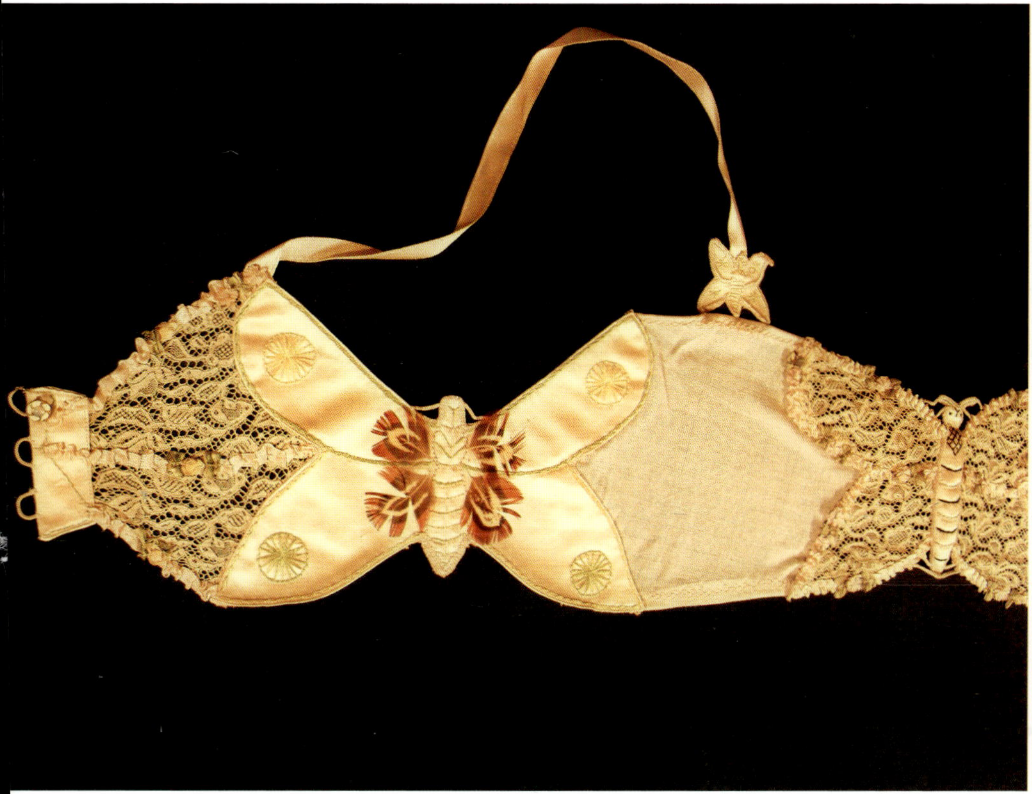

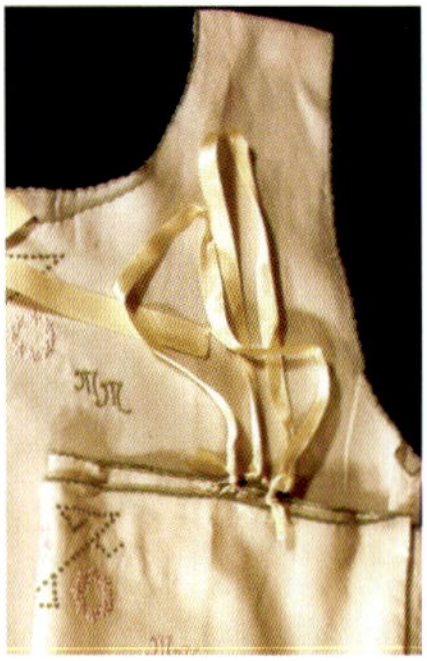

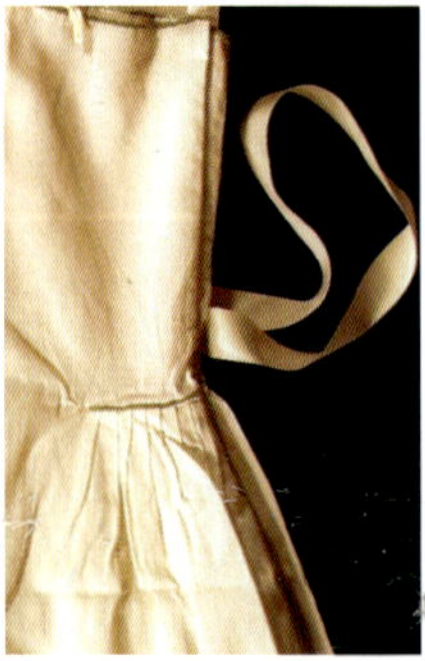

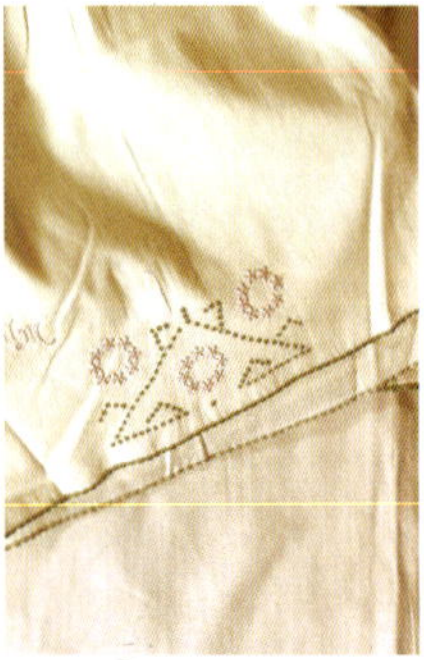

Firma Kestos a introdus un nou concept de sutien, care oferea control fără a restrânge sânii: dacă femeile urmau să poarte corset, acesta trebuia să fie foarte lejer. Mulțumită unei cunoașteri mai bune a anatomiei umane, corsetul a început să urmeze contururile naturale ale trupului.

## Compleu

circa 1925
Bumbac galben cu brodaj mov și verde
Donație Marot, Inv. 1987.33.3A/B/C
Muzeul Galliera, Paris

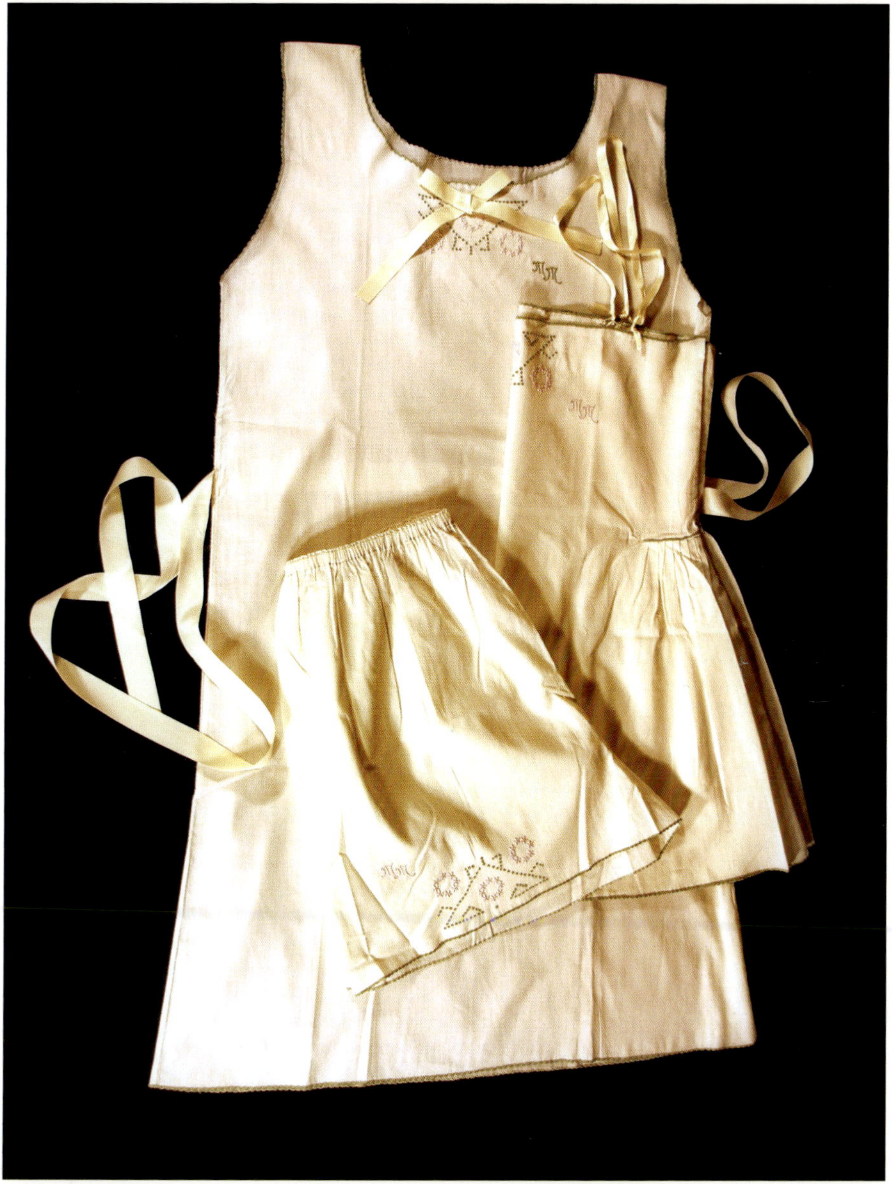

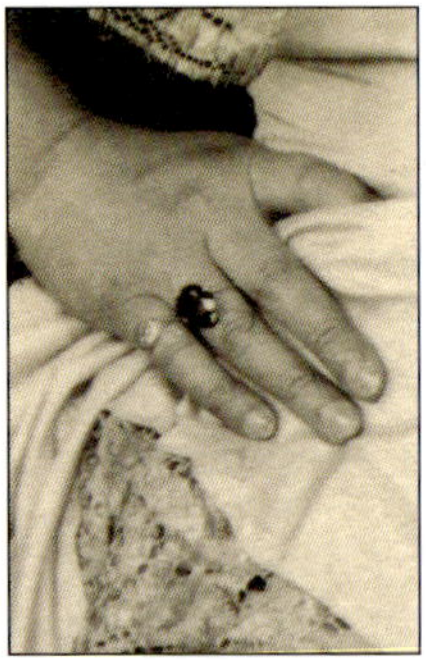

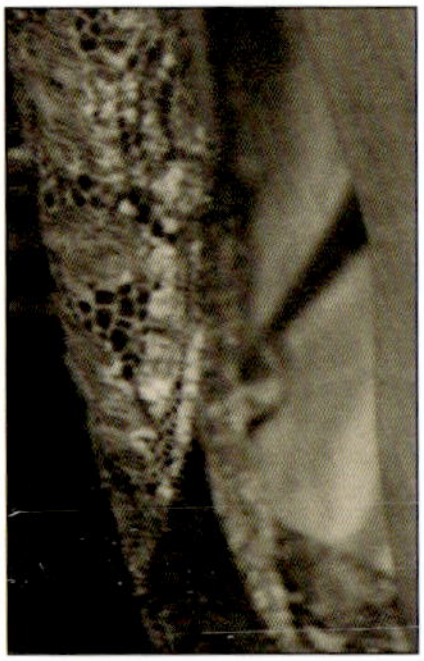

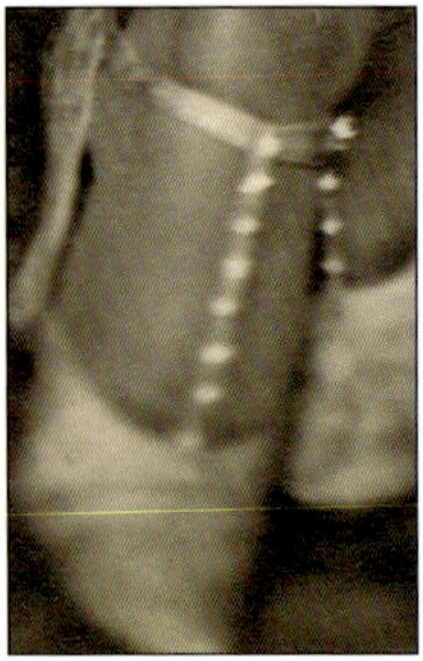

În Australia, compania Berlei a însărcinat o comisie din profesori de la Universitatea din Sidney să realizeze primul studiu antropometric al tipurilor de trupuri feminine. Aceştia au definit cinci tipuri, demonstrând astfel varietatea morfologiilor. Warner a inventat măsurarea cupelor prin notarea cu mărimile A, B, C şi D.

Carte poştală

Yva Richard, circa 1925
14 x 9 cm
Colecţie particulară, Paris

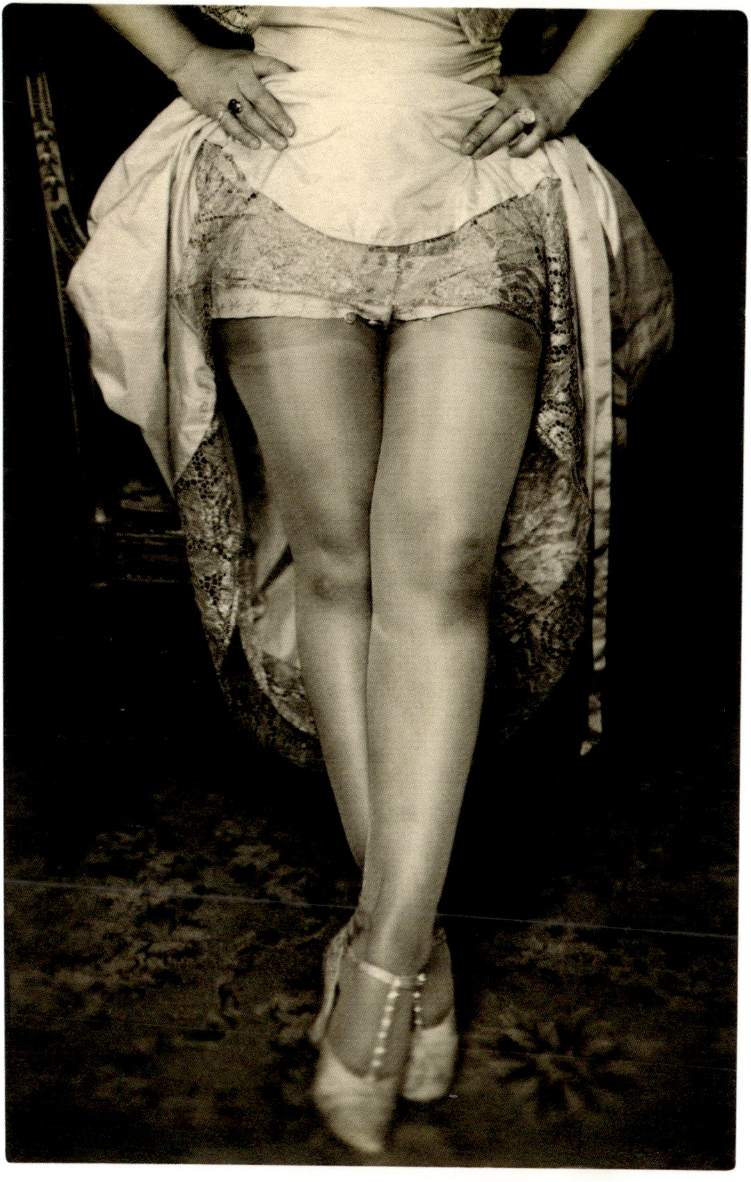

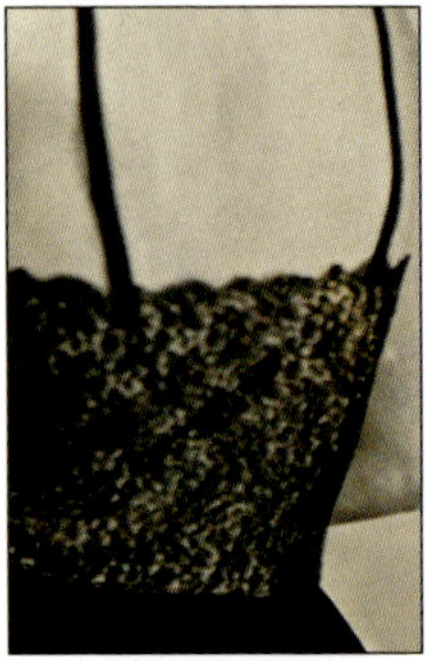
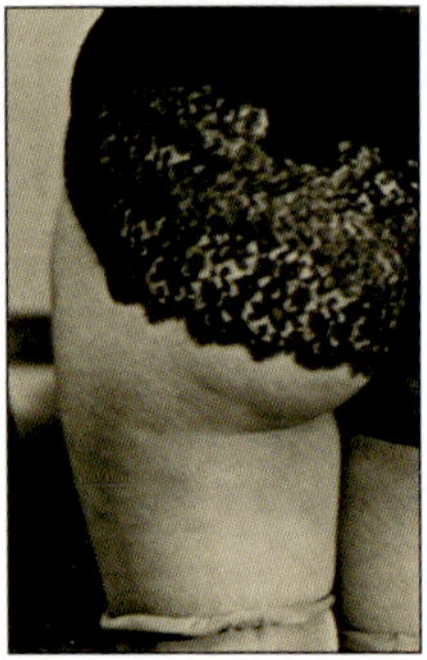
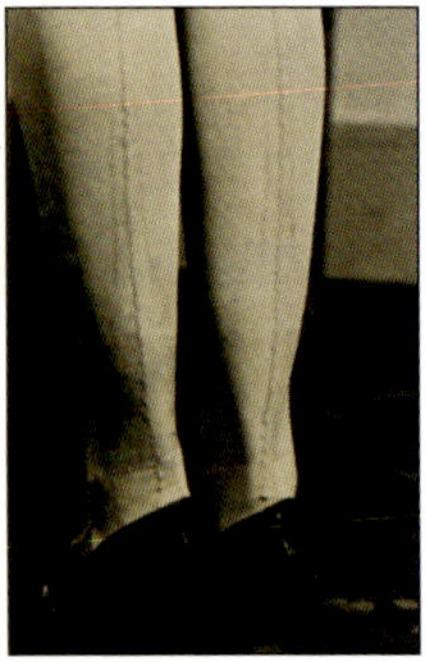

Aspectul *Flapper* a devenit demodat la începutul anilor 1930, iar fabricanții au început să ofere o varietate bogată de mărimi şi forme. Bustul înalt al erei postbelice şi-a făcut prima dată apariția în 1930, susținut de corsete şi sutiene cu cupe rotunde şi ascuțite.

Copertă pentru ediția a cincea a revistei franțuzeşti *Frivolités*

Arès Editions. Circa 1925
Stampă
Colecție particulară, Paris

# FRIVOLITÉS

No 5

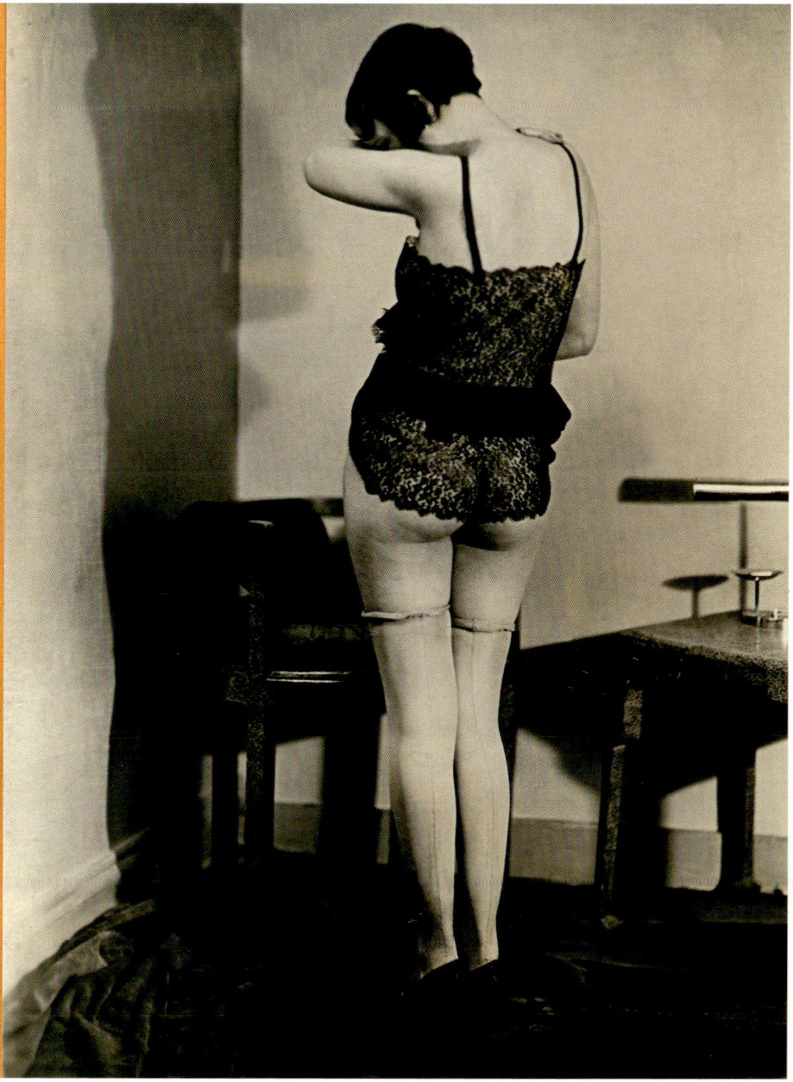

În 1935, sutienele au fost îmbunătățite prin cupe căptuşite pentru a mări sânii mici, iar trei ani mai târziu au fost introduse sutienele care ridicau sânii. A avut loc şi o întoarcere la talia îngustă, cu ajutorul burtirelor.

Femeia anului 1940 era slabă, dar avea şolduri pline şi sâni mari.

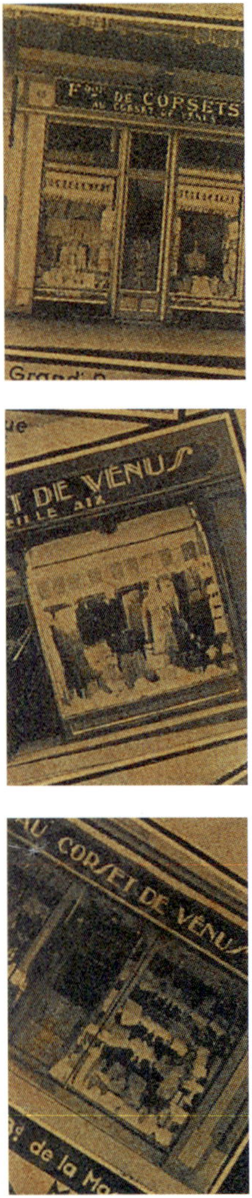


„Au corset de Vénus”

circa 1925
Reclamă, față
Muzeul Galliera, Paris

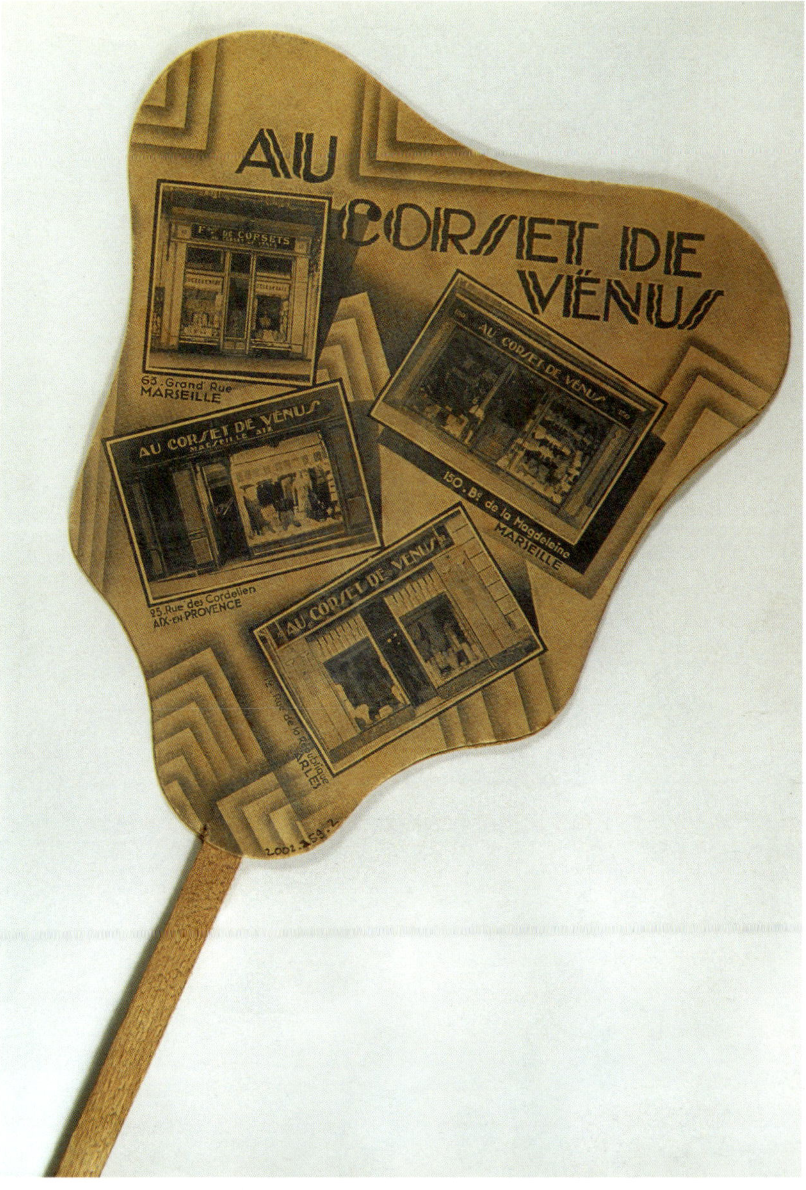
AU CORSET DE VÉNUS
Fque DE CORSETS
63, Grand Rue
MARSEILLE
AU CORSET DE VÉNUS
150
150. Bd de la Magdeleine
MARSEILLE
AU CORSET DE VÉNUS
MARSEILLE AIX
25 Rue des Cordeliers
AIX-EN-PROVENCE
AU CORSET DE VÉNUS
ARLES
2002.154.2

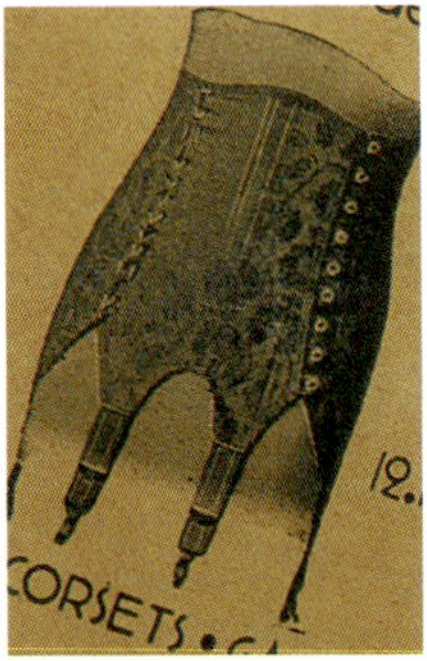


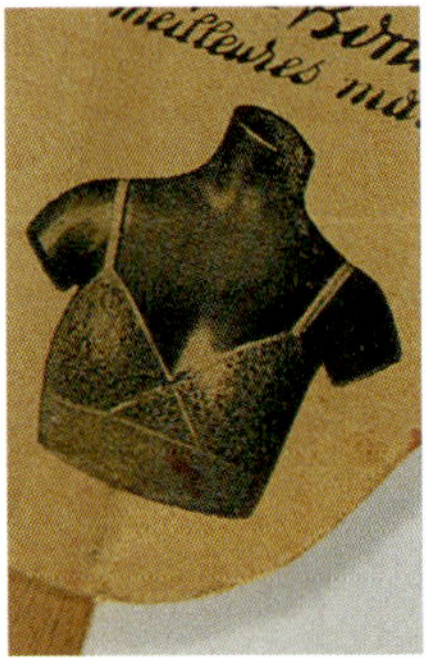


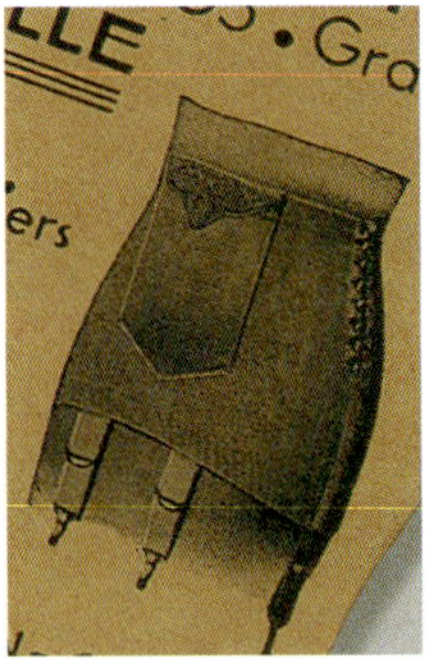

Femeia a beneficiat de un nou tip de sutien, care avea cupe ataşate deasupra, prevăzute uneori cu vârfuri întărite. Prin anii 1940, bustul era ridicat, dând trunchiului un aspect mai senzual. Pentru a conferi un mijloc subțire şi un abdomen plat, Marcel Rochas a introdus corsetul pentru subțiat talia (*la guêpière*). Era perioada modei „New Look”, o siluetă creată de Christian Dior în 1947, bazată pe şolduri voluminoase, un mijloc subțire şi un bust proeminent.

„Au corset de Vénus”

circa 1925
Reclamă, verso
Muzeul Galliera, Paris

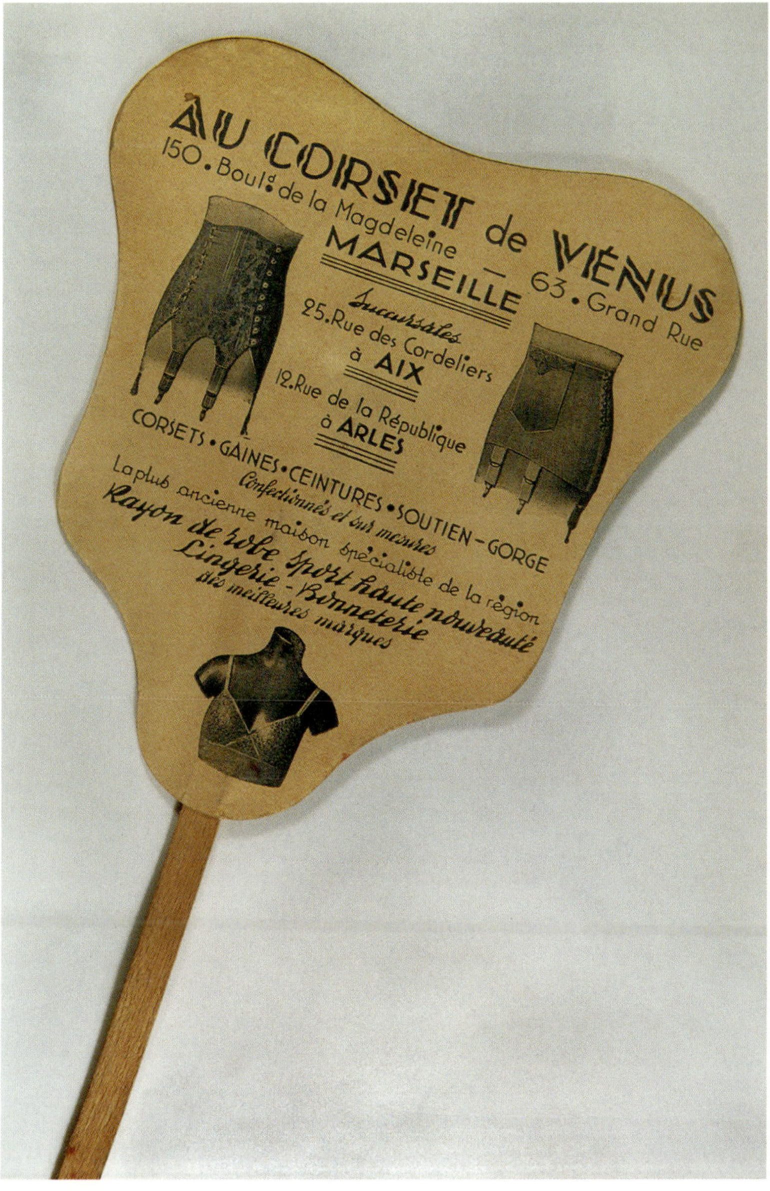
AU CORSET de VÉNUS
150. Boulᵈ de la Magdeleine — 63. Grand Rue
MARSEILLE
Succursales
25. Rue des Cordeliers
à AIX
12. Rue de la République
à ARLES
CORSETS • GAINES • CEINTURES • SOUTIEN-GORGE
Confectionnés et sur mesures
La plus ancienne maison spécialiste de la région
Rayon de robe sport haute nouveauté
Lingerie - Bonneterie
des meilleures marques

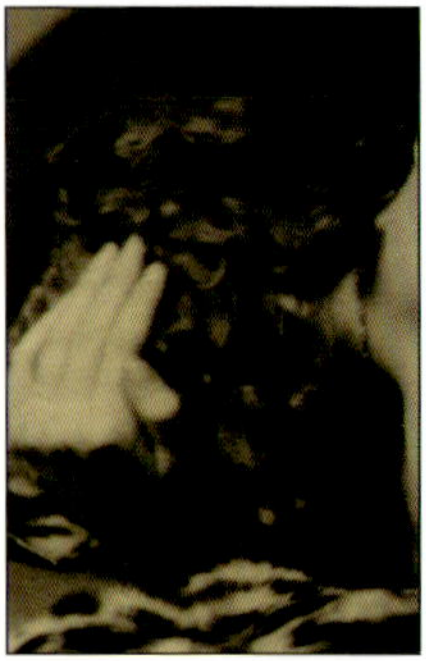

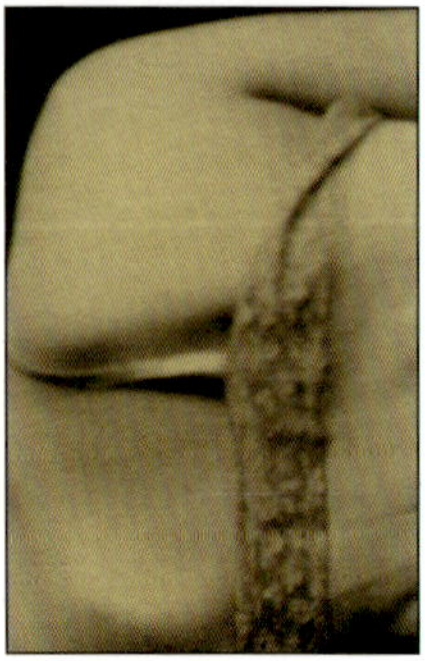

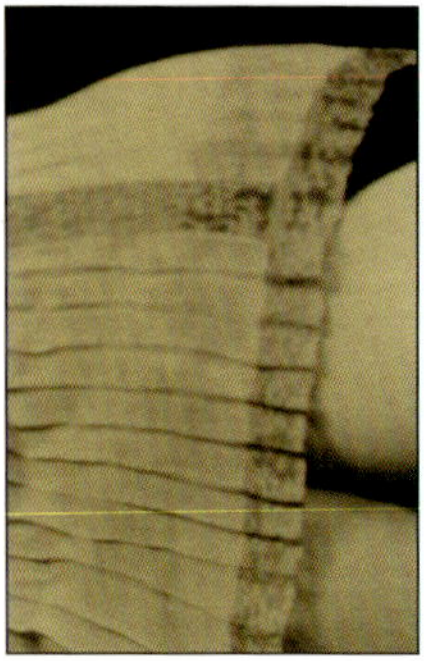

La începutul anilor 1950, se dorea ca silueta să fie lungă, cu sânii înalți, bustul mic şi cu accent pe un abdomen supt. Corsetul era necesar. Ziarele promovau o dietă sănătoasă şi exerciții pe lângă folosirea corsetului. Anii '50 au fost martorii unei mode care dorea un bust ultradezvoltat, cu formă cilindrică sau sferică, obținută cu ajutorul unui sutien.

## Lenjerie pentru femei

Anonim, circa 1925
Stampă, 6 x 15,5 cm
Colecție particulară, Paris

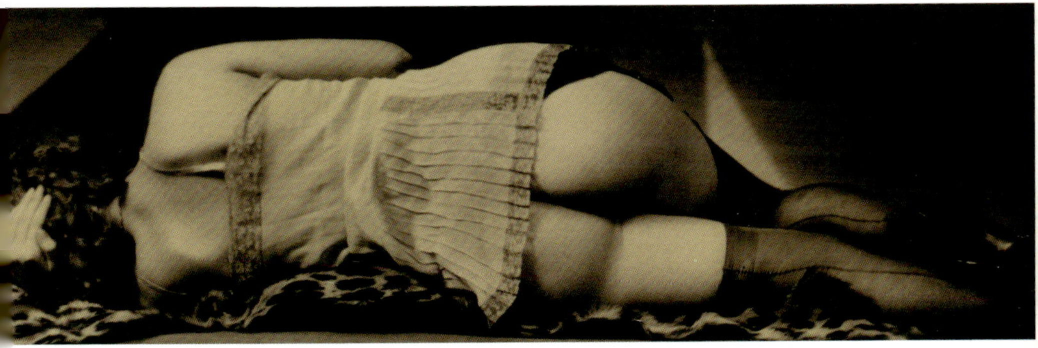

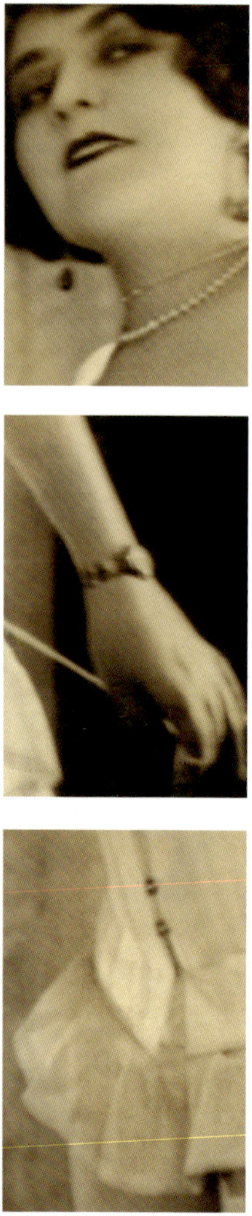

Această imagine era promovată de actrițe ca Anita Ekberg, Gina Lollobrigida, Sophia Loren, Jane Mansfield, Marilyn Monroe şi Jane Russell. Producători ca Marcel Carlier, Carles Krafft, Jessos, Scandale şi Star au produs pentru aceste „zeițe" corsete cu întărituri.

## Corsetul

Albert Wydnham, circa 1925
Stampă, 23,6 x 17,5 cm
Colecție particulară, Paris

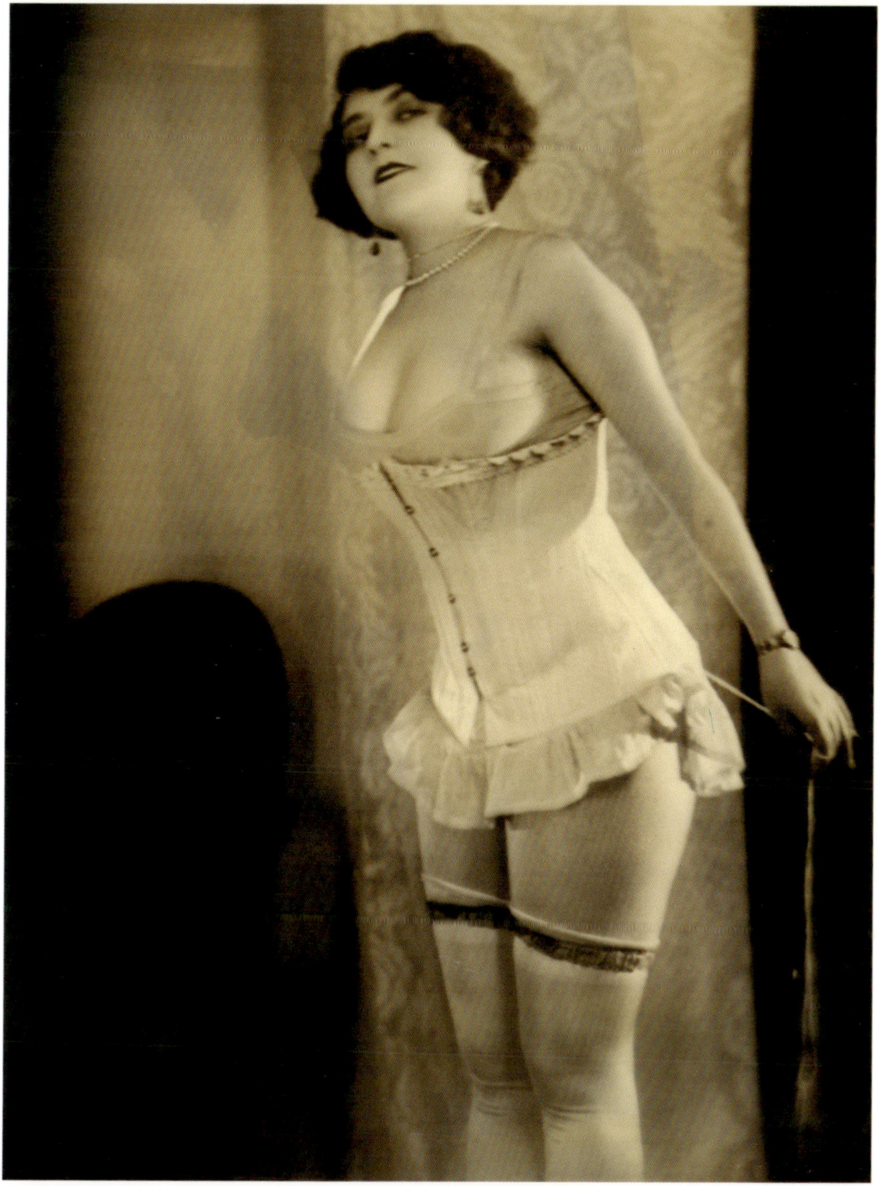

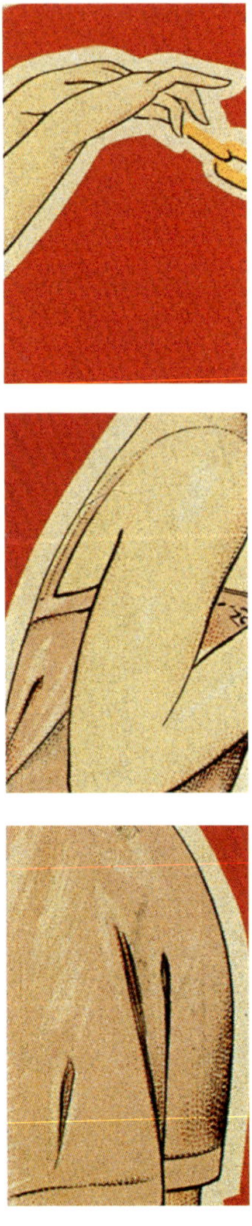

În 1960, silueta feminină a fost eliberată, împreună cu moravurile sexuale. Aspectul la modă era pieptul de adolescentă, cu şolduri înguste şi extrem de slabe. André Courreges a fost primul care a făcut o declarație legată de moda culturii tineretului când, în 1965, colecția sa a prezentat figuri androgine şi imagini ale unei femei moderne multumițe de corpul ei.

„Les sous vêtements. Les chemises sport, véritables tissus"

Anonim, circa 1930
Panou de reclamă, 22 x 18 cm
Biblioteca Forney, Paris

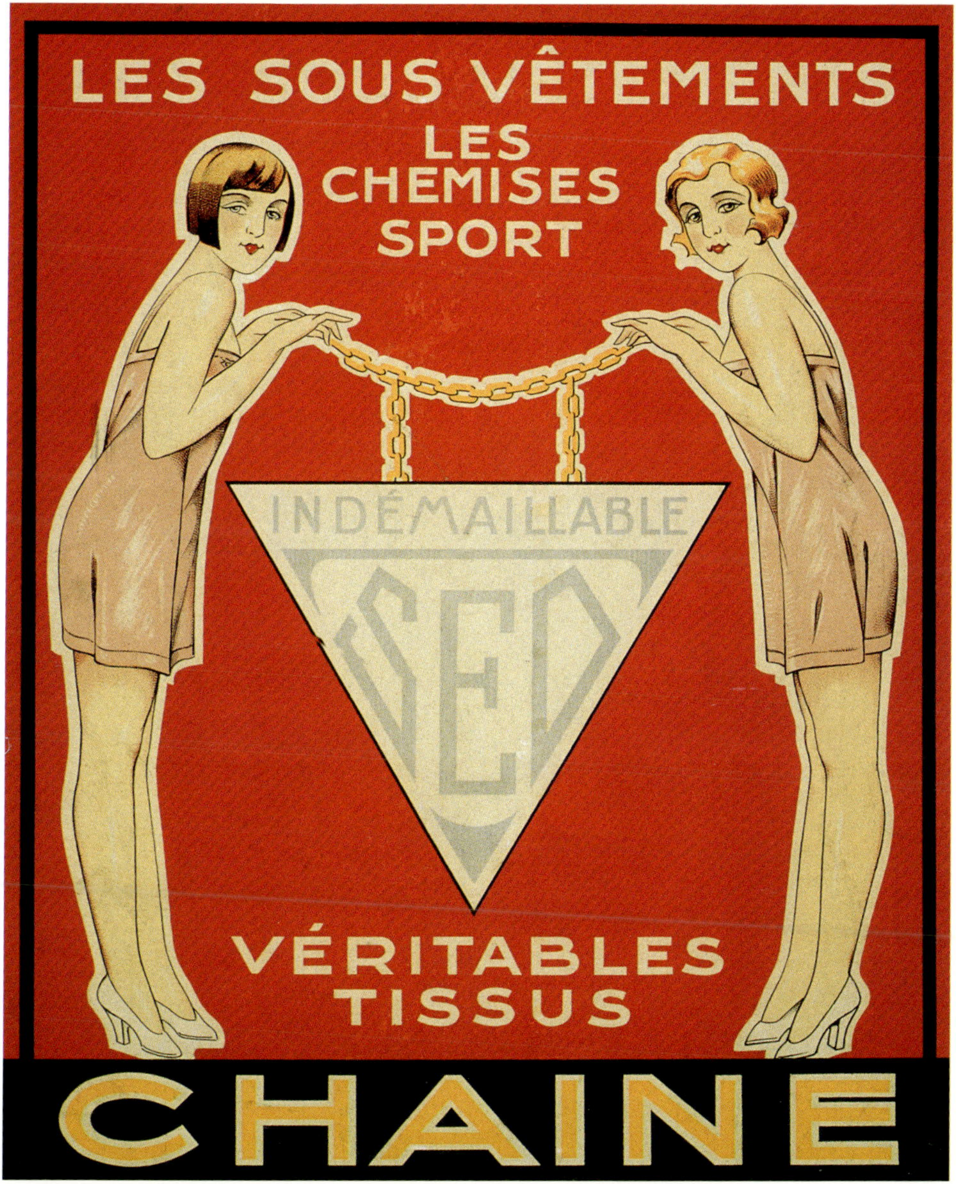
LES SOUS VÊTEMENTS
LES CHEMISES SPORT
INDÉMAILLABLE
SED
VÉRITABLES TISSUS
CHAINE

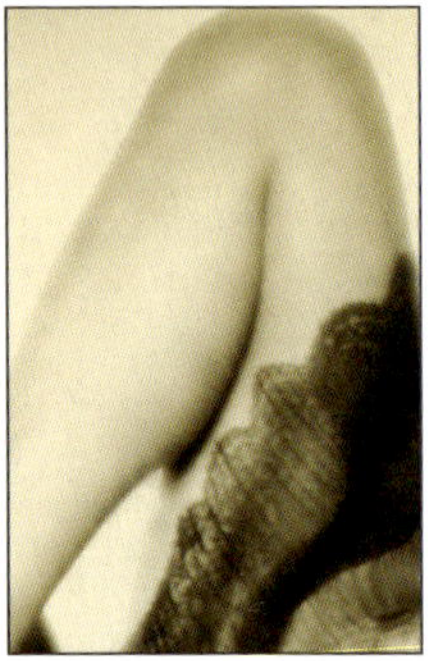

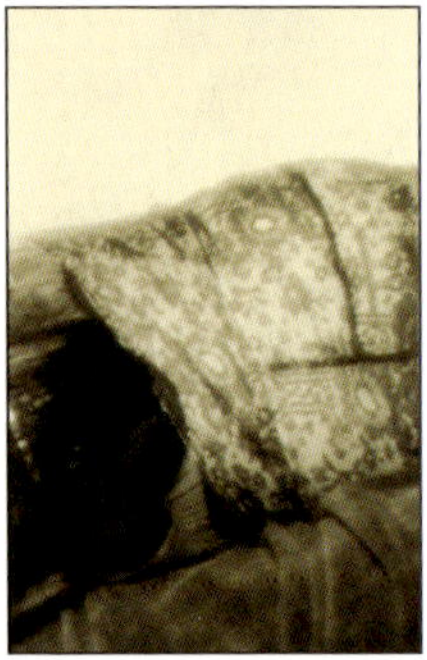

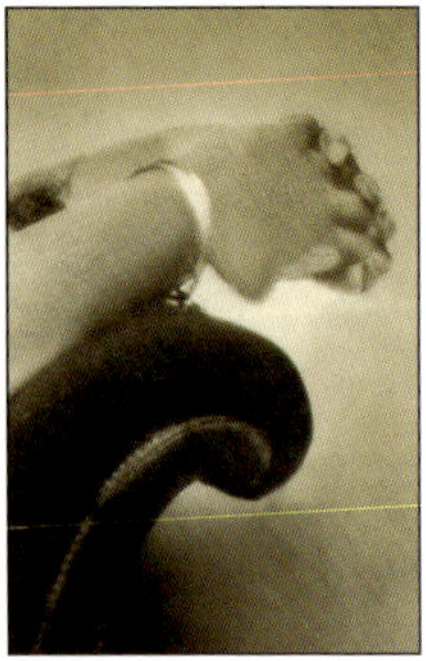

Îmbrăcămintea de corp pentru femei, în special chilotul, a urmat contururile naturale ale corpului. Până la sfârşitul deceniului, după gloria anilor '68 şi după mişcarea de eliberare a femeilor împotriva sutienelor, sânii femeilor s-au emancipat sub pulovere strâmte şi tunici indiene. Moda a ajuns de la o gamă complexă de îmbrăcăminte de corp la ... aproape nimic.

## Fără titlu

Atelierul Edith Barakovici, circa 1930
Stampă, 16 x 21,5 cm
Colecție particulară, Paris

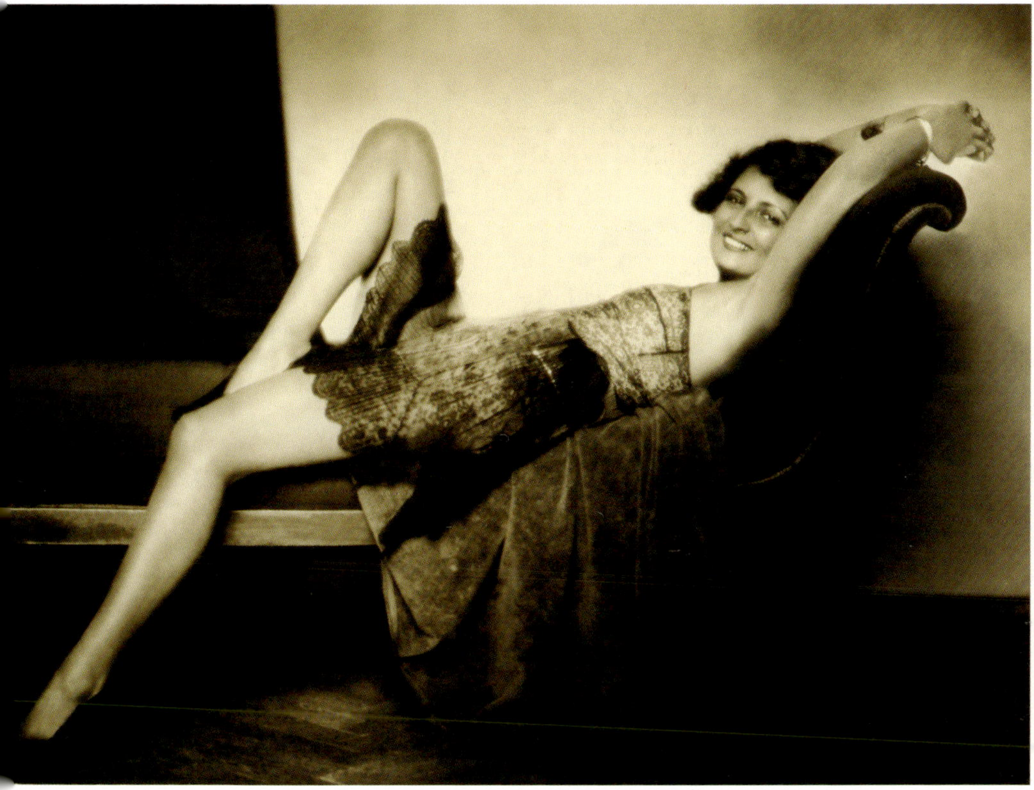

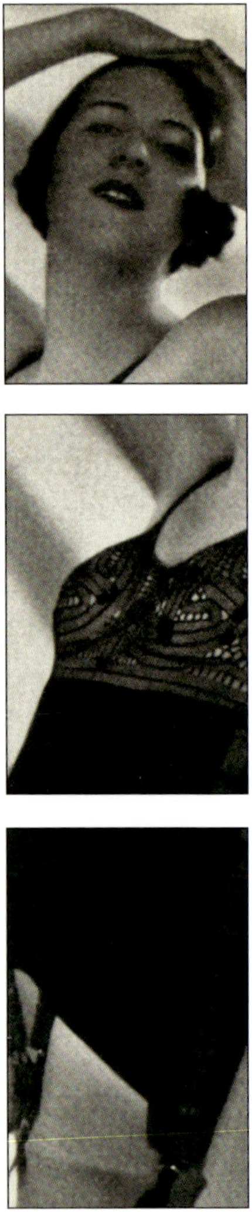

Femeile cu picioare lungi şi cu sânii mici, ca Jane Birkin sau modelul Twiggy, erau la modă. După mişcarea hippie, moda a dorit întoarcerea la ceva sofisticat, cu alte cuvinte o reîntoarcere la feminitate. Eerau apreciate exercițiile de tonifiere şi de întindere, iar femeile demonstrau o dorință obsesivă de a fi slabe şi de a avea un trup ferm.

Ilustrație din prima ediție
a revistei *Roussel*

1933
Colecție particulară, Paris

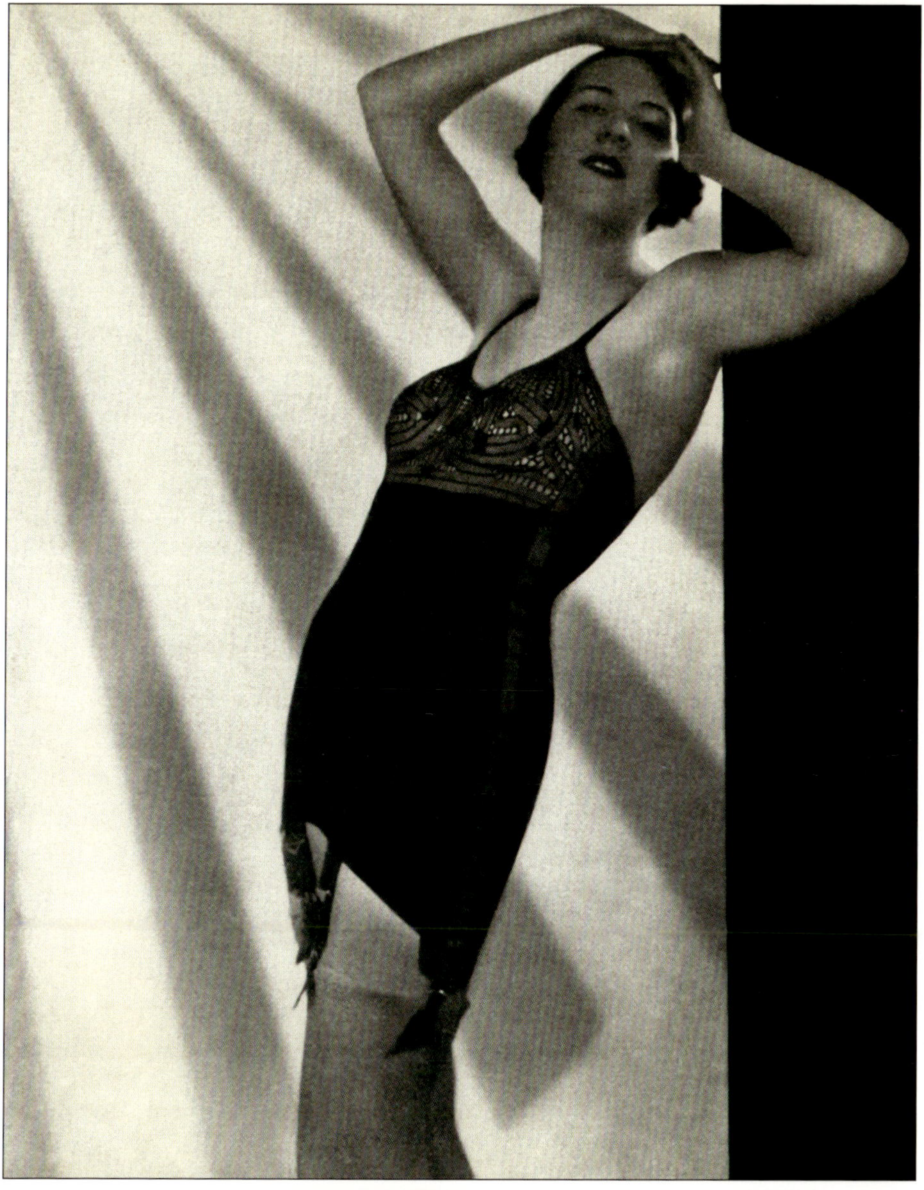

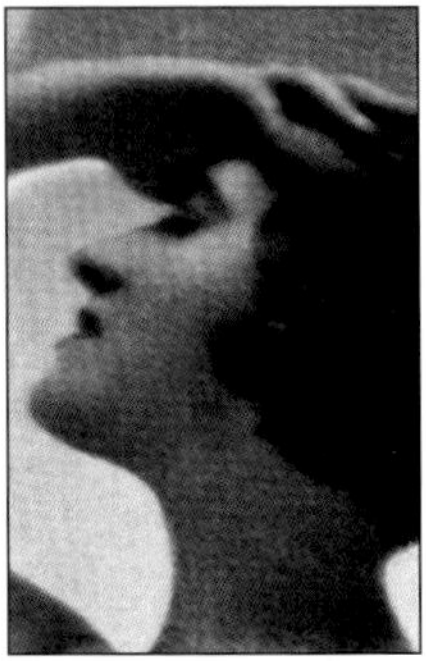

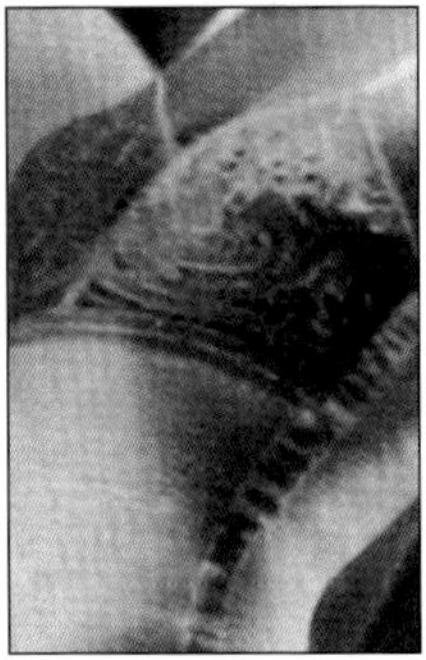

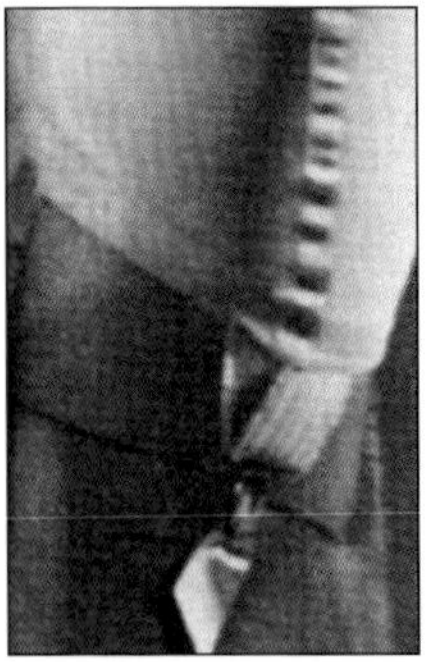

Femeia anilor 1980 a înlocuit burtiera şi corsetul cu pastila de slăbit şi gimnastica. Întăritura a devenit internă, trupul devenind propriul corset al femeii. În acelaşi timp, sânii trebuiau să fie generoşi şi fermi. Imaginea care definea frumuseţea feminină a devenit cea a unei talii subtiri şi musculoase şi a unor fese proeminente, şi a impus acelora care nu erau înzestrate de la natură „umplerea" sutienelor.

Ilustraţie din prima ediţie
a revistei *Roussel*

1933
Colecţie particulară, Paris

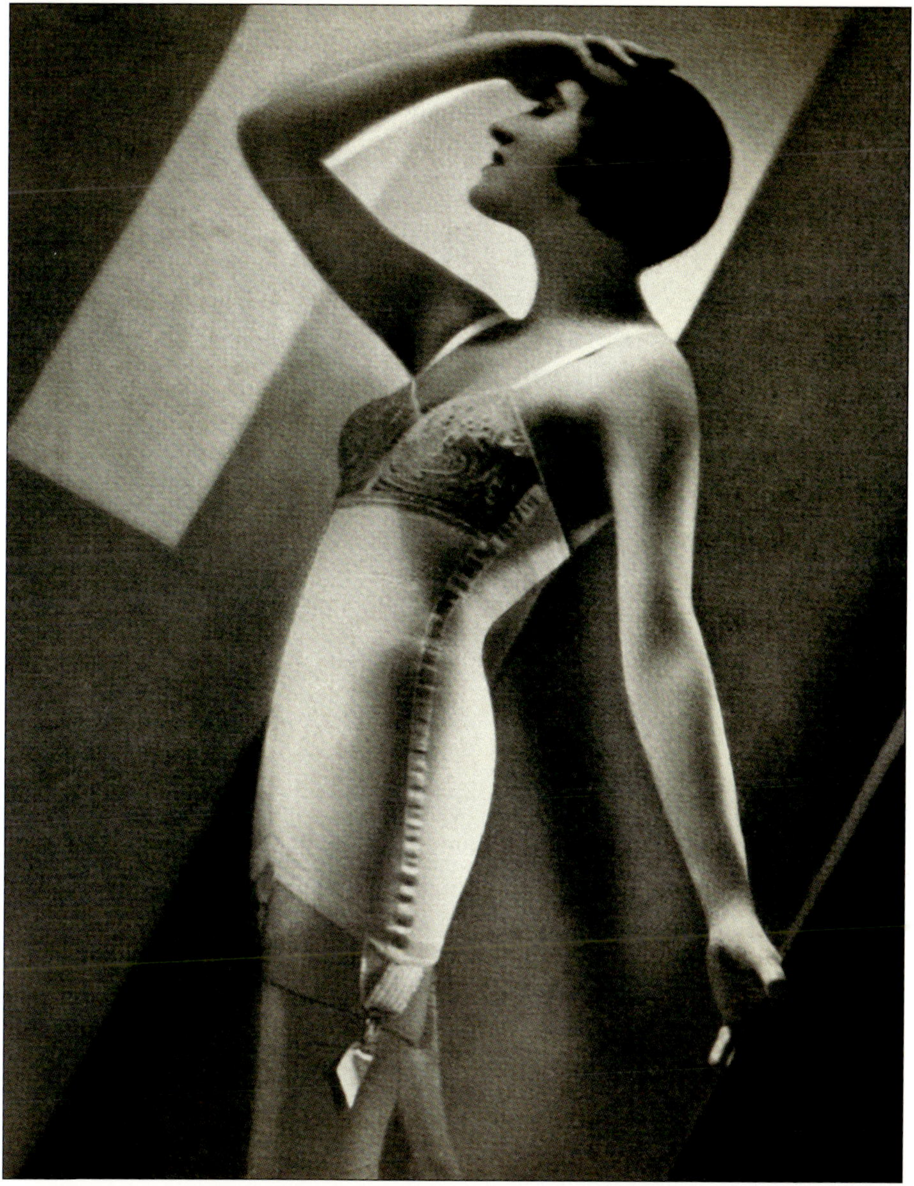

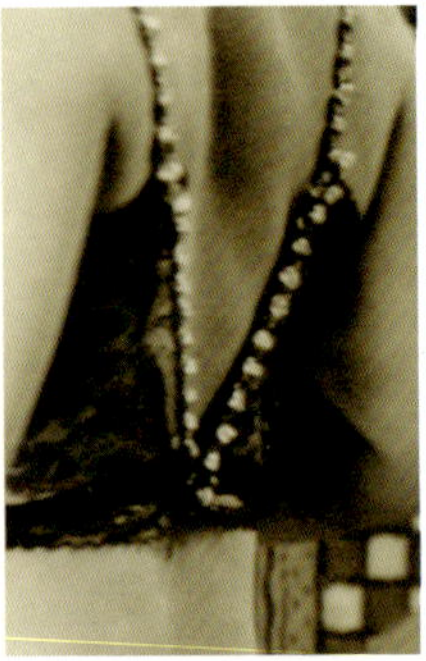

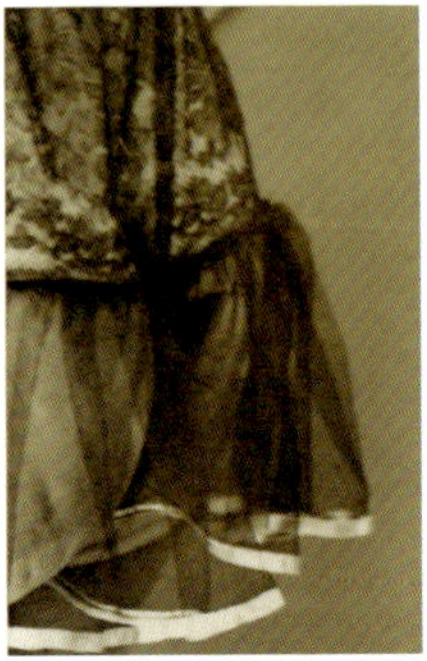

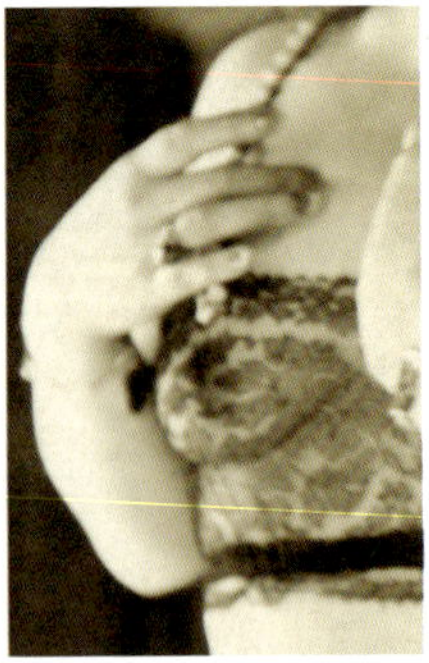

Spre sfârşitul secolului XX a apărut o siluetă ambiguă, foarte înaltă şi slabă, cu şolduri înguste şi sâni mari. Pe scurt, o femeie era simultan adolescentă şi sexuală. Aceste forme erau greu de realizat, necesitând diete draconice, sutiene umplute şi chiar chirurgie plastică.

Fără titlu

Yva Richard, circa 1935
Stampă, 17,5 x 12,8 cm
Colecție particulară, Paris

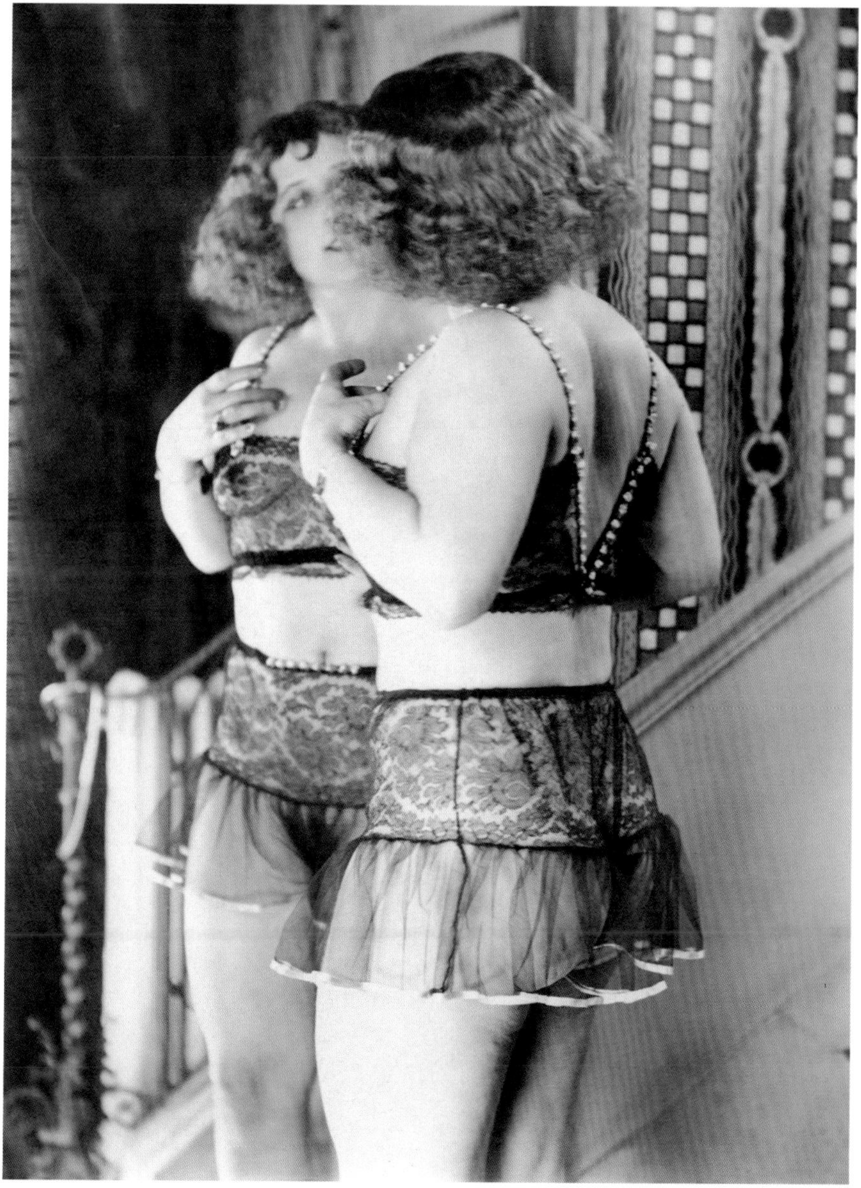

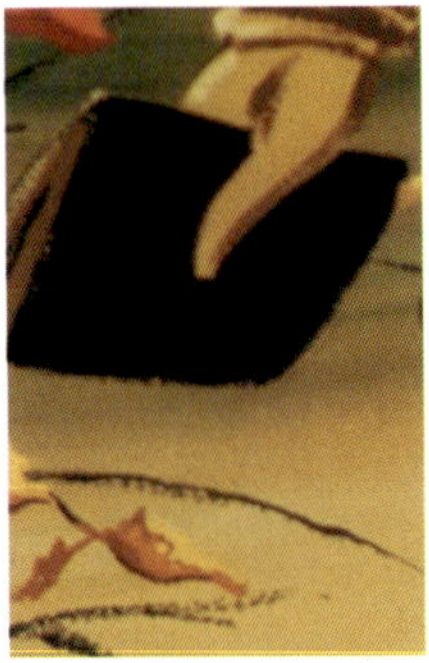

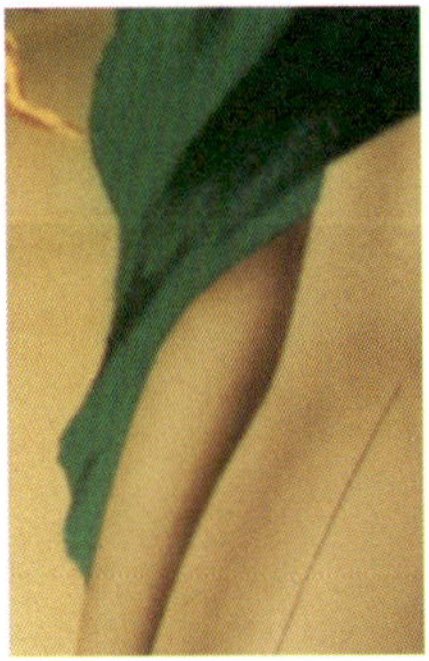

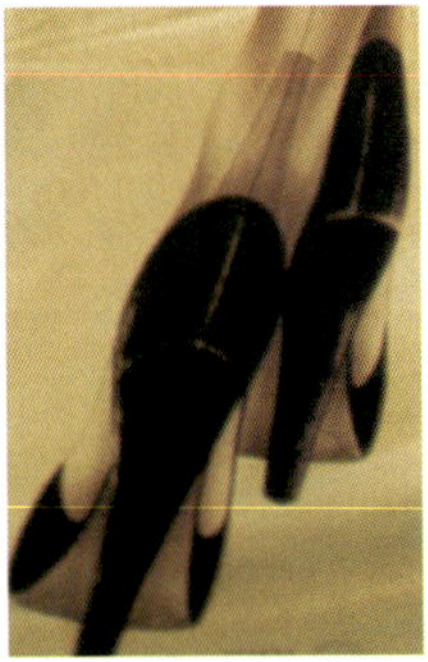

## Glosar

### Baby doll

O cămaşă de noapte foarte scurtă, introdusă în anii 1950, fabricată din materiale uşoare, de obicei din nailon, dar uneori şi din mătase sau bumbac.

### Batist

Batistul este confecţionat dintr-un material fin de in alb .

Arwa

Anonim, circa 1935
Afiş, 89 x 63 cm
Biblioteca Forney, Paris

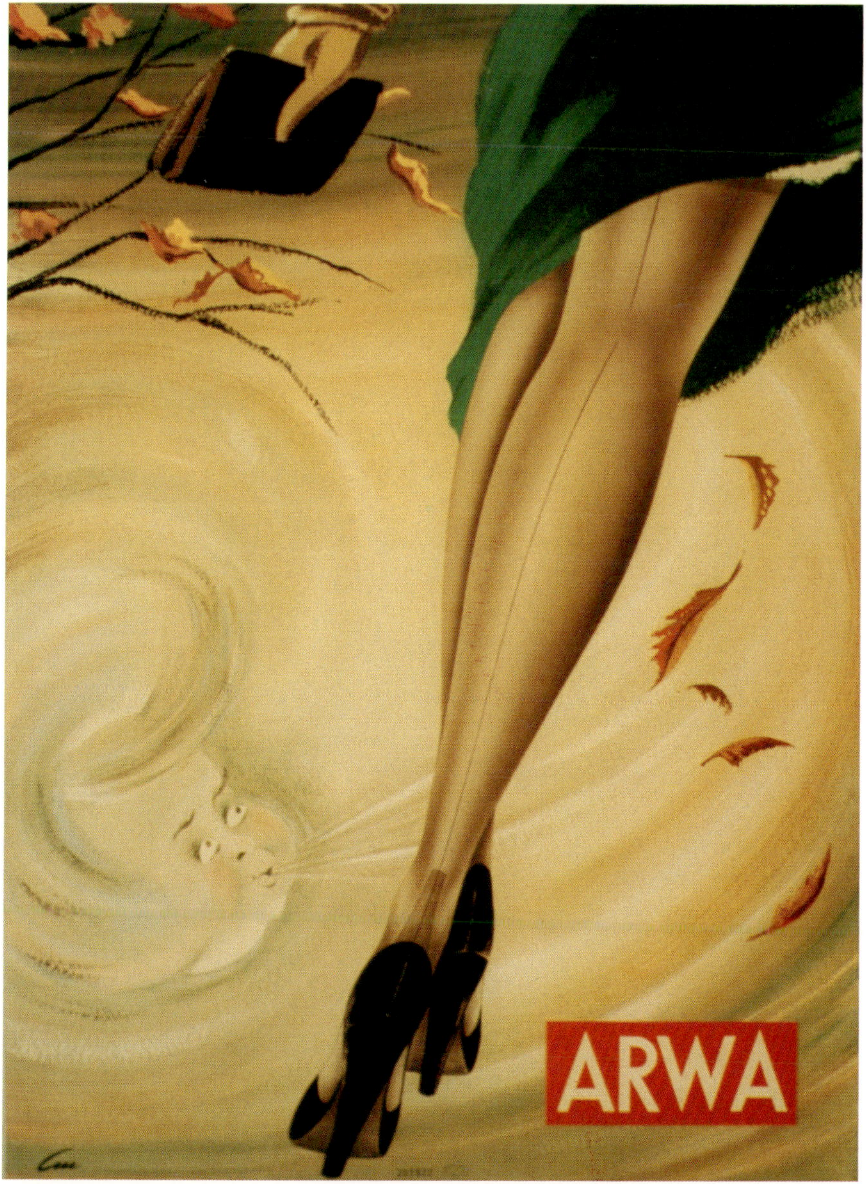
ARWA

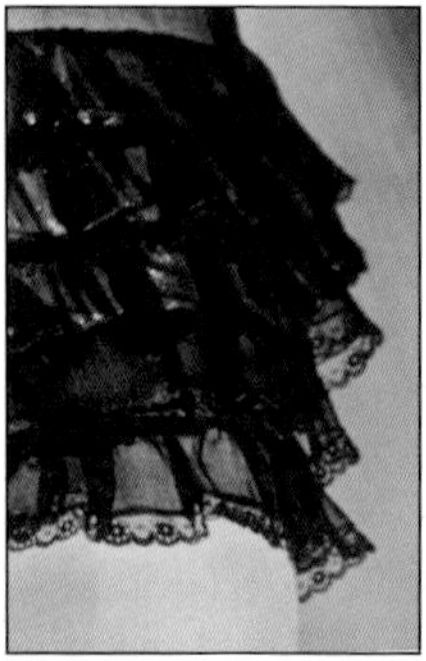

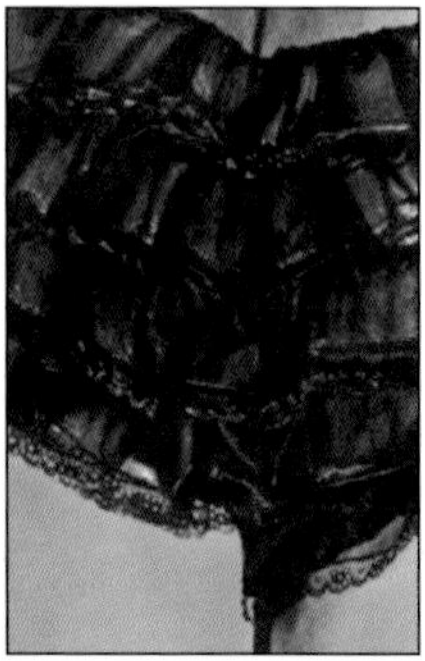

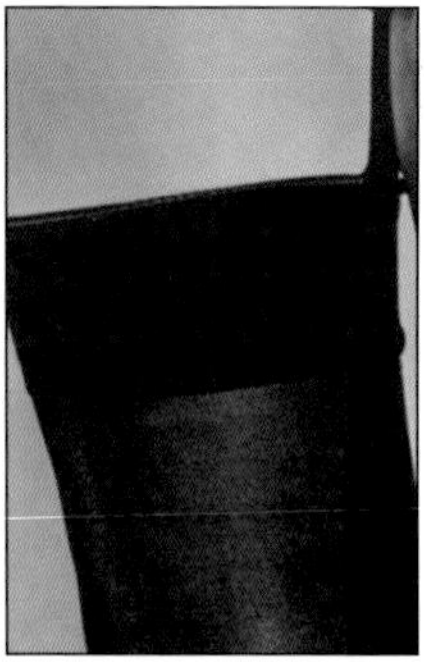

## Bikini

Un tip de chiloți.

## Pantalonaşi bufanți

Pantaloni lungi, purtați sub fustă, care atârnă până la gleznă sau se opresc la gambă. Pantalonaşii bufanți pot fi din in sau bumbac, modelele mai rafinate fiind din mătase şi decorate cu broderii, dantele sau panglici.

Chilot Diana

circa 1935
Stampă, 16 x 11 cm
Colecție particulară

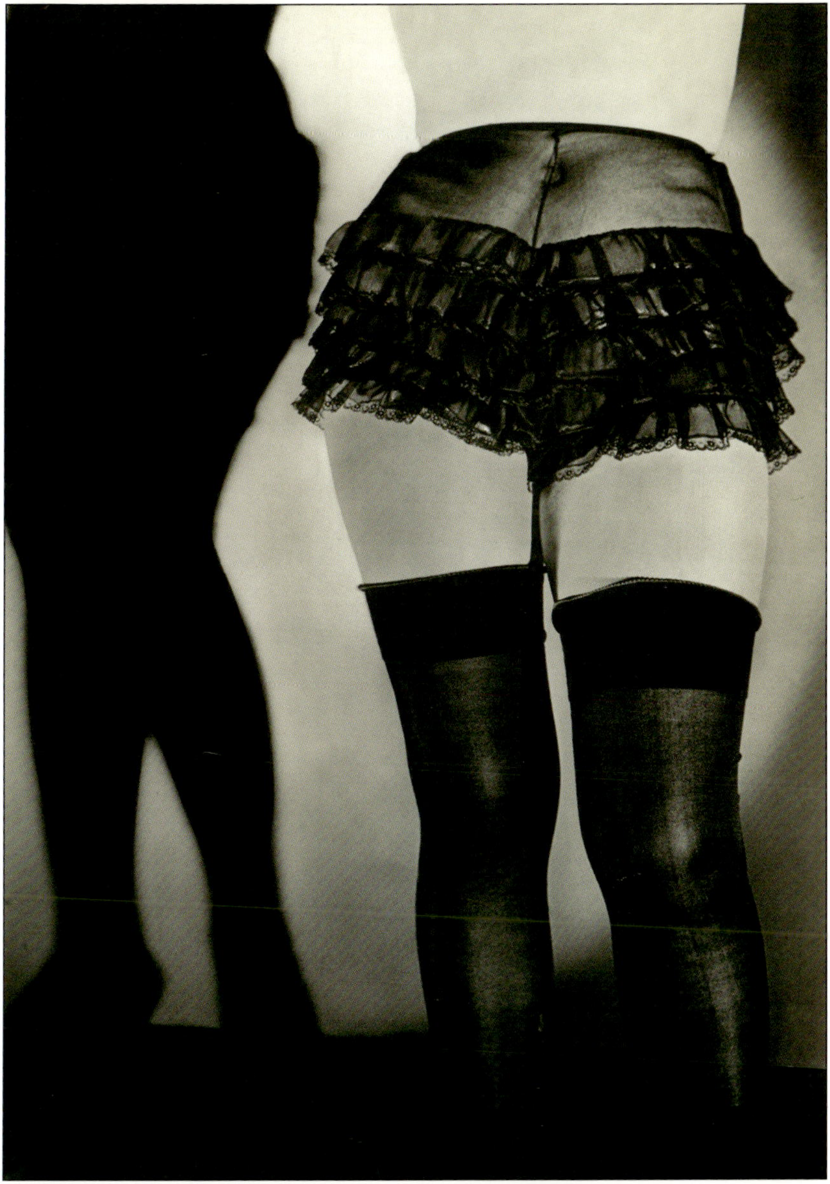

## Body

Inspirat de costumele folosite de dansatoare sau atlete, body-ul este un articol de îmbrăcăminte mulat pe corp, care acoperă trunchiul. Se poate descheia între picioare, fiind astfel mai practic. Poate avea mâneci lungi sau scurte, şi e confecţionat din bumbac, dantelă sau materiale sintetice. Poate fi purtat ca îmbrăcăminte de corp sau ca îmbrăcăminte exterioară.

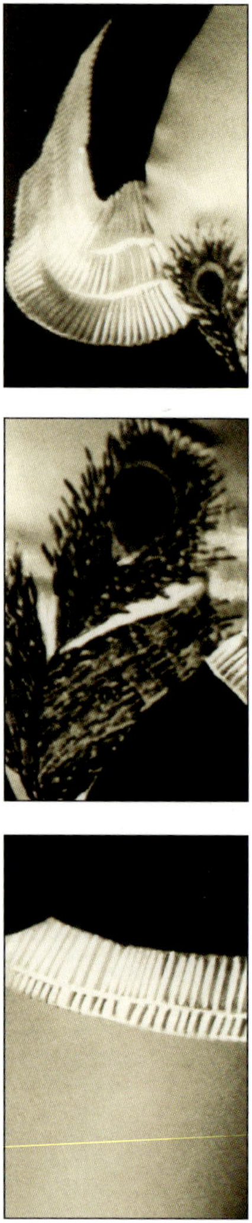

Chilot „Diana"

circa 1935
Stampă, 16 x 11 cm
Colecţie particulară

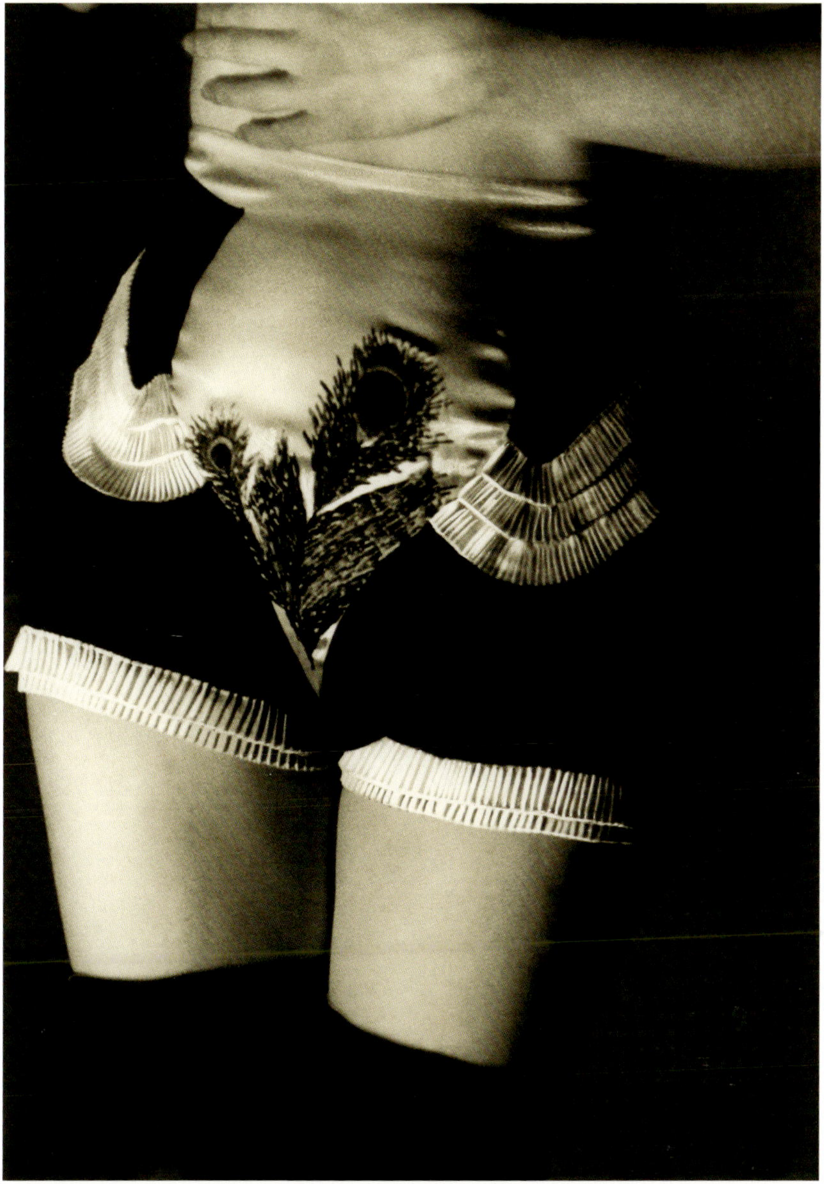

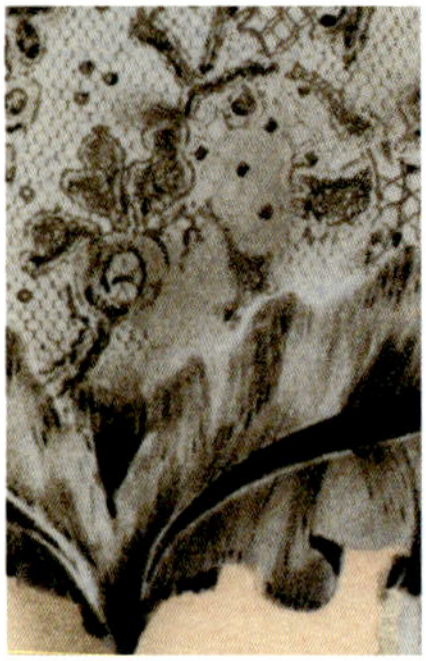
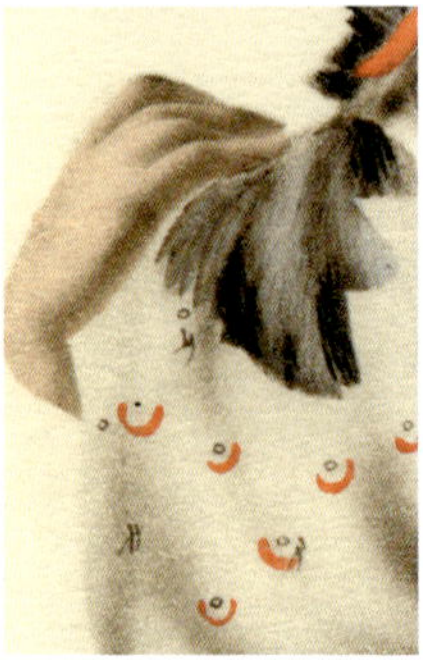
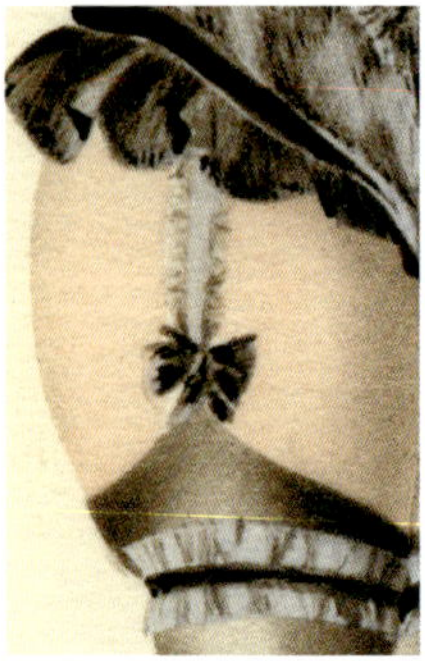

## Sutien

Articol de lenjerie cu rolul de a susține și ridica sânii. Atât obiecte de lenjerie cât și articole de corsetărie, sutienele nu au fost purtate până în anii 1920. Câteva persoane au prezentat modele de sutiene la Expoziția Universală de la Paris din 1900: *Idéal și Mamellia* de la magazinul La Samaritaine, *Corselet-gorge* realizat de Madame Cadolle și modelele *Sans-gêne*, *Expansible* și altele, prezentate de Madame Gaches-Sarraute.

„Pommes d'amour"
Merele dragostei

E. Klemm, circa 1938
Catalogul *Diana Slip*, imaginea nr. 20
Colecție particulară, Paris

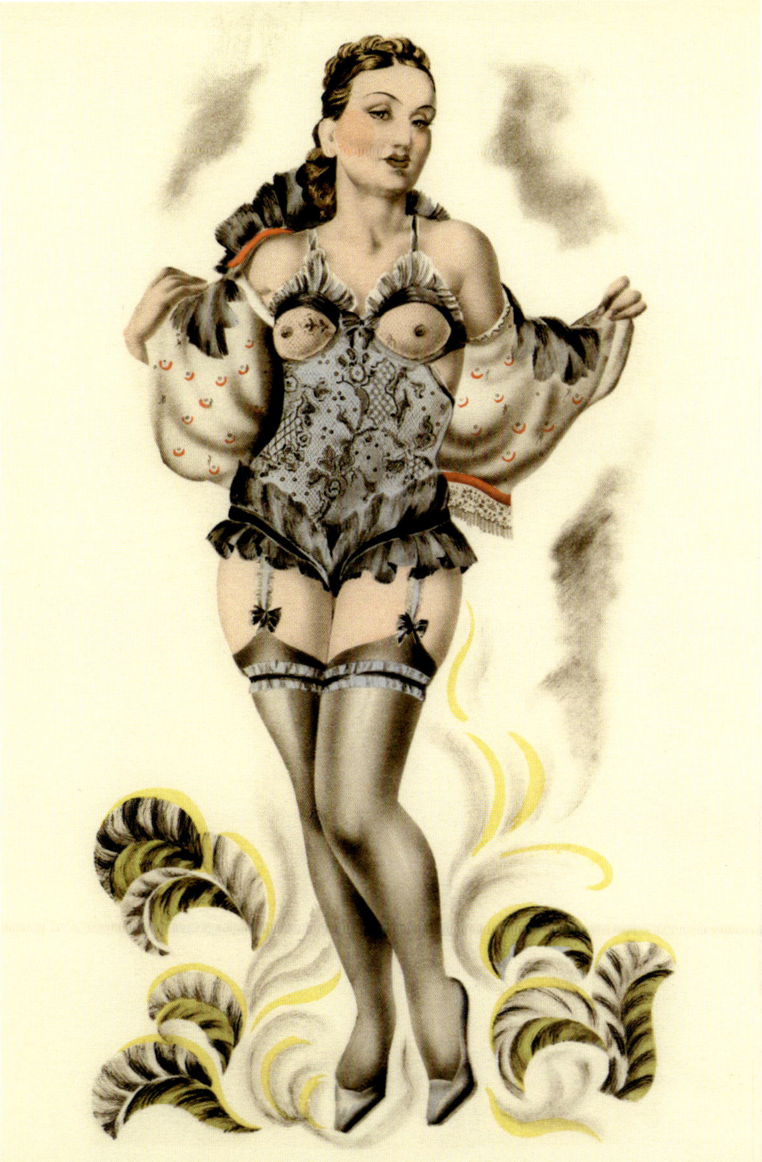

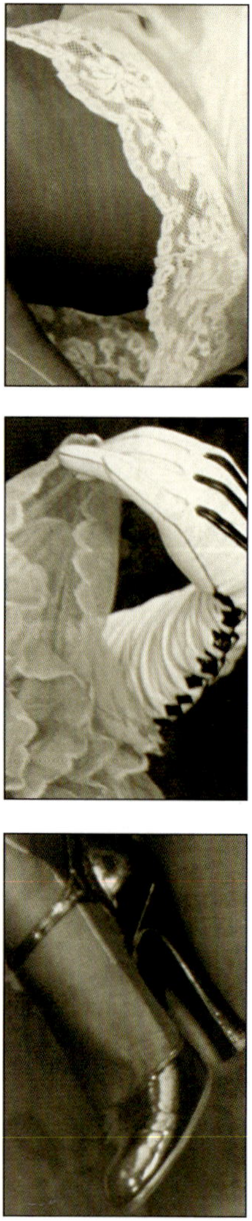

Hermine Cadolle a prezentat primul sutien creat de ea în 1889, dar au existat probleme la partea de susținere. Primul sutien al Casei Cadolle a fost *Bien-Etre,* care era încă ataşat unui corset în spate. În 1913, Caresse Crosby (pseudonimul lui Mary Phelps Jacob) a creat un nou tip de sutien, în SUA, care separa sânii.

Lenjerie pentru femei

---

Yva Richard, circa 1938
Stampă, 16 x 11 cm
Colecție particulară, Paris

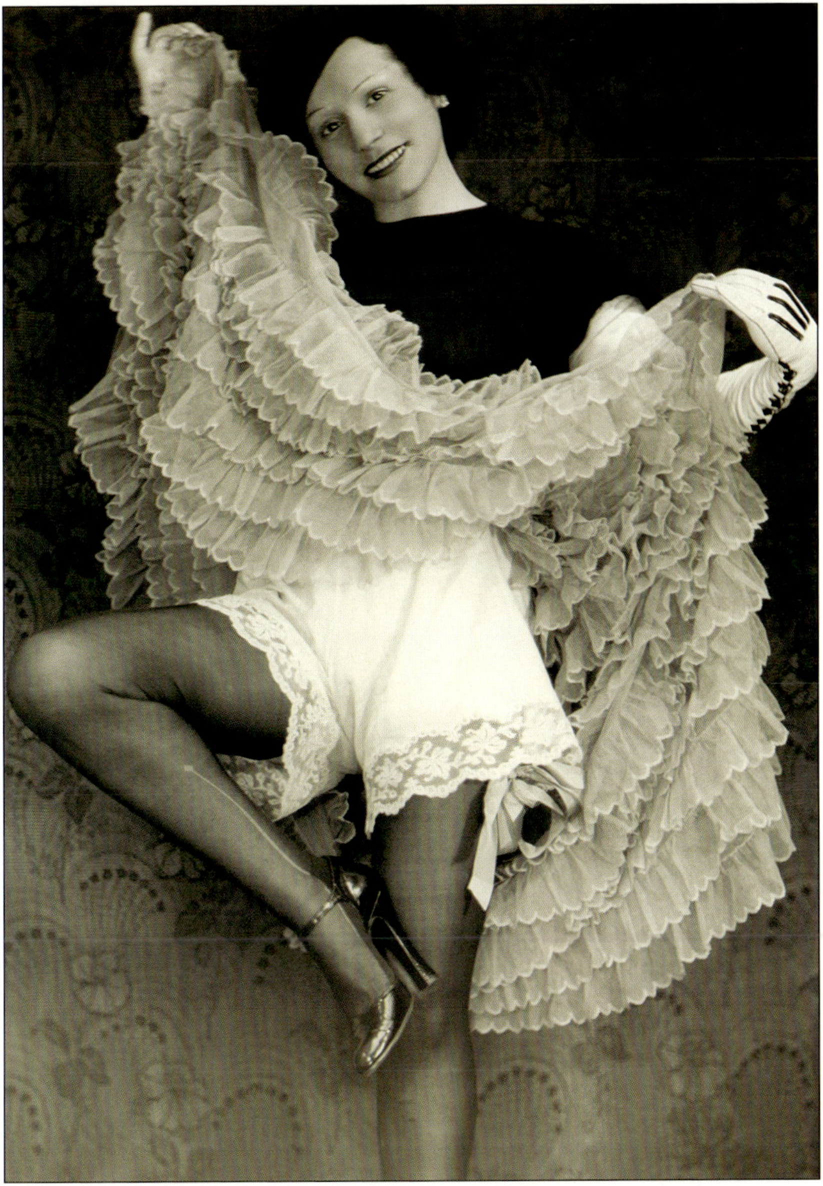

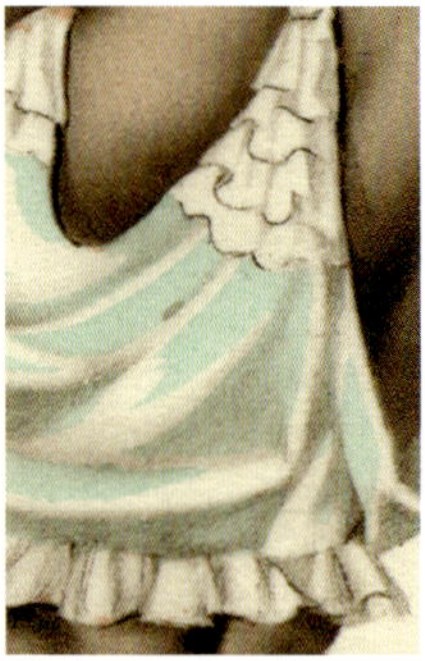

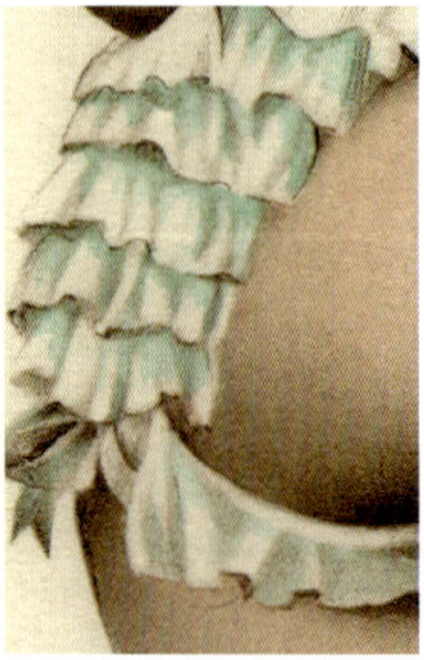

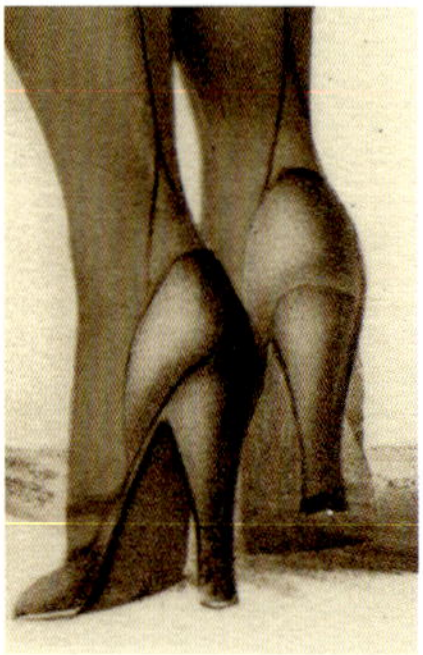

Ea şi-a vândut brevetul în 1914 societăţii Warner Bros. Rosalind Kind (directorul firmei Kestos) a perfecţionat un sutien format din două triunghiuri încrucişate în faţă şi în spate. Termenul *brassière* a apărut în dicţionarul Oxford în 1912, iar forma englezească prescurtată *bra* a apărut abia după 1937. În Franţa, cuvântul *soutien-gorge* a apărut în dicţionare abia în 1923.

„Seducătoarea"

E. Klemm, circa 1938
Catalogul *Diana Slip*, imaginea nr. 8
Colecţie particulară, Paris

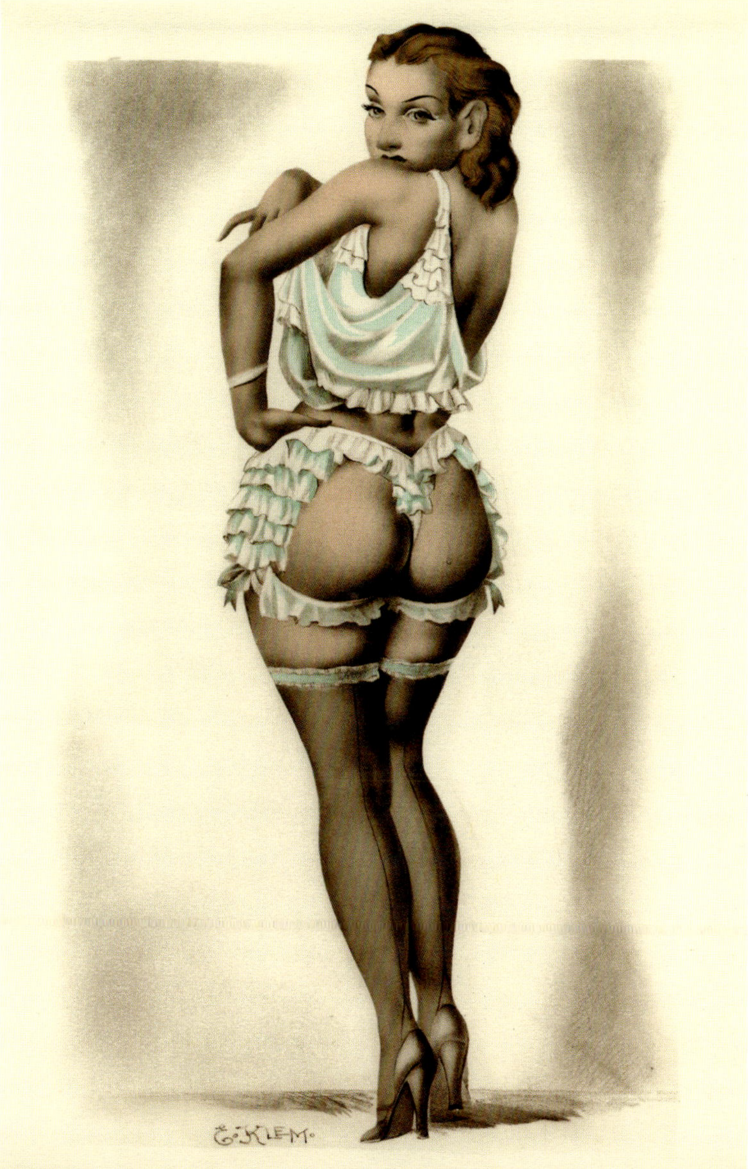
E. KLEM.

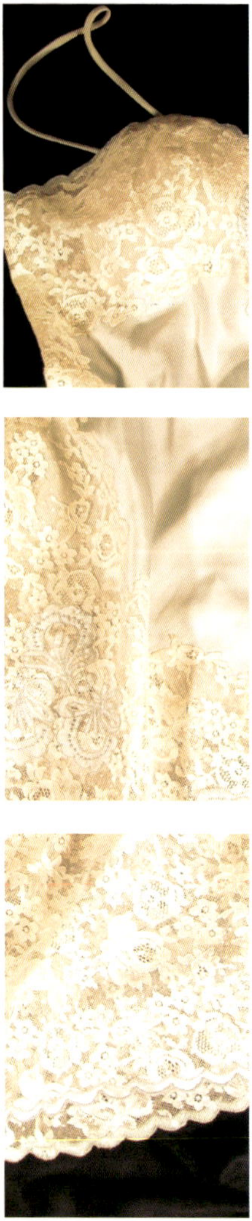

## Turnură

Căptuşeală purtată sub rochie, în spate, la nivelul şoldurilor, formată dintr-o întăritură din metal care susţinea perna (cuta voluminoasă formată în partea din spate a fustei). Turnura este urmaşa crinolinei începând de prin anii 1867, dispărând apoi prin 1899. În Franţa era numită *faux cul* (dos fals)

Jupon

1955-1960
Muzeul Galliera, Paris

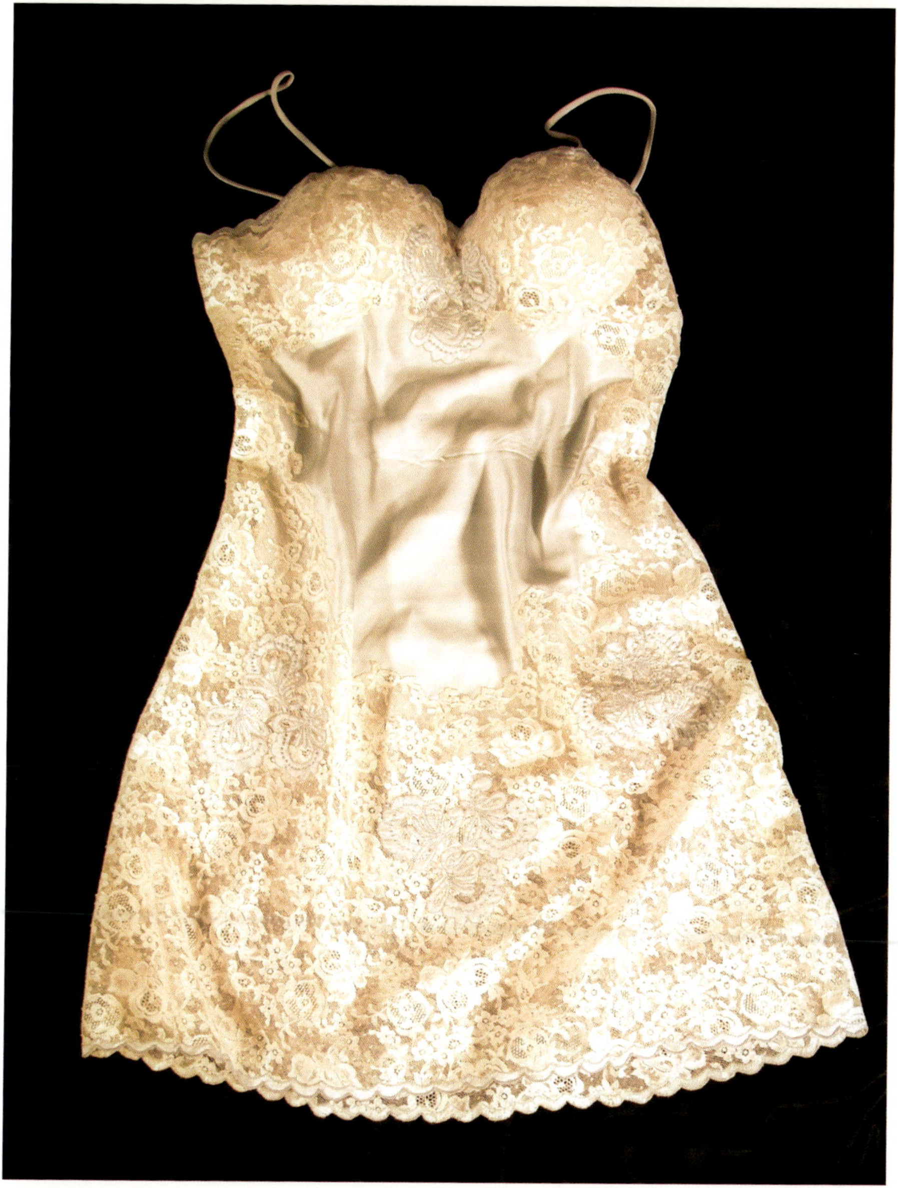

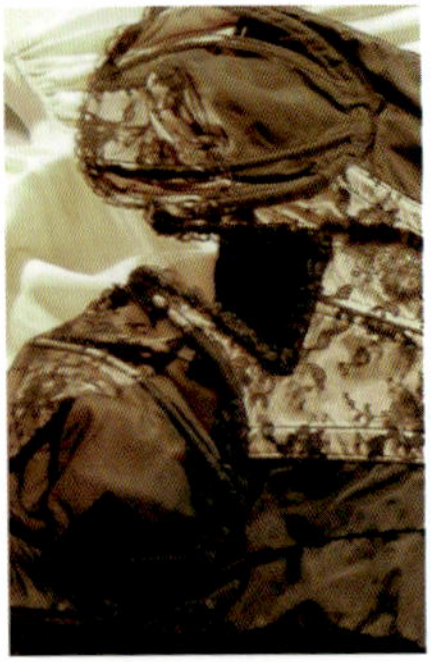

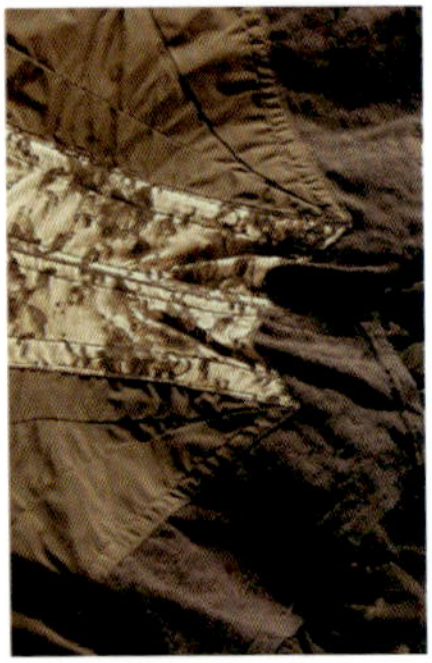

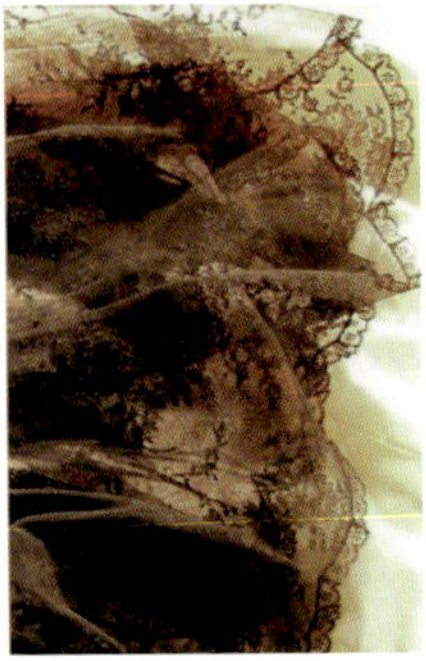

## Corset

Mai flexibil decât corsetul cu balene, corsetul era confecționat dintr-o țesătură rezistentă, fiind întărit și prevăzut cu șireturi. Dădea formă siluetei și rochiei strângând talia și abdomenul, și modelând sânii. Putea fi bogat ornat.

## Cache-corset.

Articol de lenjerie purtat deasupra corsetului pentru a-l ascunde.

Guêpière neagră

---

1955-60
Donația Saglio, Inv. 1933.265.2
Muzeul Galliera, Paris

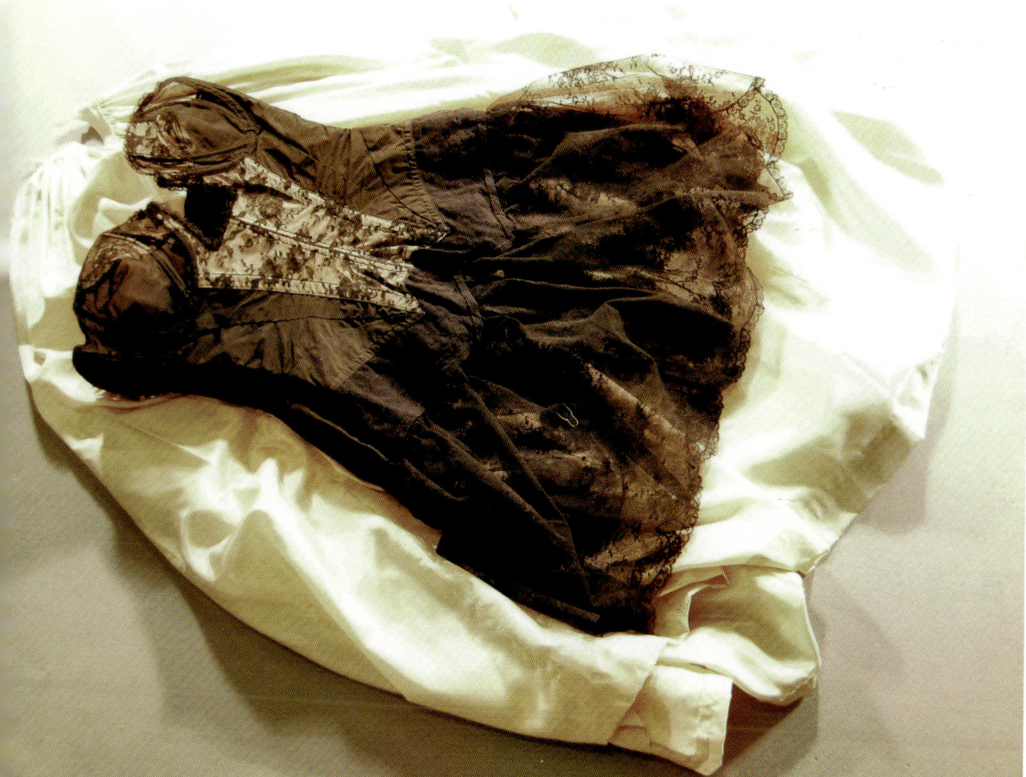

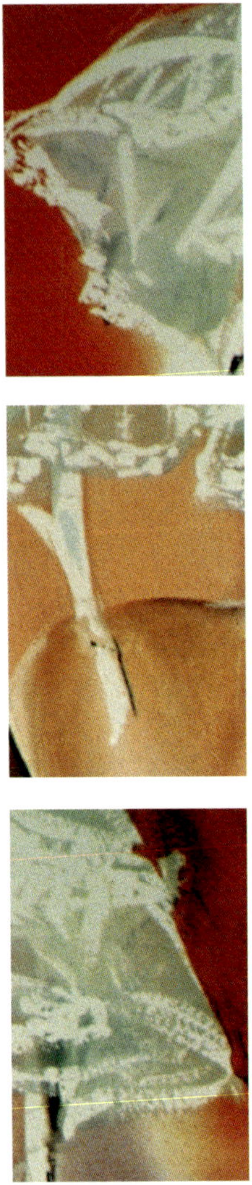

## Creton

Termenul derivă de la Creton, un sat din regiunea Eure din Franța. Este o țesătură din bumbac sau in.

„Ciel de France”
(Cerul Franței)

Pierre Brenot, 1959
Reclamă petru lenjerie şi ciorapi
43 x 32 cm
Biblioteca Forney, Paris

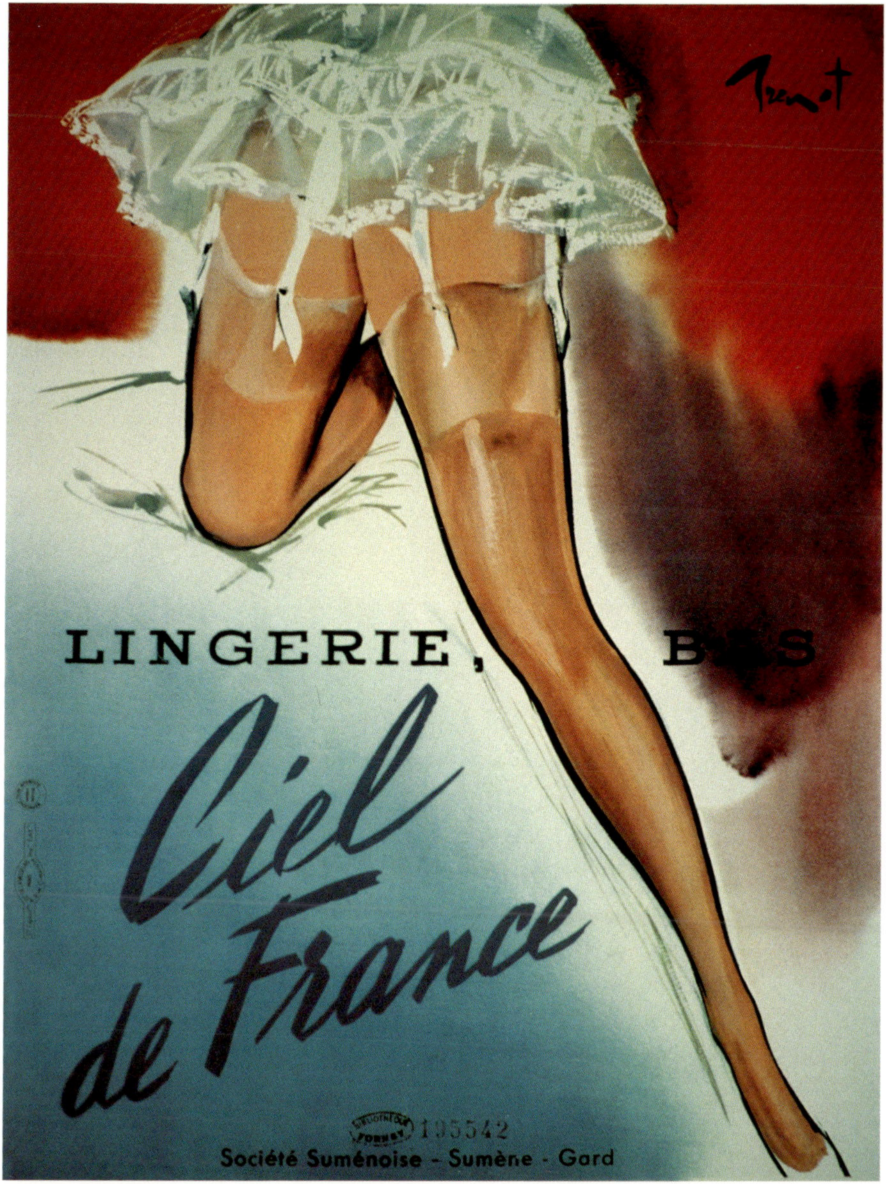
LINGERIE,
Ciel de France
195542
Société Suménoise - Sumène - Gard

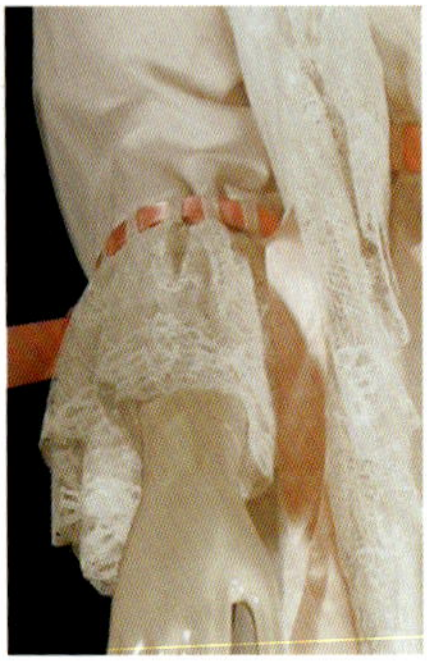

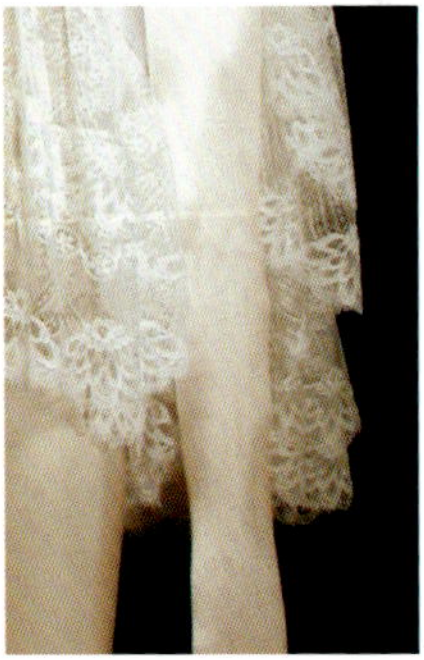

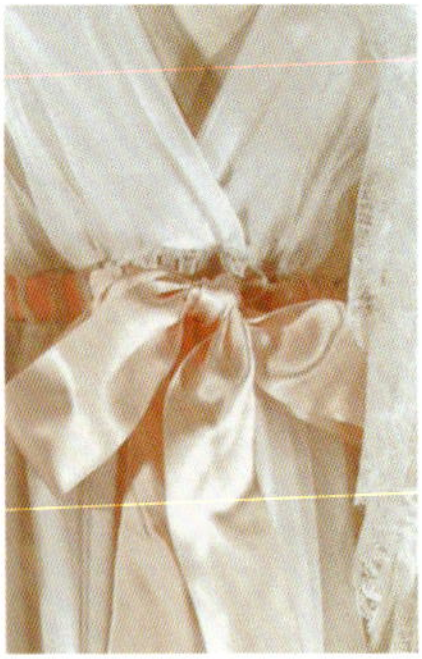

## Crinolină

La origine termenul se referea la pânza folosită pentru combinezon, şi destinată să susţină fustele largi în anii 1840. Termenul de crinolină provine de la stofa rigidă cu urzeală din păr de cal (în franceză *"crin"*), inventată în 1840 de Oudinot pentru a întări costumele purtate de militari. Crinolina este o îmbrăcăminte de corp cu armătură în formă de cuşcă, confecţionată din fanoane de balenă sau întărituri de oţel care dădeau volum rochiilor.

### Neglijeu

Dior, circa 1960
Dantelă albă cu funde roz de satin
Donaţie Martini, Inv. 2003.77.1A/B
Muzeul Galliera, Paris

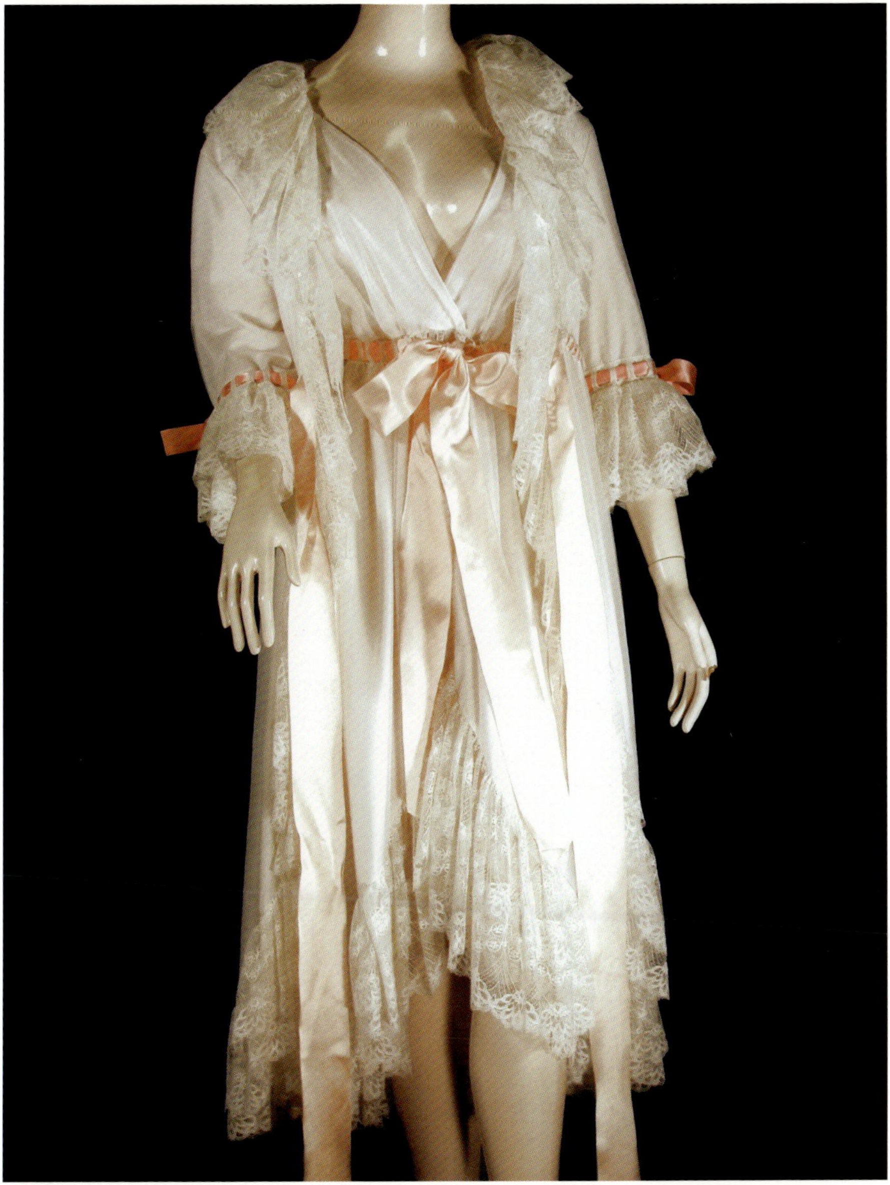

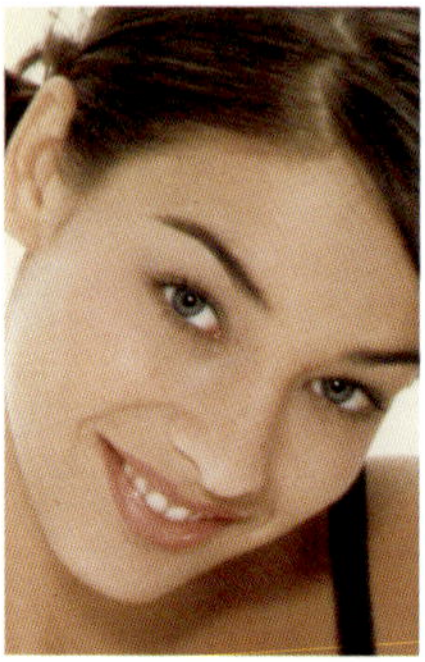
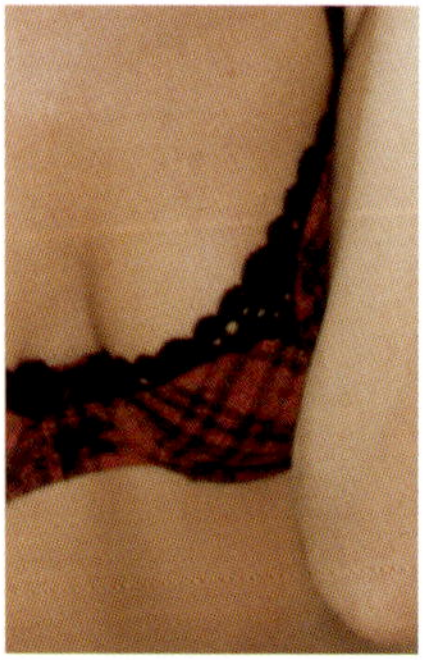
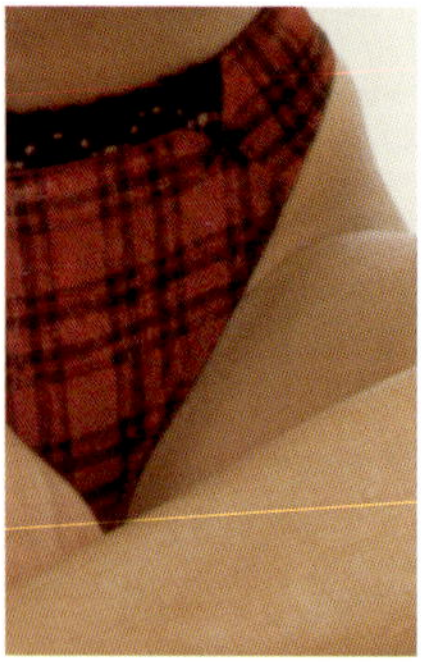

## Rips

Material obişnuit, realizat cu o urzeală de in sau cânepă şi cu o ţesătură din bumbac, folosit încă din secolul al XIII-lea.

## Capot

În secolul al XVII-lea, capotul era o îmbrăcăminte purtată în casă. În secolul al XIX-lea, capotul a devenit halatul de casă numit şi neglijeu. De obicei se poartă pentru a ascunde pijamaua sau cămaşa de noapte, şi e realizat din diverse materiale.

Compleu din tartan roşu

Princesse Tam-Tam, înainte de 1995

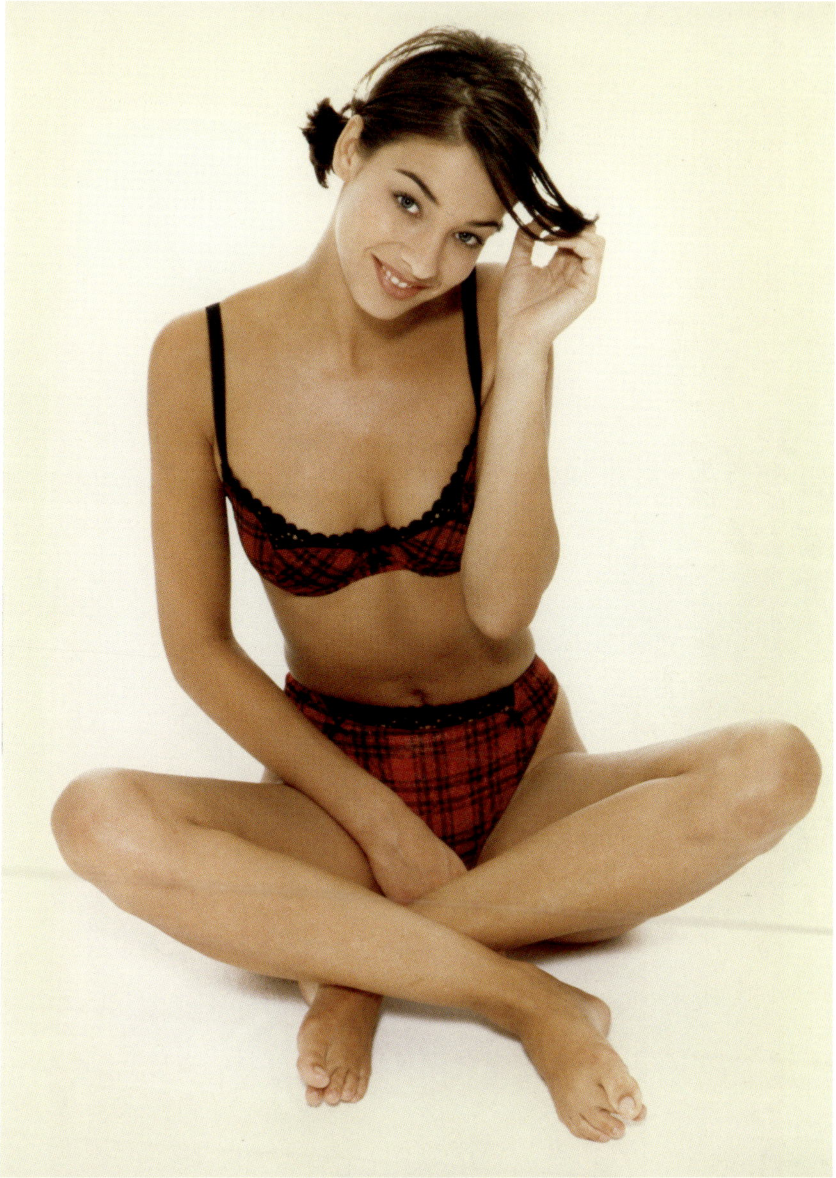

## Broderie

Ornamentație din fire care acoperă mai mult sau mai puțin materialul. Motivele brodate pot fi netede sau în relief, geometrice, florale sau animale. Broderia poate fi din fire de in, bumbac, ramia, mătase artificială, mătase naturală sau fire sintetice şi metalice înfăşurate în poliester. Unele modele brodate conțin perle, paiete, dantelă, şireturi, panglici sau materiale aplicate. Broderia poate fi făcută de mână sau la maşină.

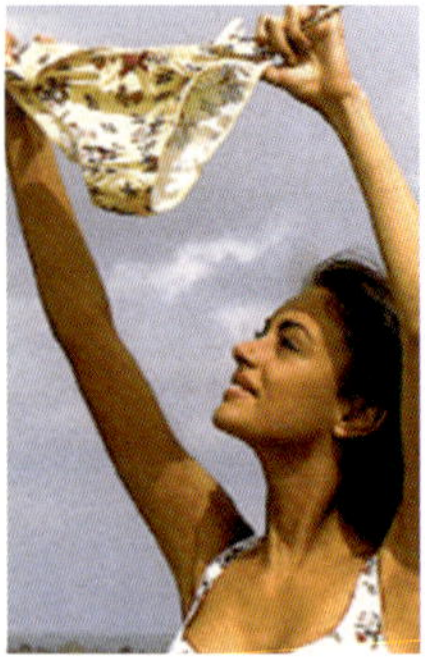

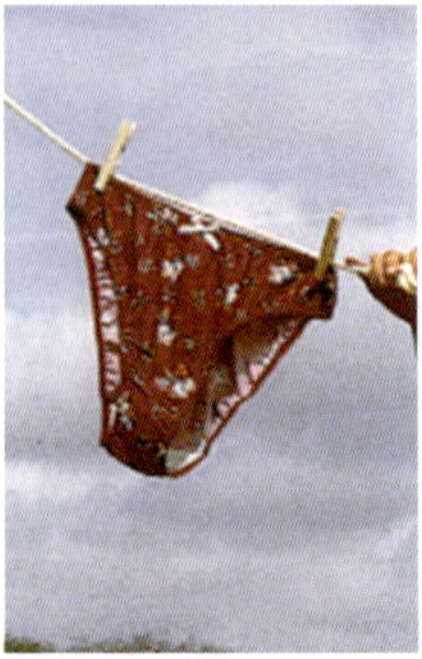

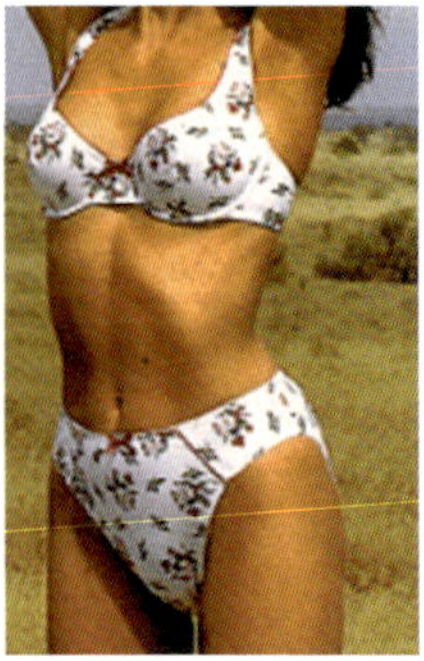

Reclamă Princesse Tam-Tam

1996

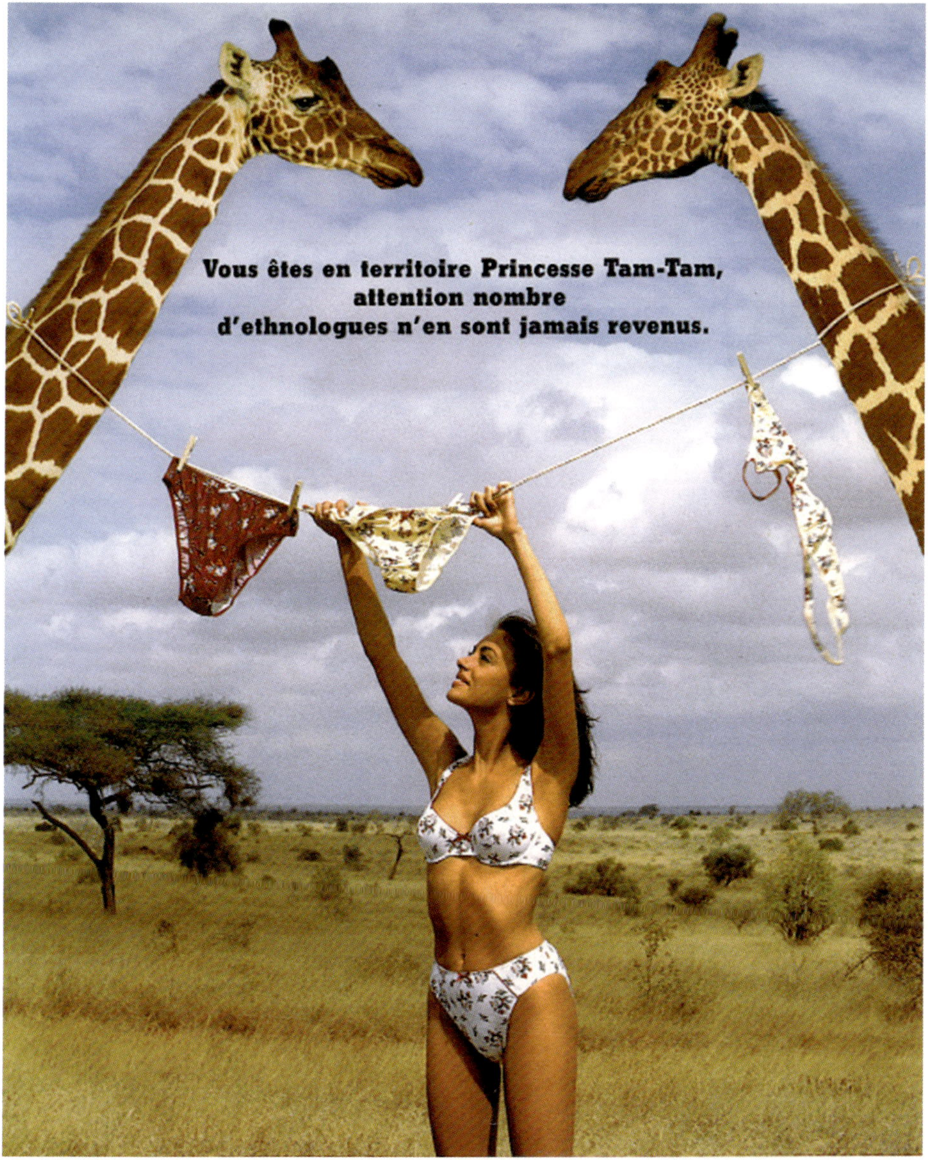
Vous êtes en territoire Princesse Tam-Tam,
attention nombre
d'ethnologues n'en sont jamais revenus.

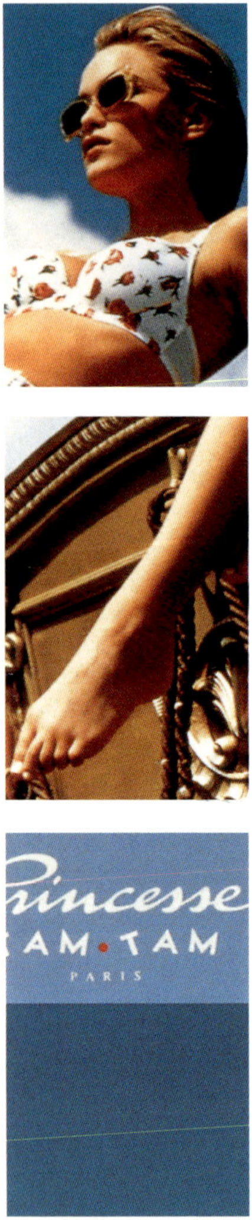


## Malacof (vertugadin sau vertugade)

Fustă rigidă în cloş, întinsă peste sârme metalice sau bețe din lemn. De origine spaniolă, malacoful are rolul de a lărgi fusta. Moda franceză l-a transformat într-o pernă purtată în jurul taliei, distribuind volumul fustei în jurul corpului. La sfârşitul secolului al XVI-lea, malacoful a preluat o altă formă, devenind o roată în jurul căreia era desfăşurată fusta.

Reclamă Princesse Tam-Tam

Toamnă/Iarnă 1997

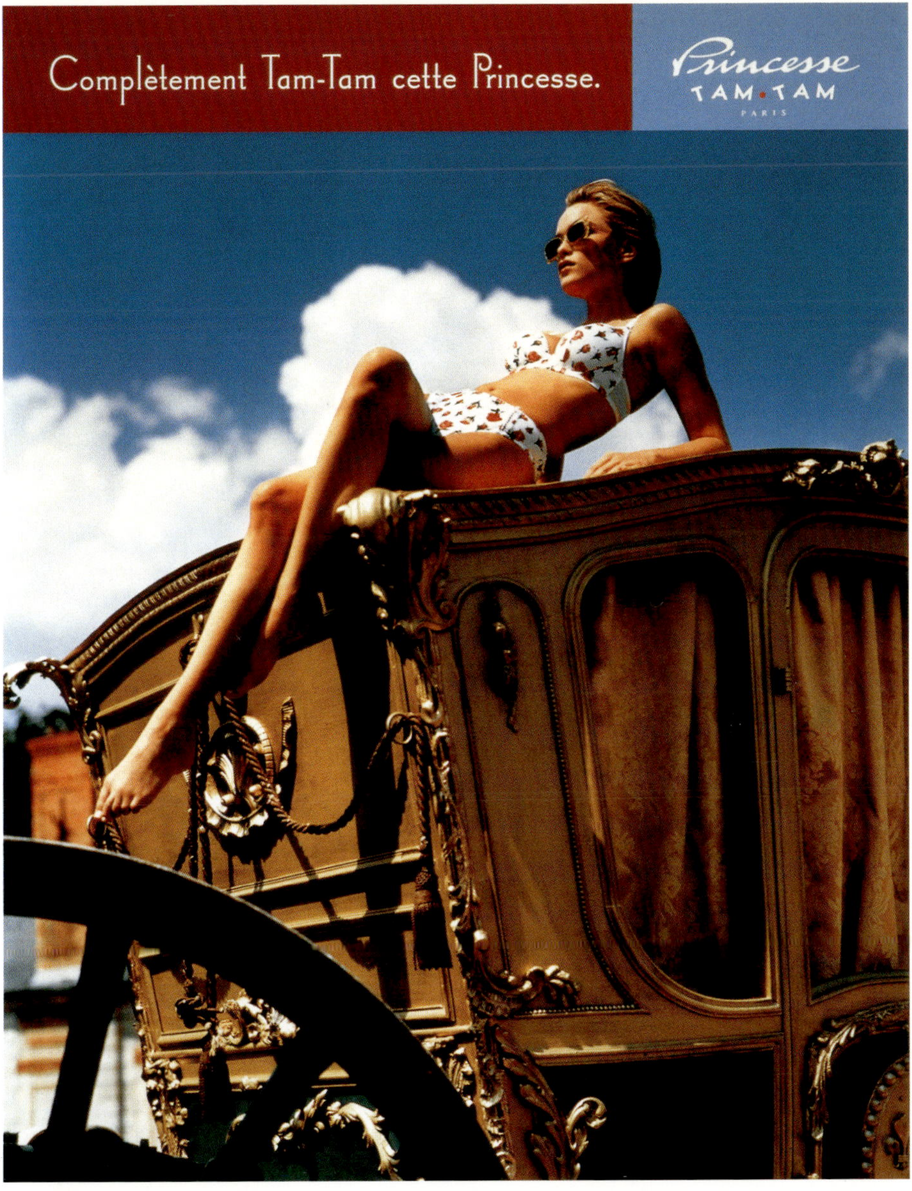
Complètement Tam-Tam cette Princesse.
Princesse
TAM.TAM
PARIS

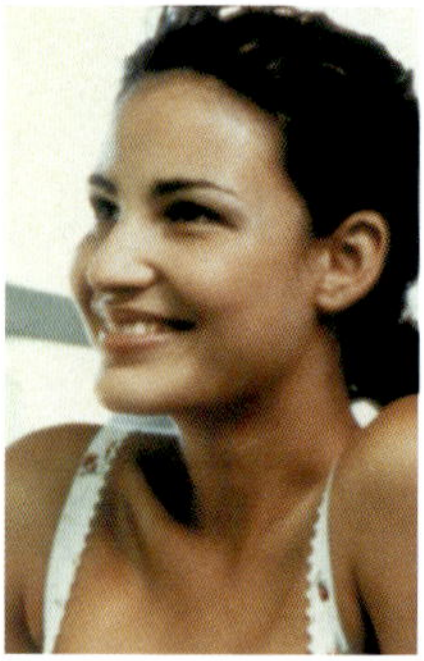

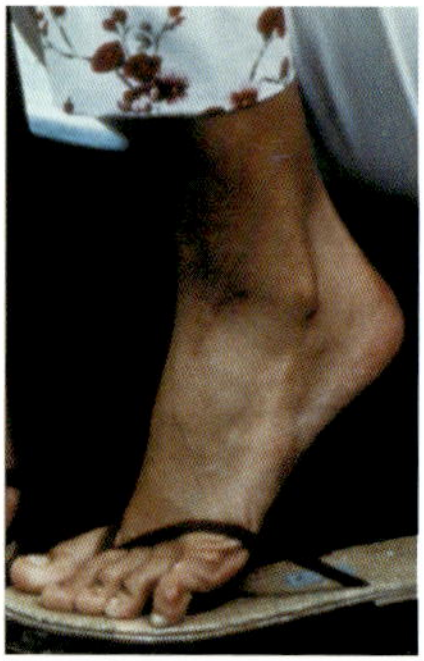

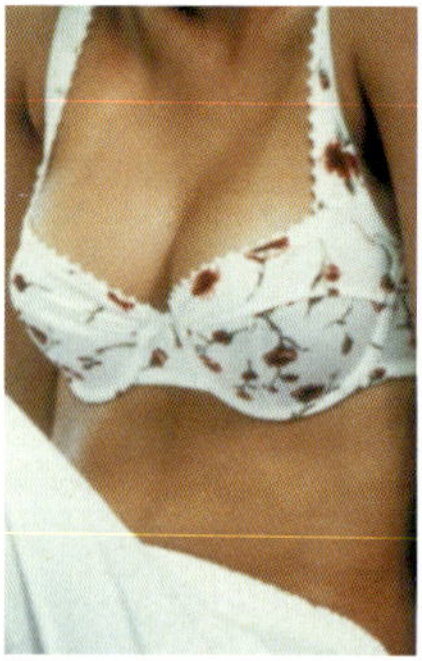

## Umplutură

Fire introduse perpendicular în urzeală în timpul procesului de țesut.

## Flanelă

Țesătură moale şi pufoasă, țesută larg şi făcută din lână pieptănată.

Compleu din sutien şi pantaloni

Princesse Tam-Tam, Toamna/iarna 1998-1999
Colecția „Cocooning"

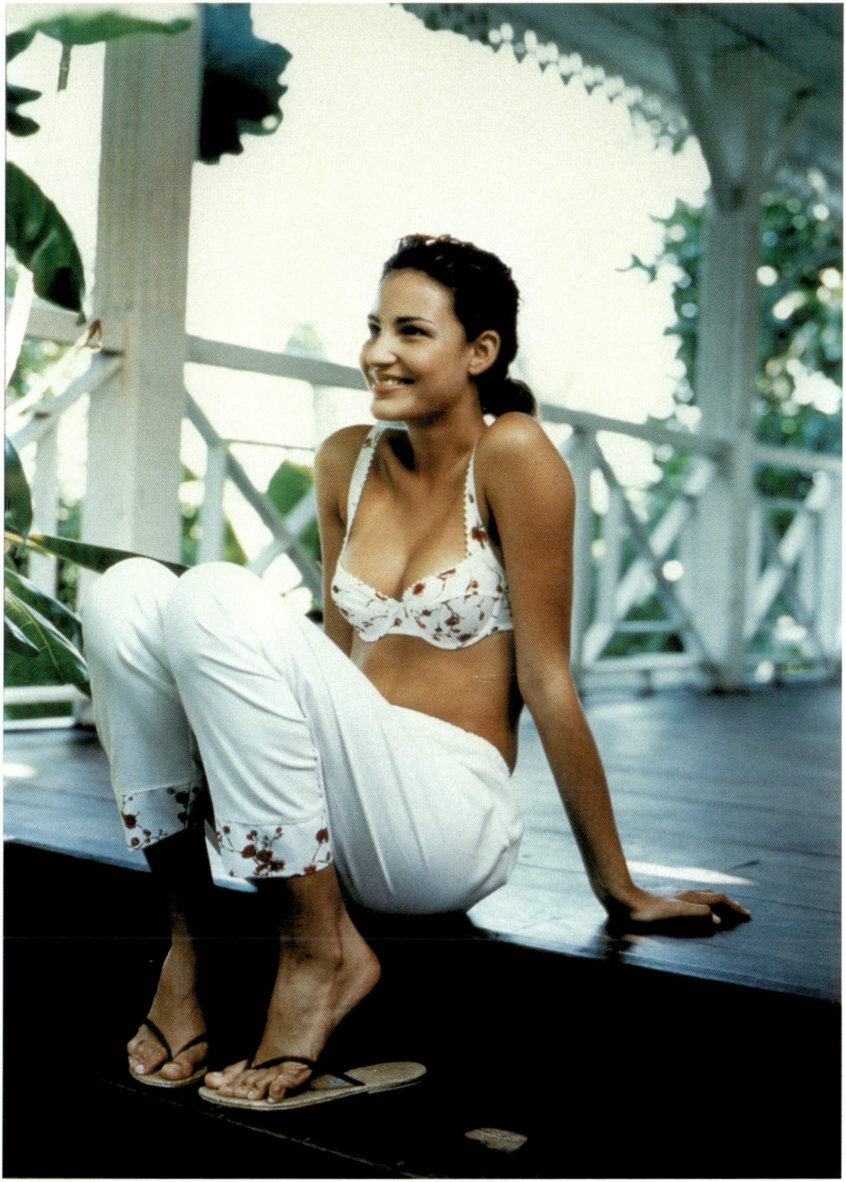

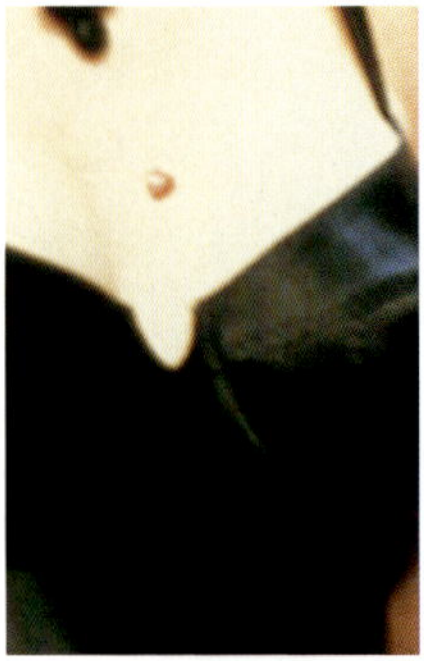

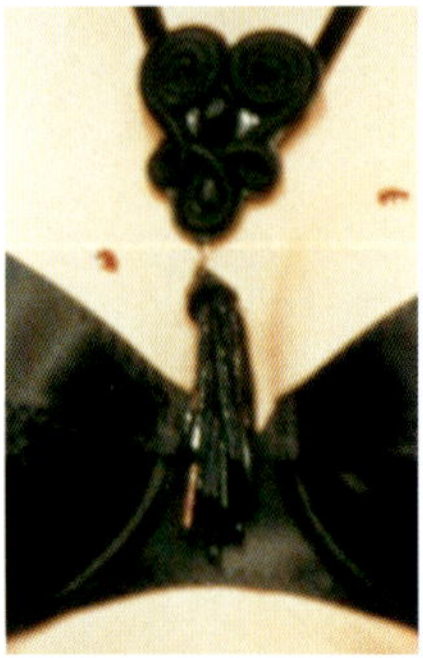

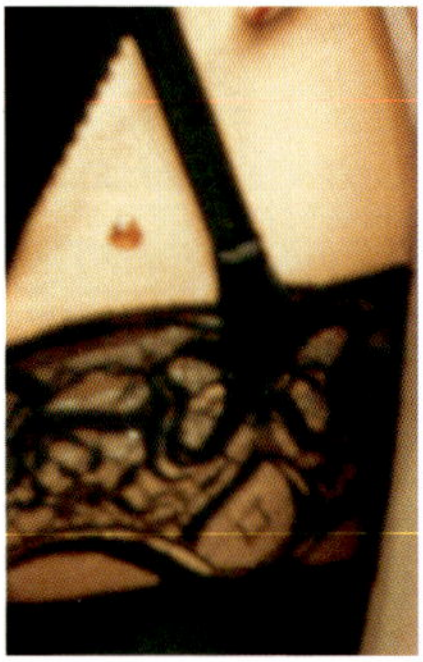

## Modelator-talie

Modelatorul-talie e un chilot cu picior, realizat dintr-un material elastic ce strânge abdomenul şi fesele. Folosirea lui s-a răspândit în anii '60. Forma a fost adaptată modei lenjeriei şi numită *petti-pants*, având picioarele mai largi şi decorate cu dantelă la extremităţi.

Compleu

Chantal Thomass
Toamnă/Iarnă 2001-2002

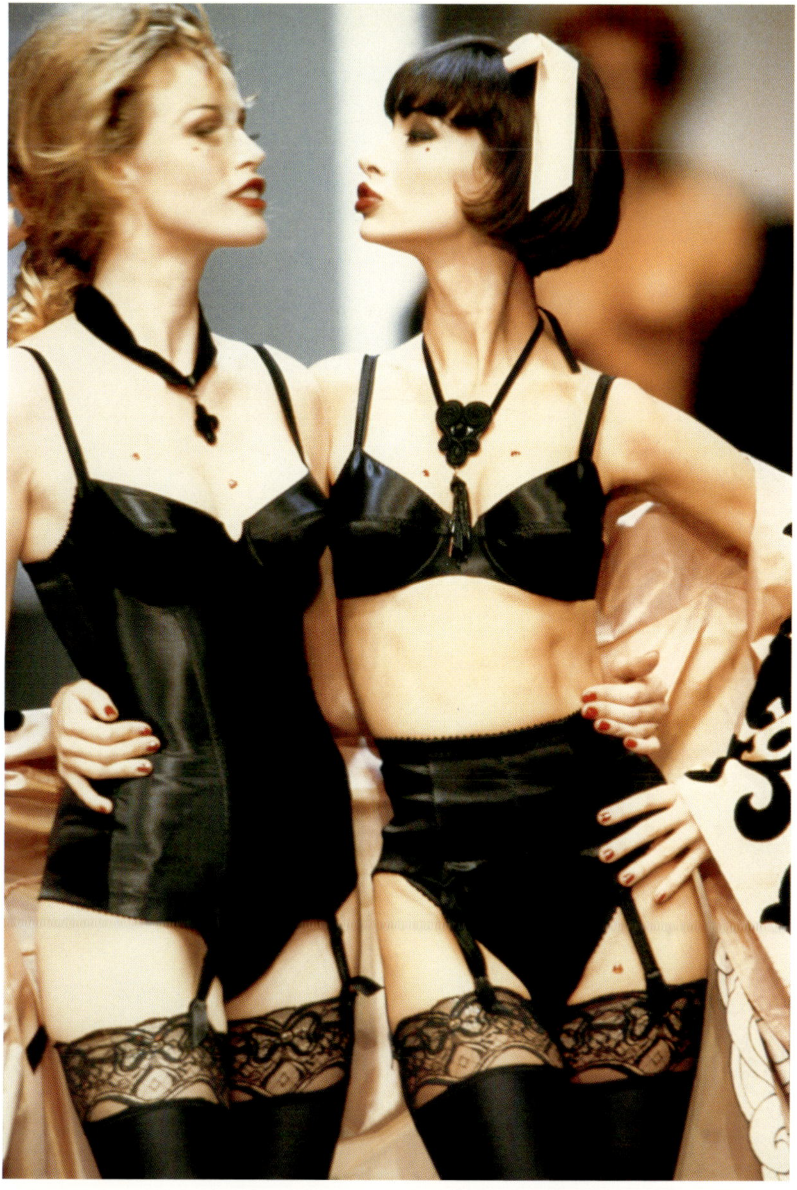

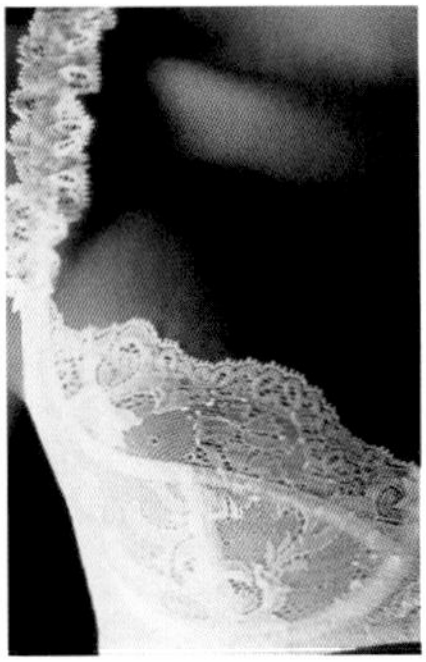

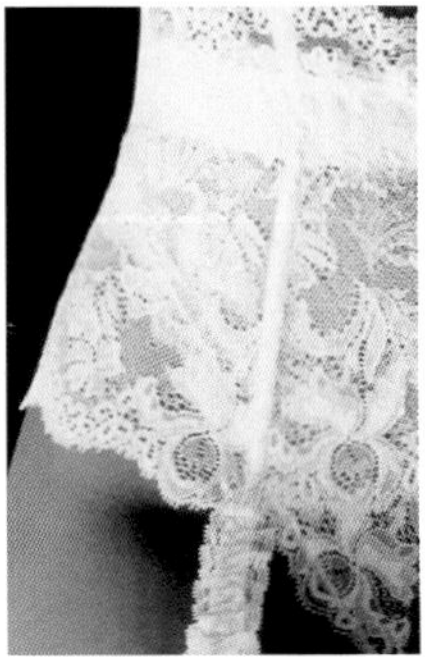

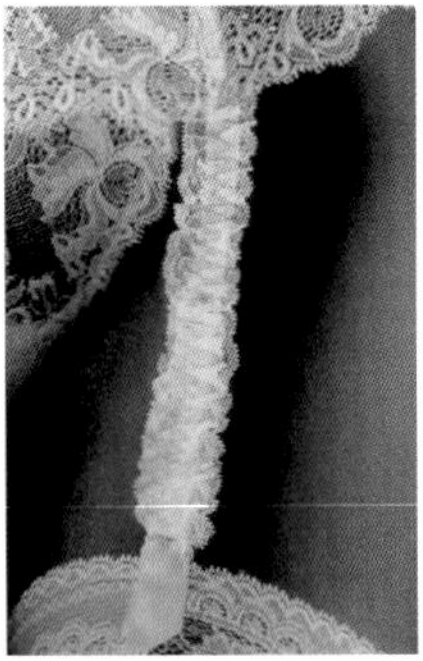

## Finet

Stofă cu țesătură din bumbac și diferite fibre textile (cânepă, in sau lână) pentru urzeală.

## Portjartier

Accesoriu asemănător unei centuri din panglici cauciucate, cordoane sau benzi de stofă (elastică sau nu) prevăzut cu patru jartiere de care se prind ciorapii. Portjartierul a apărut în jurul anului 1910.

Compleu din dantelă albă

Chantal Thomass
Toamnă/Iarnă 2001-2002

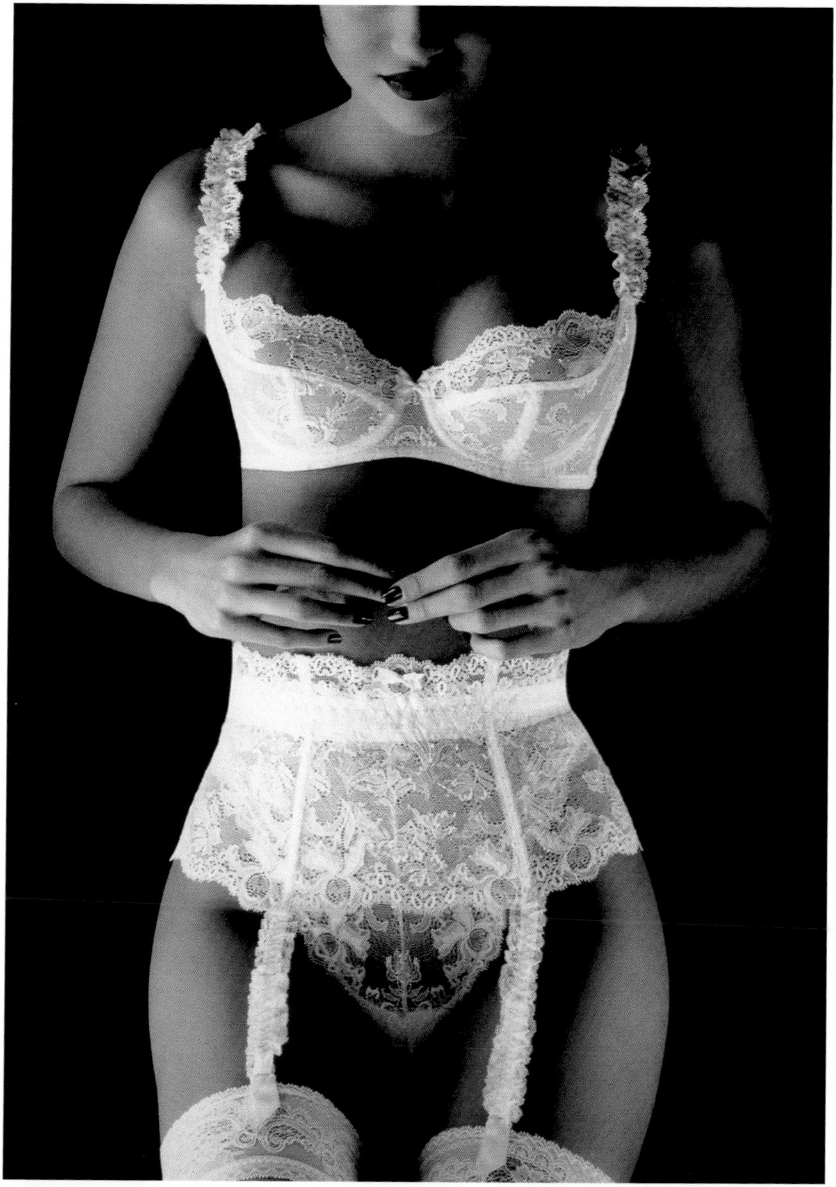

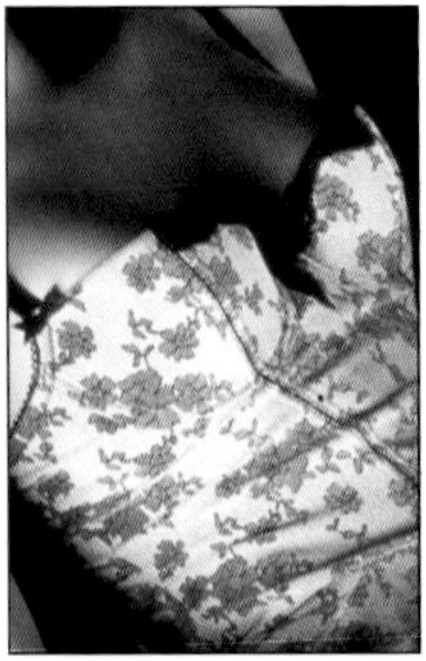

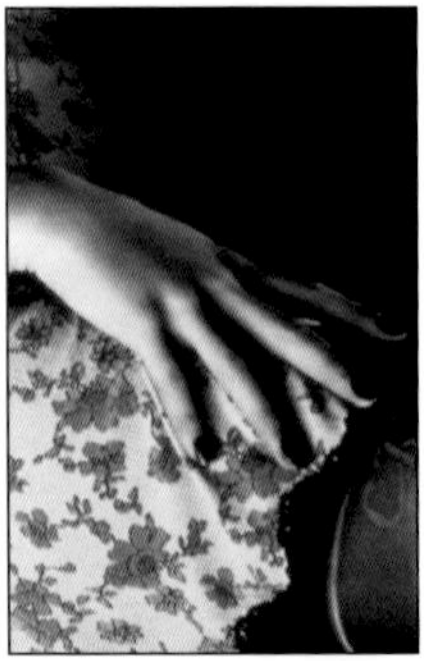

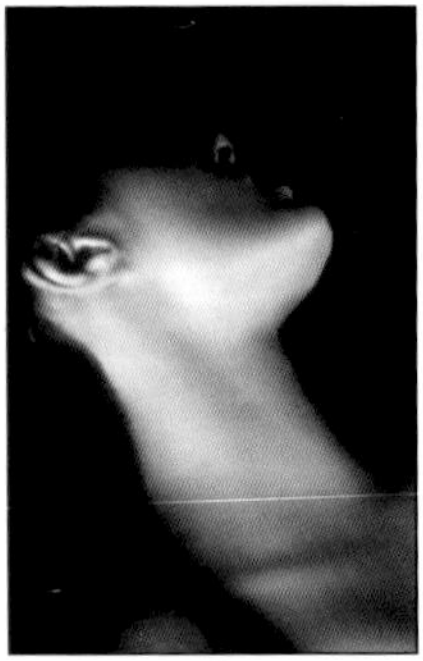

## Jartiere (benzi)

Panglici sau benzi de stofă (elastice sau nu) menite să fixeze ciorapii pe picior, înconjurându-i deasupra sau dedesubtul genunchiului. Jartierele pot fi ornate cu bijuterii de aur sau argint, pietre prețioase sau broderii.

Nuisette

Chantal Thomass
Toamnă/Iarnă 2001-2002

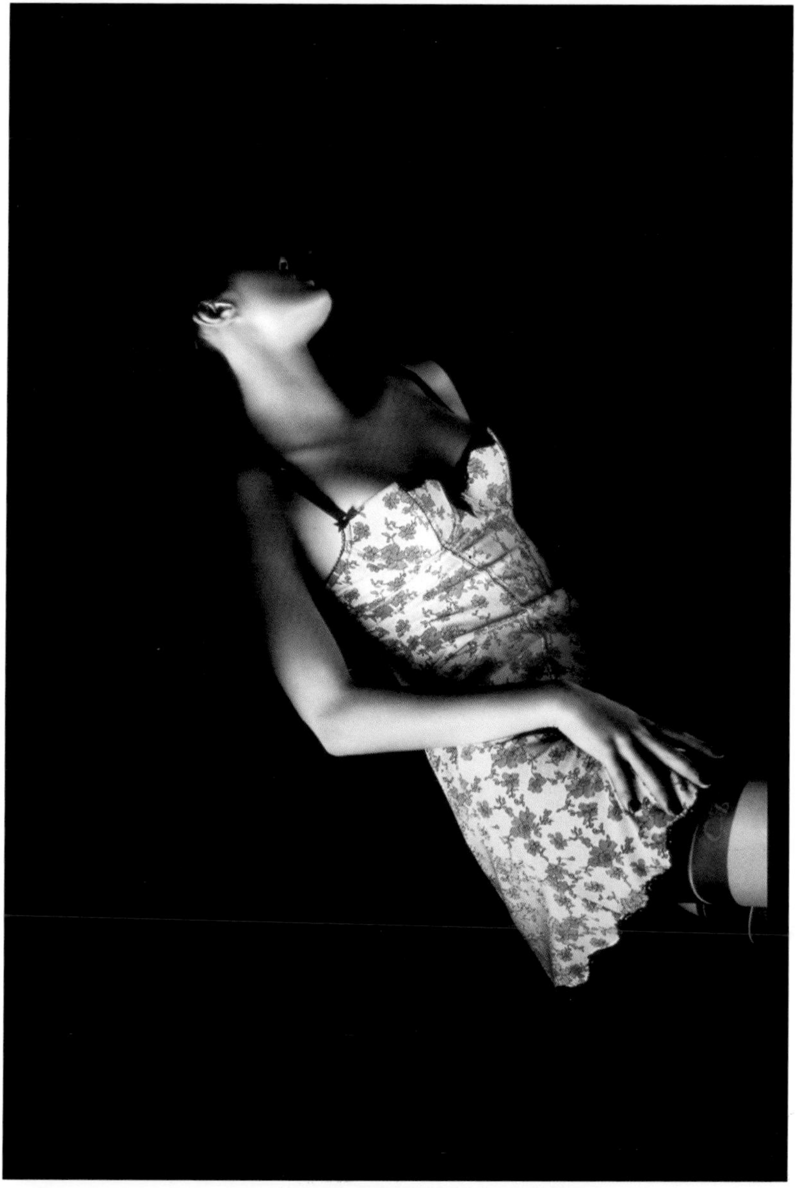

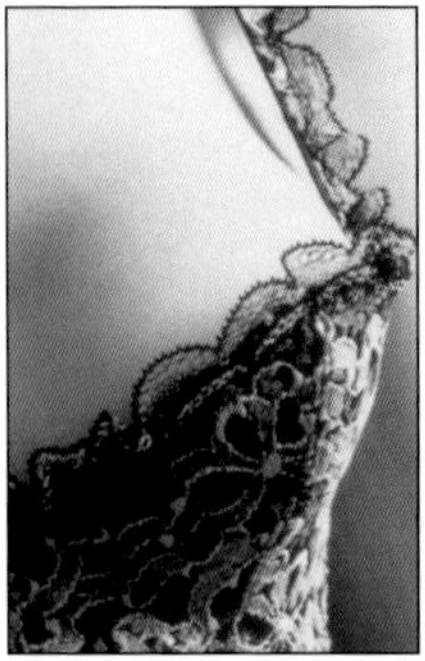

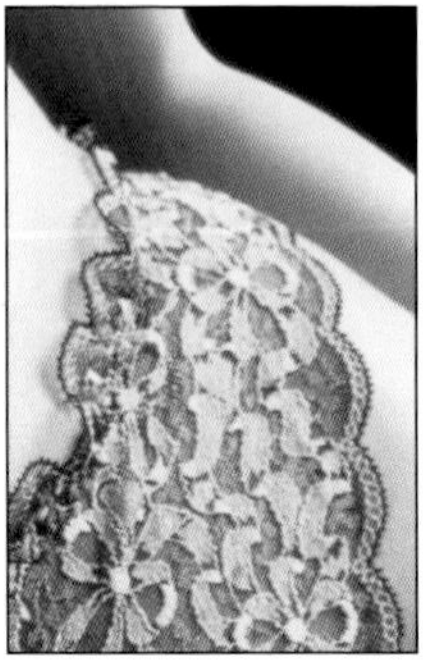

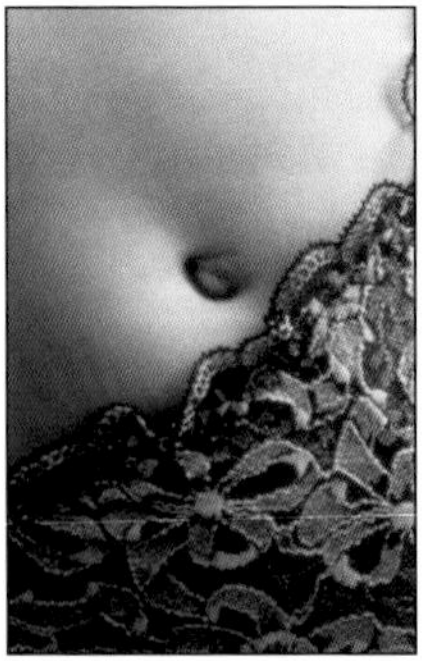

## Jartiere (de susținere)

Benzi elastice sau panglici cauciucate aplicate la centură sau la portjartieră (şi chiar la unele modele mai recente de chiloți), prevăzute cu o clemă care susține ciorapii întinşi pe picior. De asemenea, jartiera dă o linie dreaptă părții din față a corsetului.

Compleu

Chantal Thomass
Toamnă/Iarnă 2001-2002

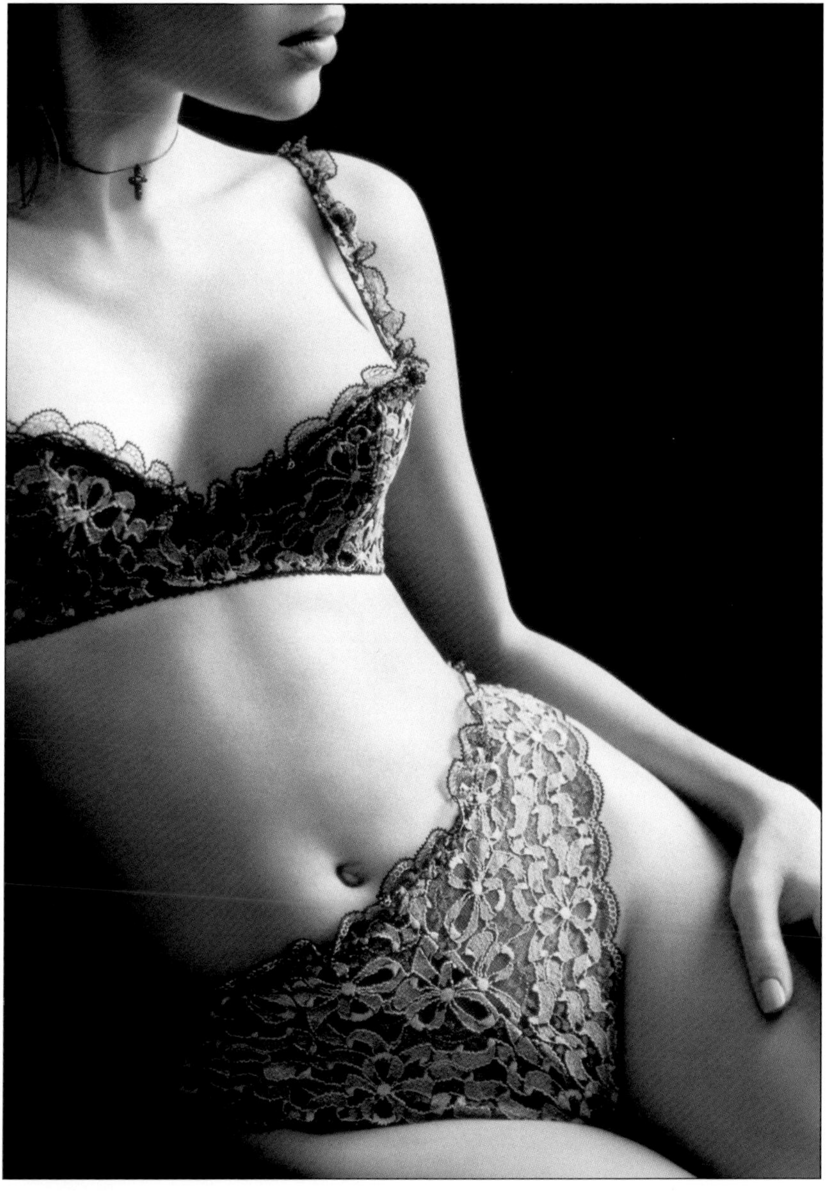

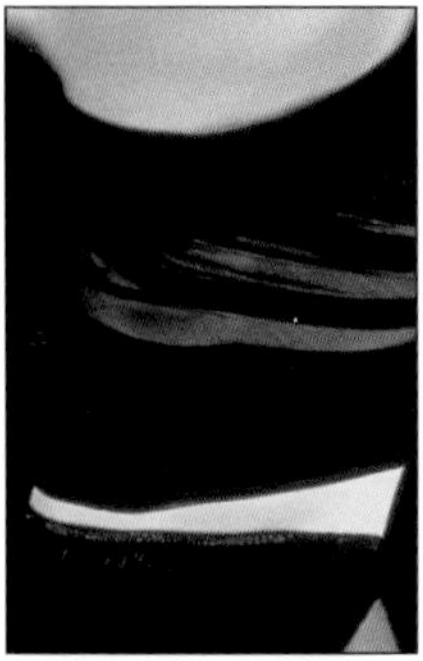

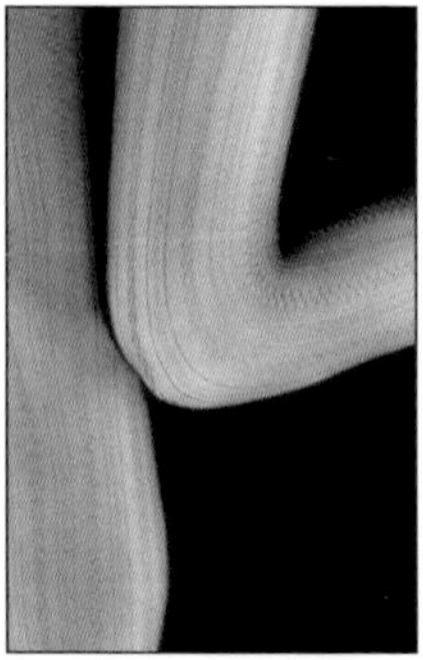

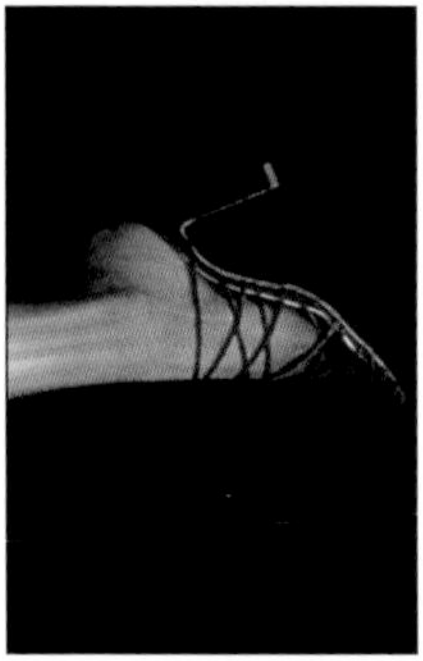

## Burtieră

Îmbrăcăminte de corp din material elastic care strânge talia, şoldurile şi uneori şi coapsele. La începutul anilor 1930, burtiera a înlocuit corsetul.

### Compleu

Chantal Thomass
Toamnă/Iarnă 2001-2002

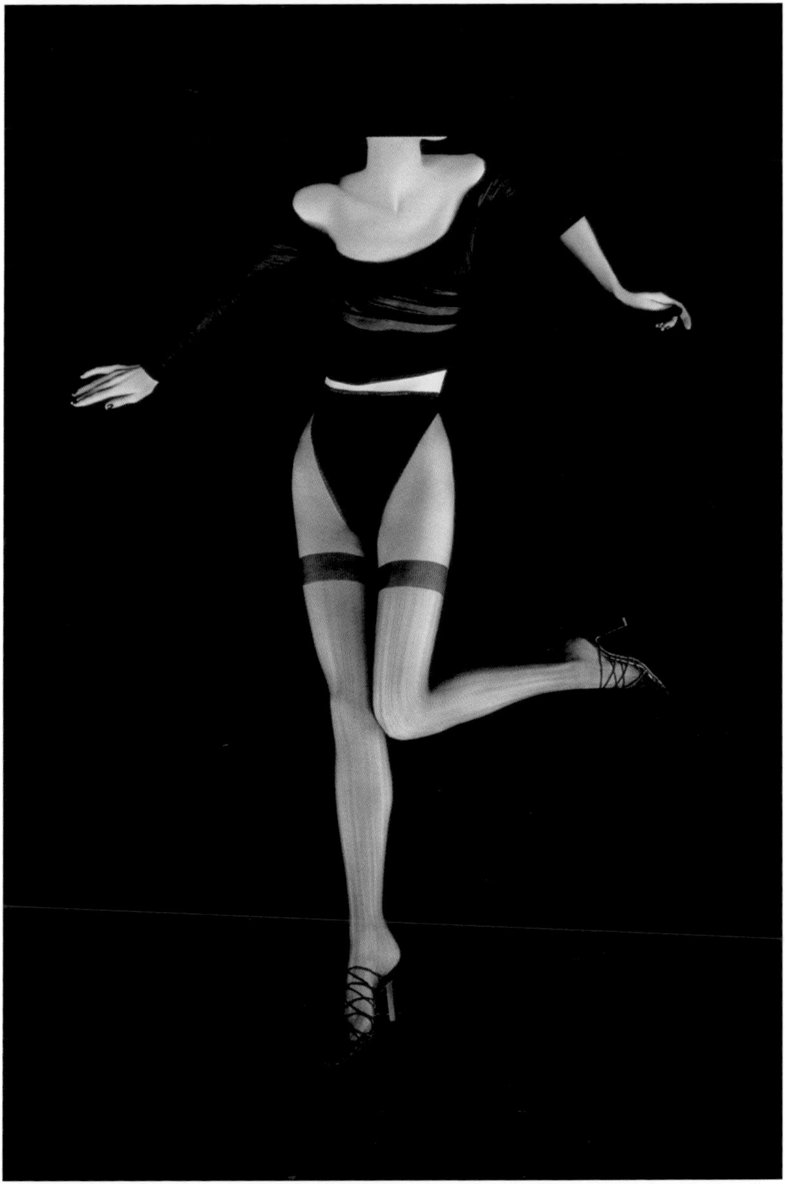

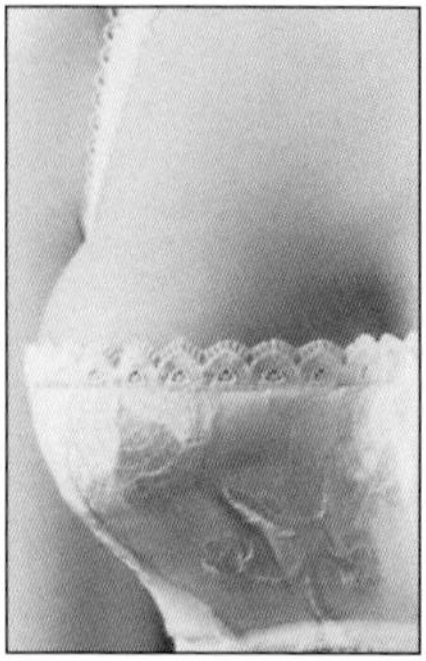

## Guêpière

Un tip de burtieră făcută din materiale elastice pentru a subția talia, inventată de Marcel Rochas în 1946.

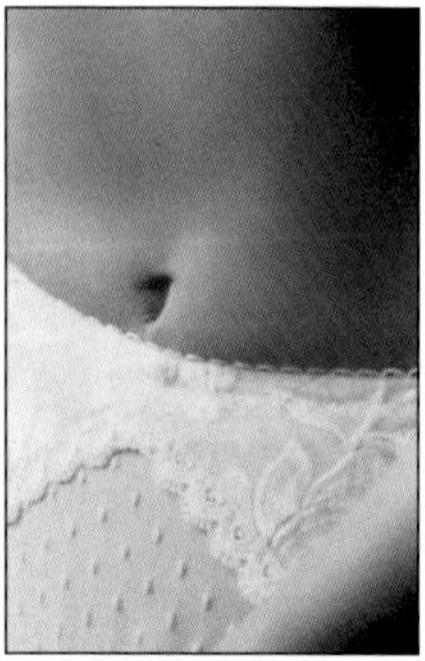

## Flanelă

Flanela este un tricotaj făcut cu un singur fir, ce formează un rând uniform pe o parte. Poate fi tricotată din bumbac sau mătase.

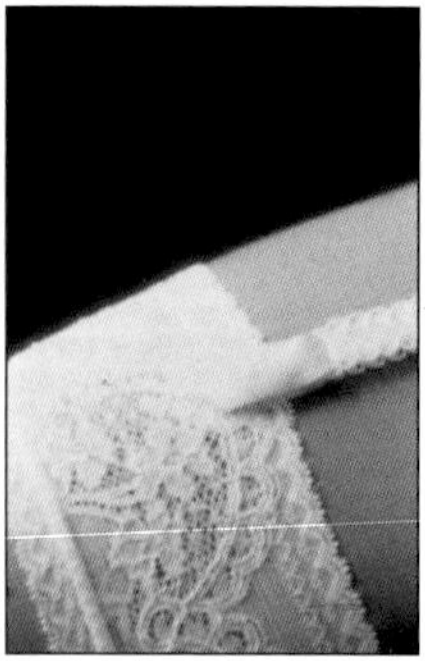

Compleu

Chantal Thomass
Toamnă/Iarnă 2001-2002

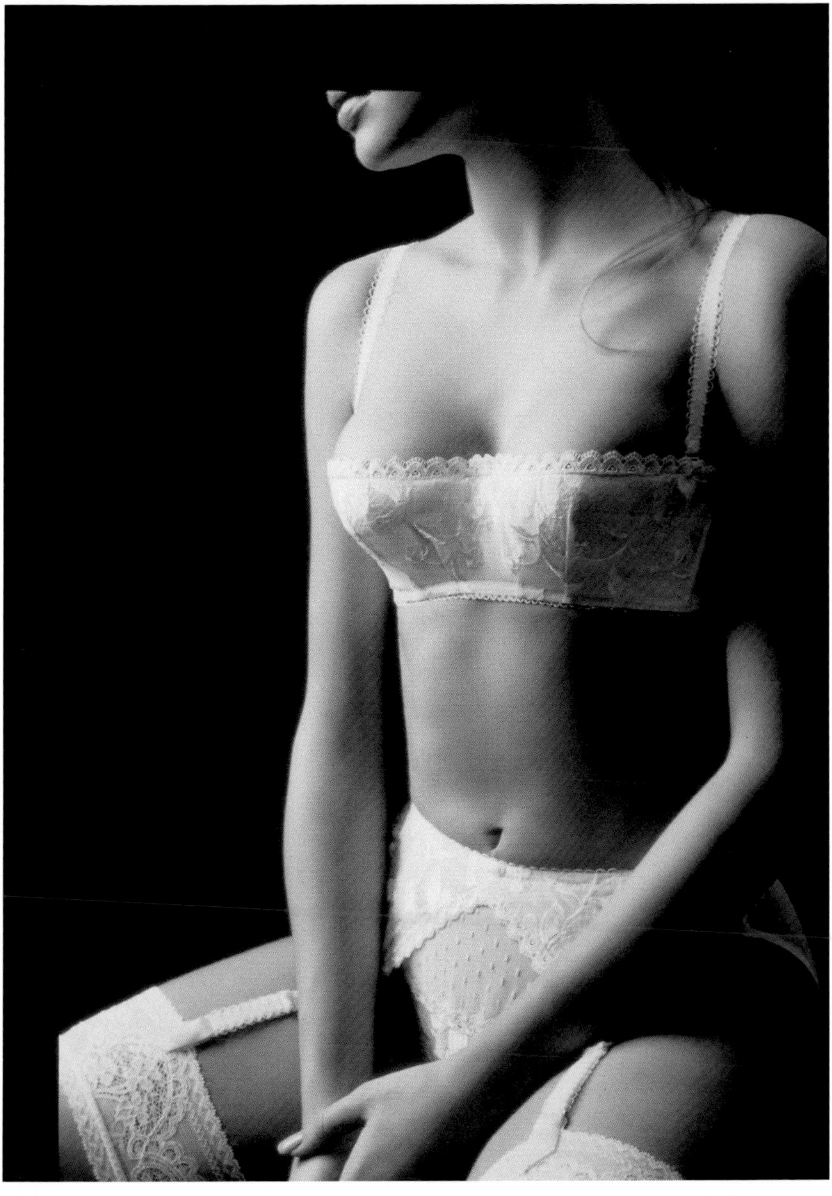

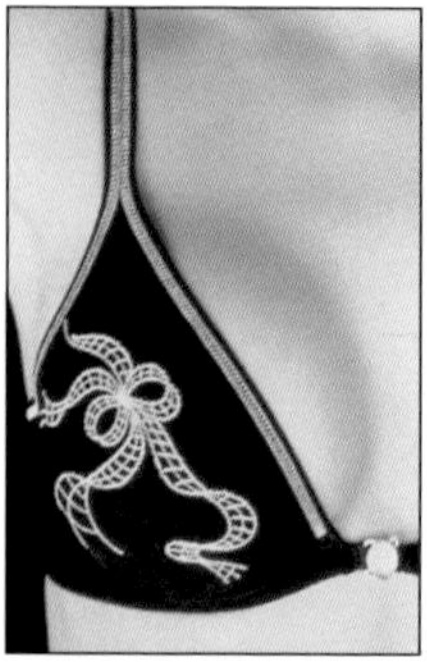

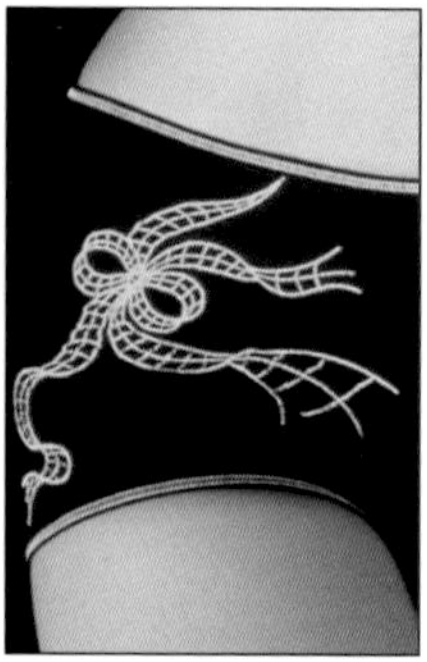

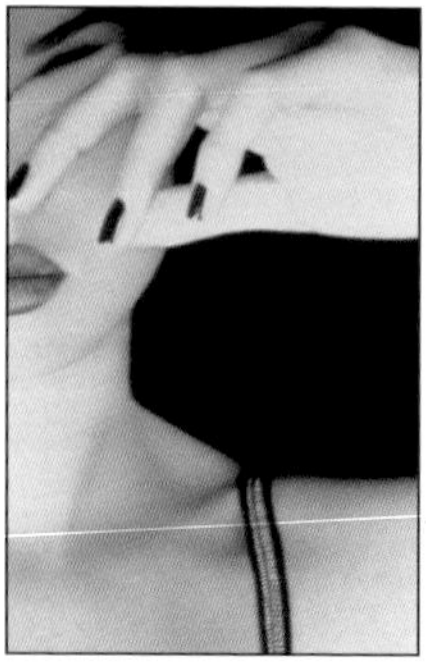

## Dantelă

Un material fin, în care urzeala materialului şi ţesătura firului nu se pot deosebi. Materialul de dantelă este făcut din motive obţinute din împletirea, răsucirea sau înnodarea firului de aţă. Dantela poate fi făcută din in, bumbac, mătase sintetică, lână sau aţă sintetică. Există diferite tipuri de dantelă. Dantela bobbin este făcută din fire ataşate la bobine mici, ce se împletesc în anumite puncte indicate de nişte ace. Centre importante de fabricare a dantelei bobbin sunt Chantilly şi Valenciennes.

Compleu

Chantal Thomass
Toamnă/Iarnă 2001-2002

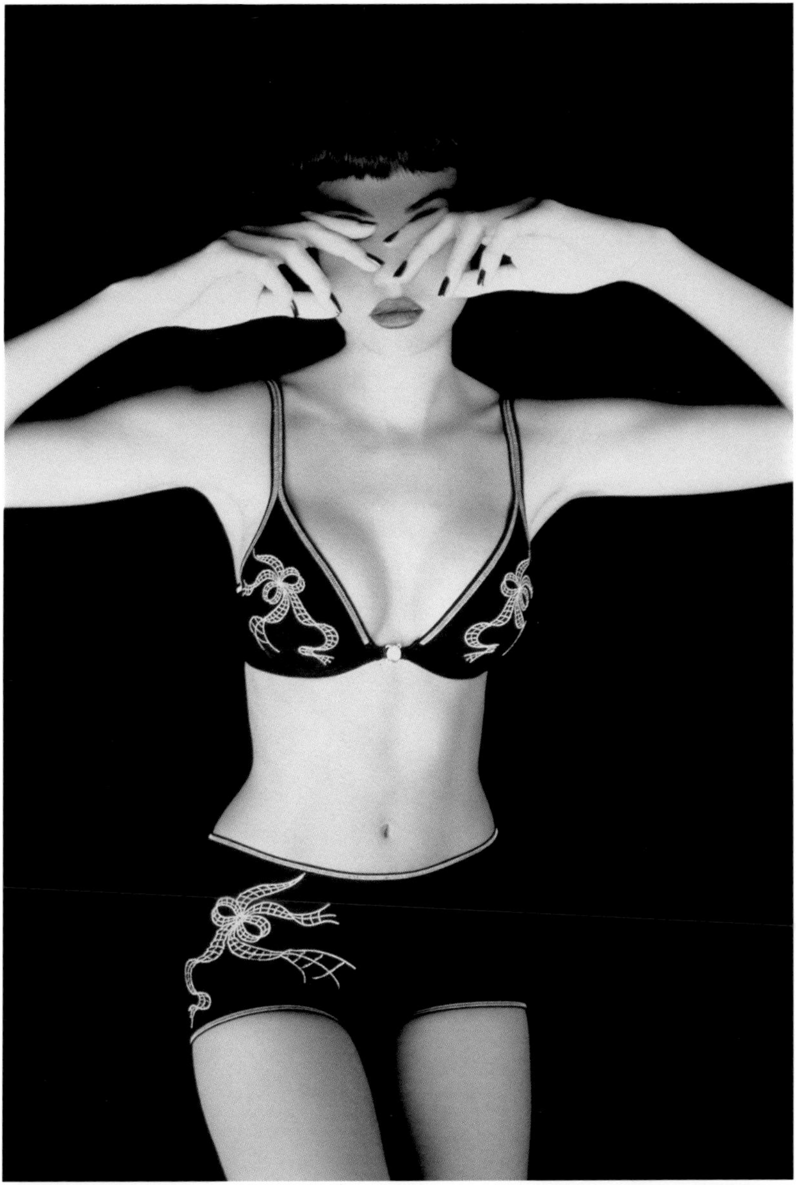

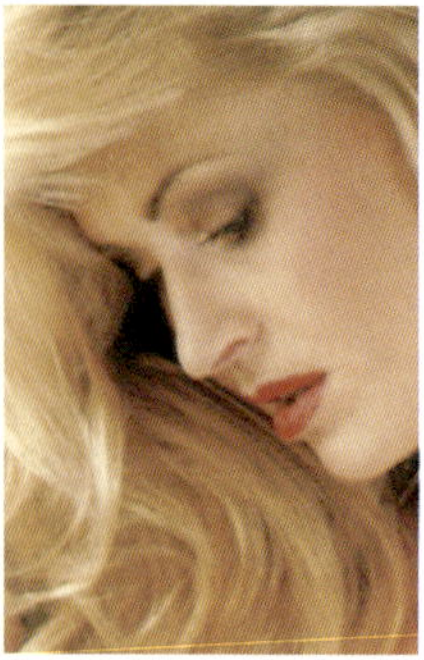

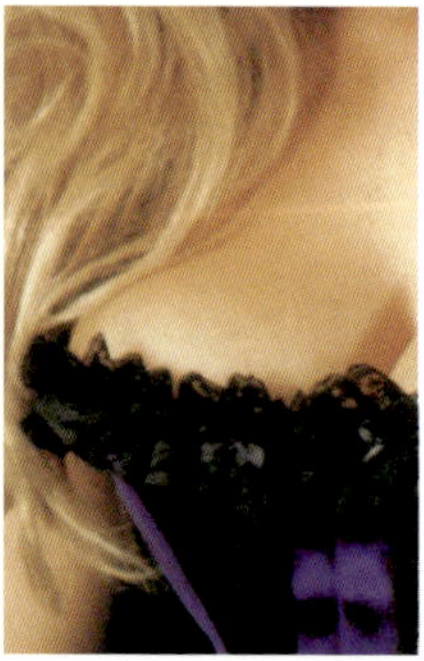

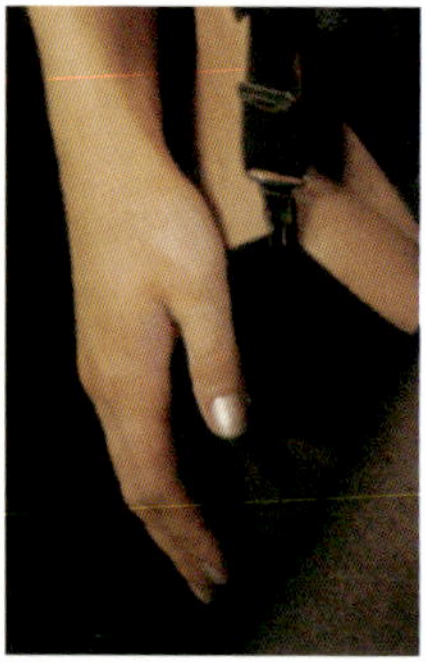

Dantela țesută cu acul, de exemplu cea din Alençon sau Veneția, constă dintr-o rețea de ochiuri acoperite de cusături făcute cu acul; tehnica provine din perfecționarea broderiei. Dantela actuală este realizată aproape în întregime la mașină. Ea imită motive tradiționale şi este fabricată în fostele centre unde se lucra manual, ca Chantilly sau Valenciennes.

Corset

Axfords

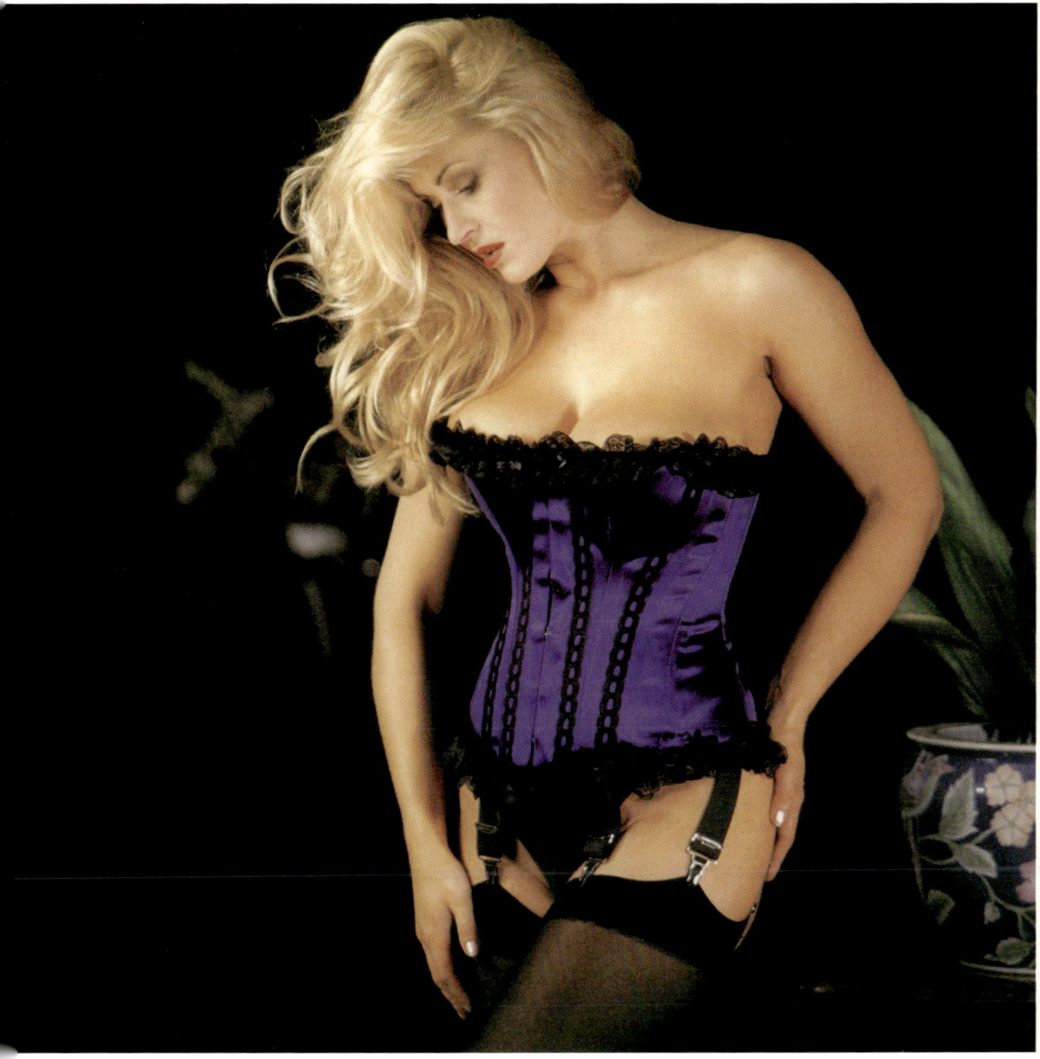

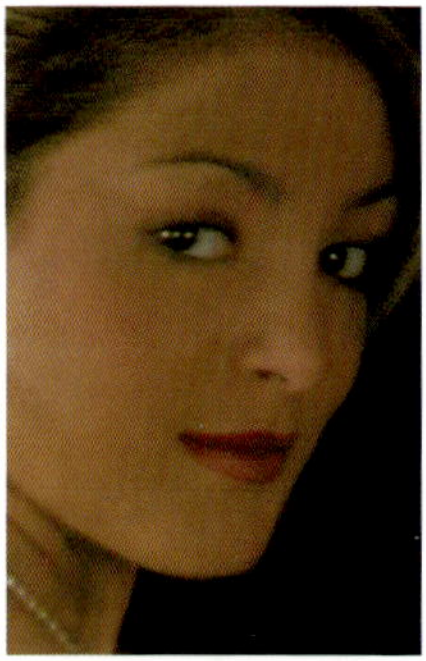
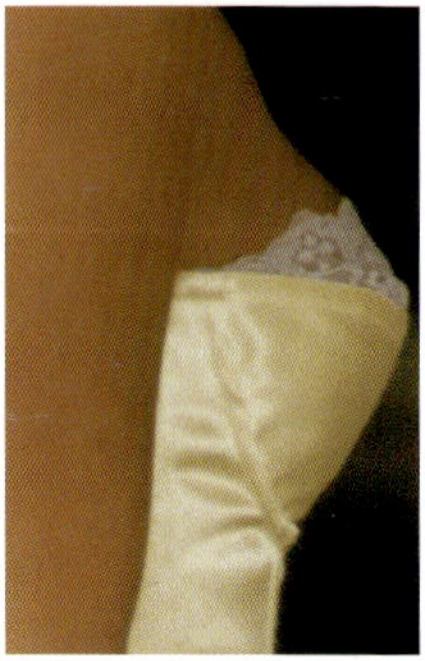
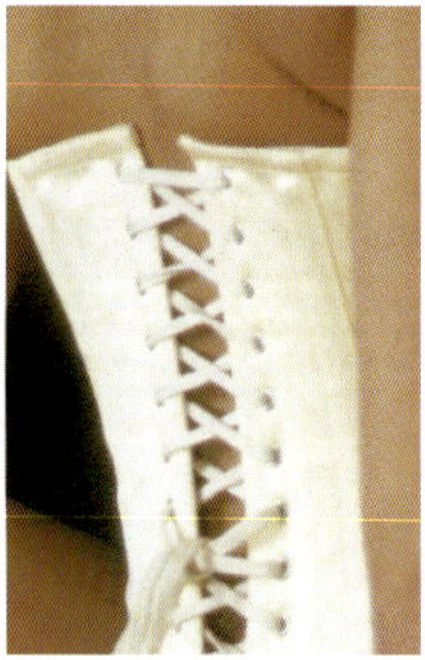

## Linou

Material țesut din in sau bumbac, mai fin ca batistul.

## Lycra şi Lastex.

O marcă introdusă în 1959, după inventarea materialului în laboratoarele Dupont, SUA. Lycra este un material sintetic, format dintr-o rețea de fibre elastice cu proprietăți asemănătoare Lastexului. Lastexul, un fir elastic inventat în 1942 (numele derivă din combinarea cuvintelor elastic şi latex) e țesut din cauciuc acoperit cu fibre textile naturale sau artificiale, elasticitatea sa datorându-se cauciucului.

Corset de nuntă

Axfords

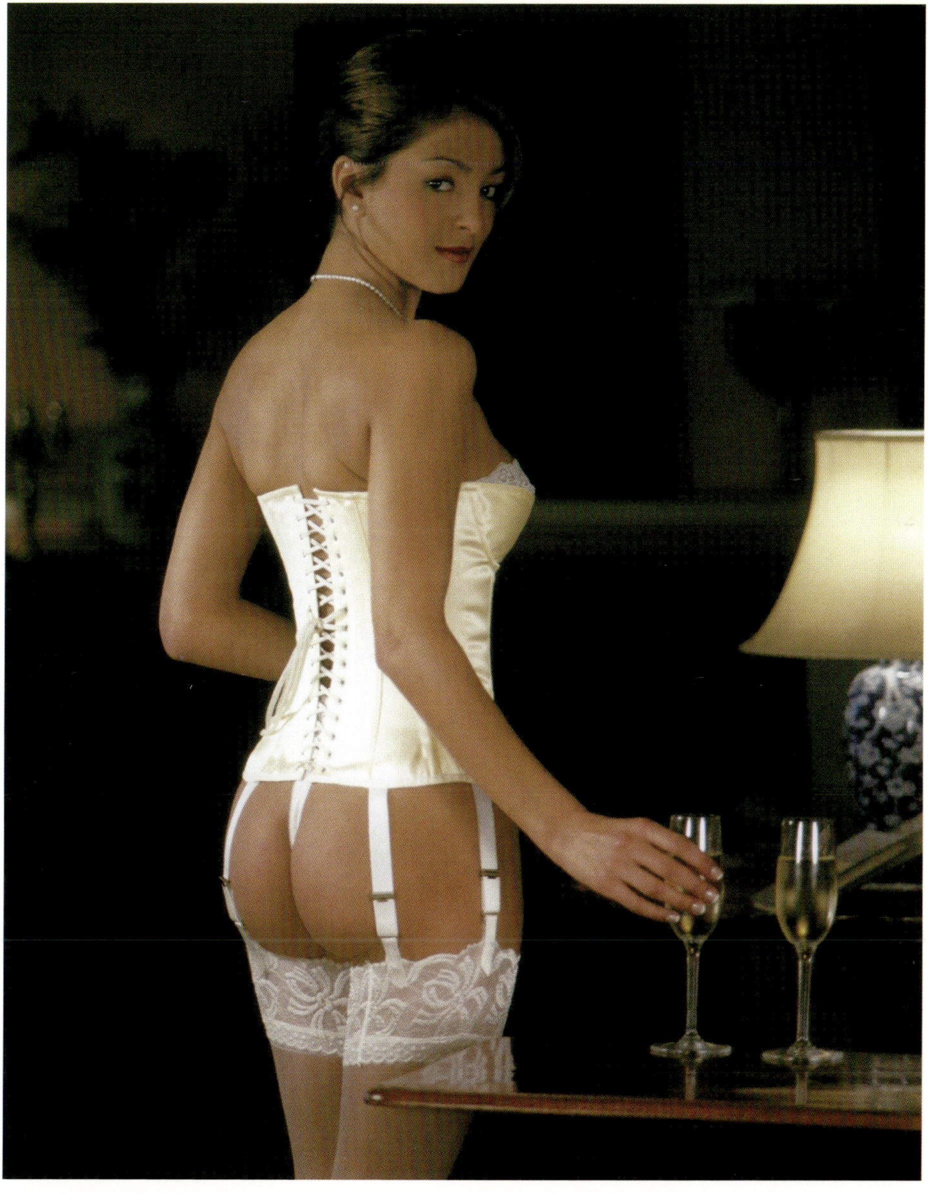

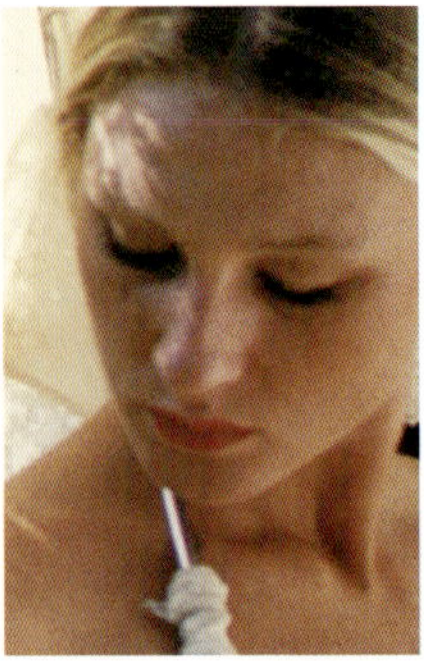

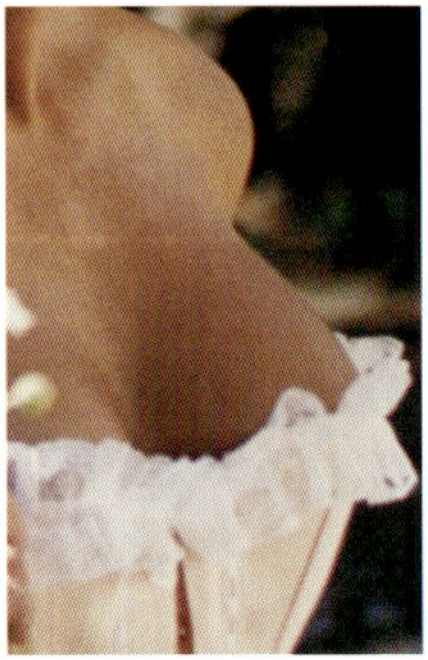

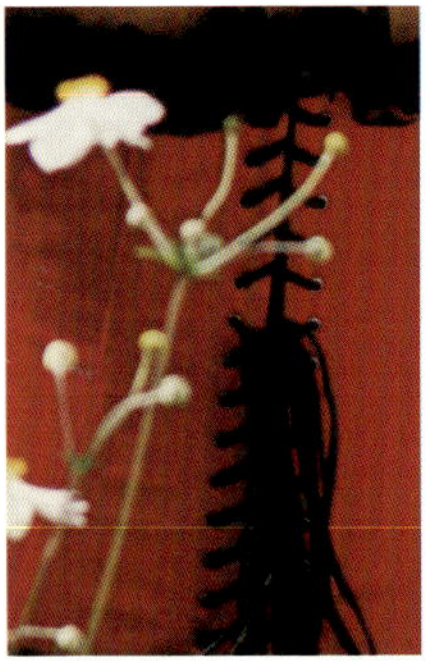

## Mastodeton

Ansamblu de panglici legate în jurul sânilor, care servea drept sutien în Grecia Antică. Termenul provine din cuvântul grecesc „*mastos*”, care înseamnă sân.

## Moar

O tehnică de finisare folosită la materialele striate, după țesere. Materialului este împăturit şi supus unei presiuni mari. Rezultatul este netezirea rețelei, rezultând o suprafață lucioasă. Moarul creează un model lucios, cu contururi mai mult sau mai puțin aleatorii.

Corset

Axfords

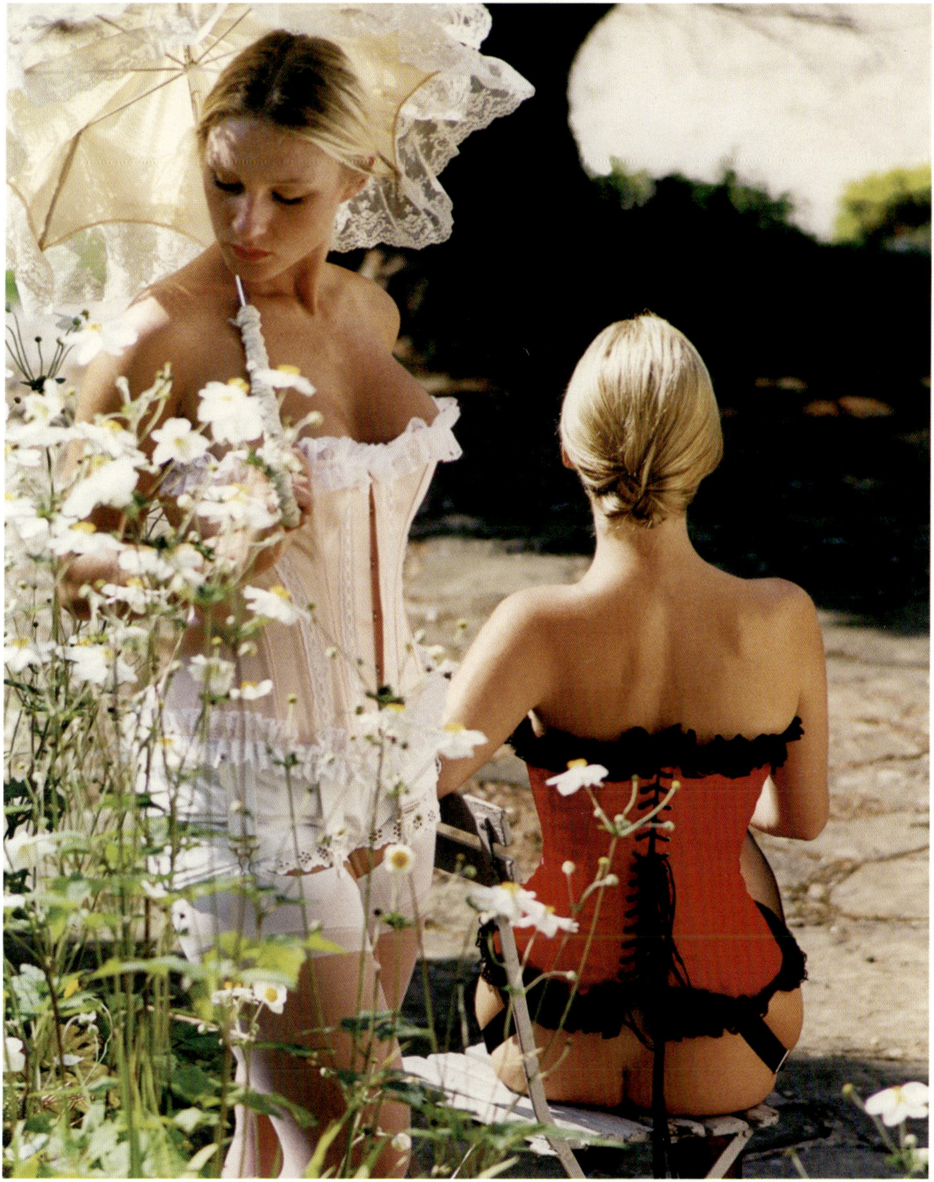

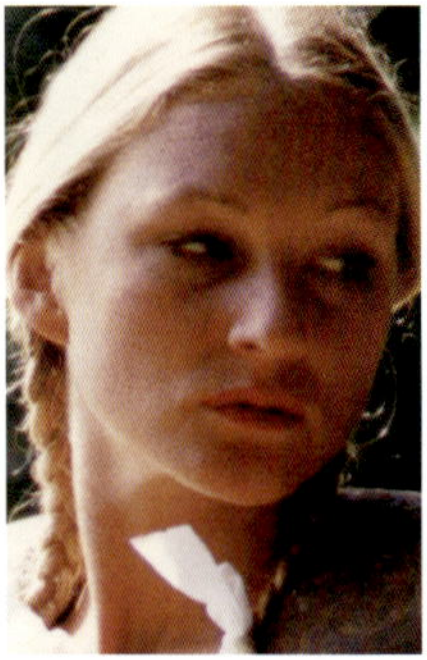

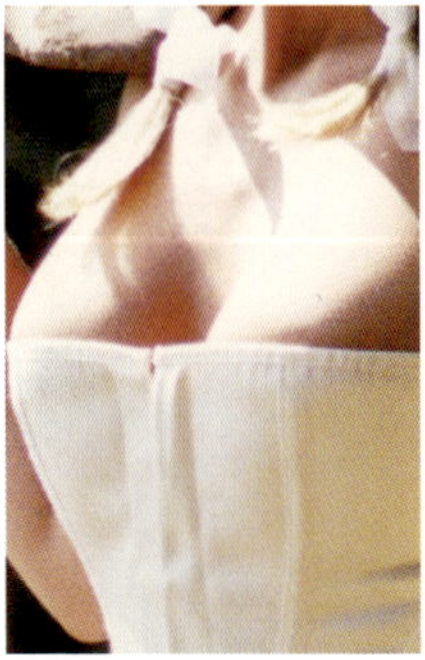

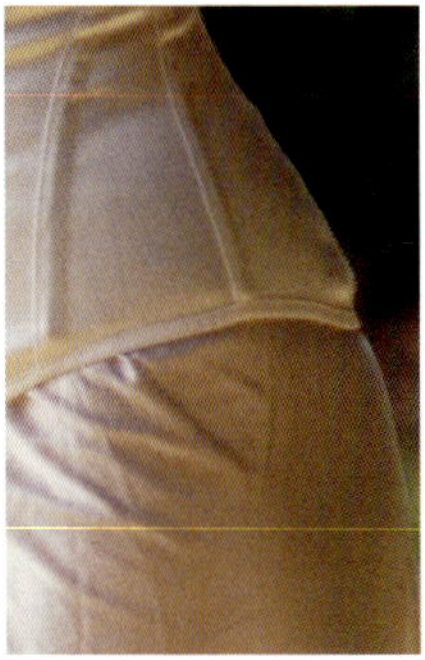

## Muselină

Țesătură fină şi uşoară, făcută din bumbac, lână sau mătase.

## Neglijeu

Articol de îmbrăcăminte făcut din țesături fine, purtat ca îmbrăcăminte de casă, uneori şi în prezența unor prieteni intimi, asociat în special secolului al XIX-lea.

Corsete

---

Axfords

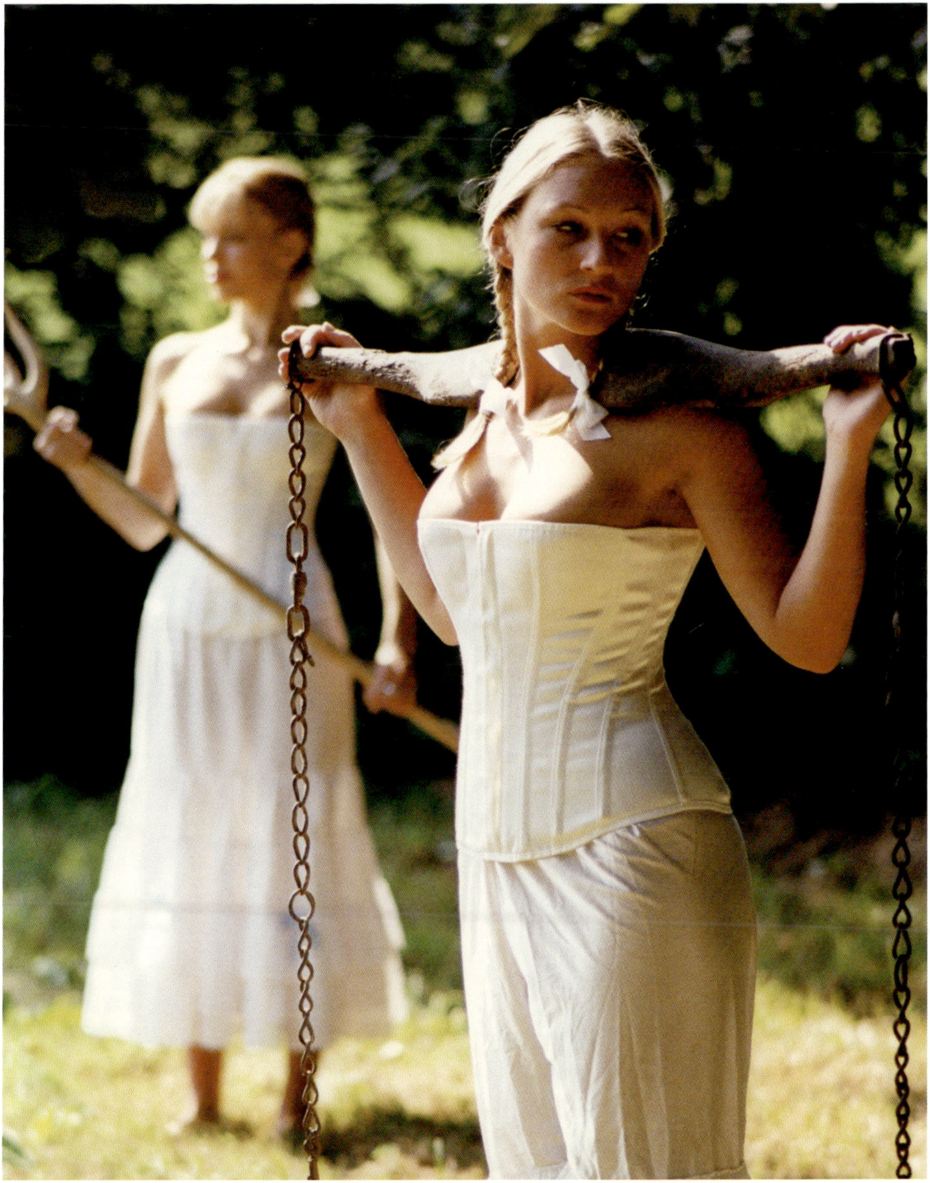

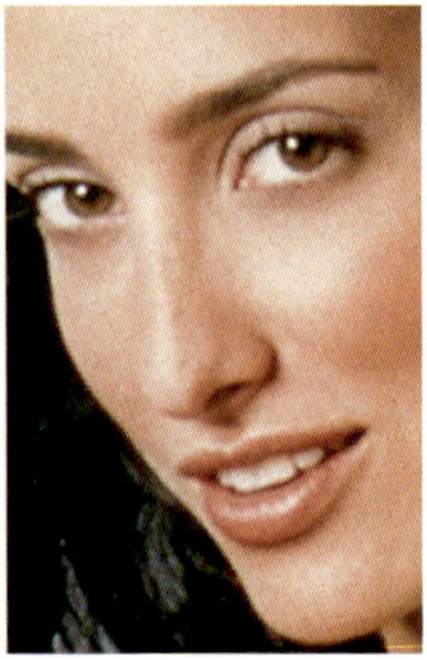

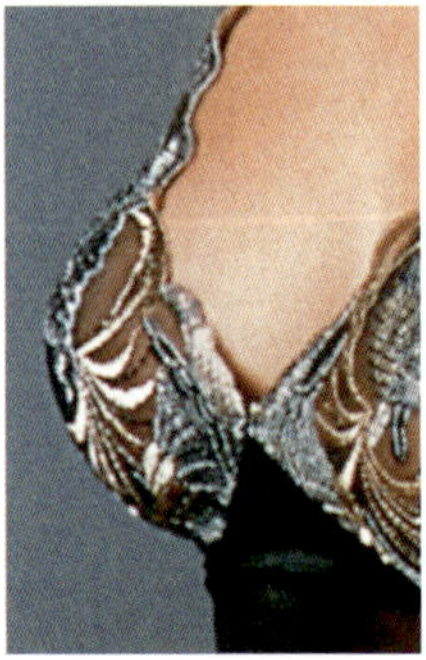

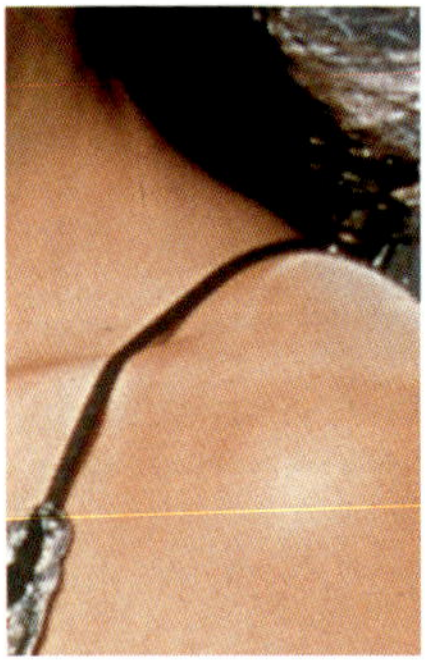

## Cămaşă de noapte

Asemănătoare cu o cămaşă de corp, dar pentru dormit. Poate avea mâneci lungi sau scurte. Este făcută din acelaşi material ca pijamaua.

## Nailon

O marcă americană, creată în 1935 Numele e derivat din „no run"(adică nu se poate deşira). Nailonul este o fibră sintetică (poliamidă) obţinută din interacţiunea chimică a unor produse petroliere. Este un material care se rupe greu, este elastic şi uşor de întreţinut.

Combinezon din linia „Jet Set"

---

Barbara Creation
Toamnă/Iarnă 2003-2004

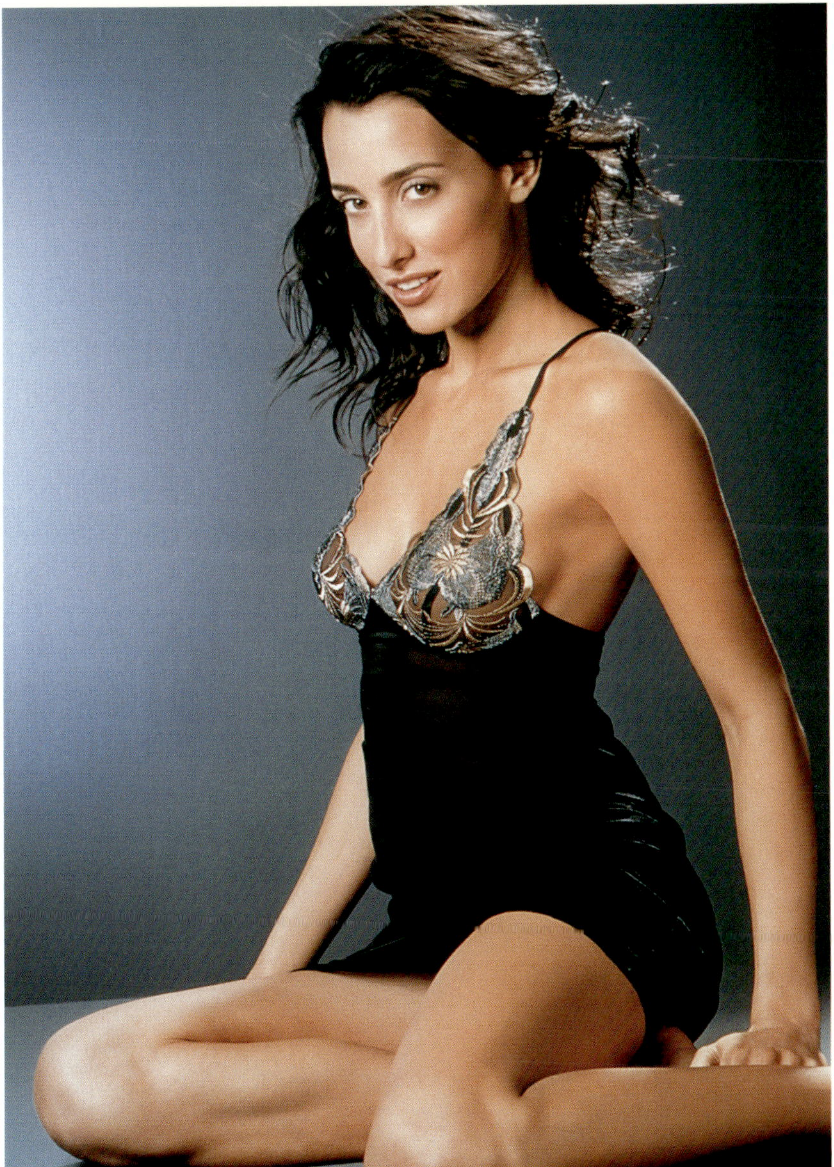

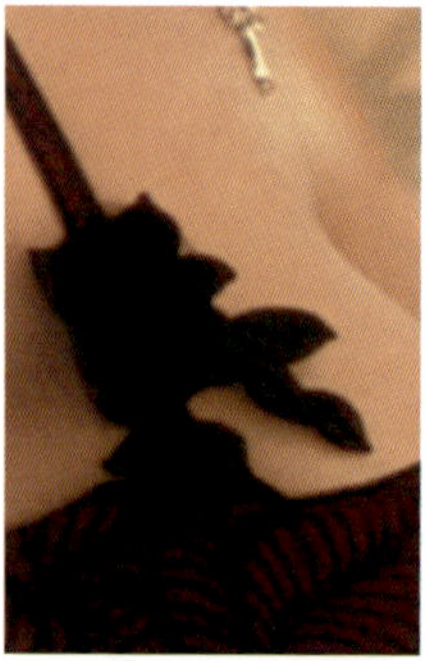

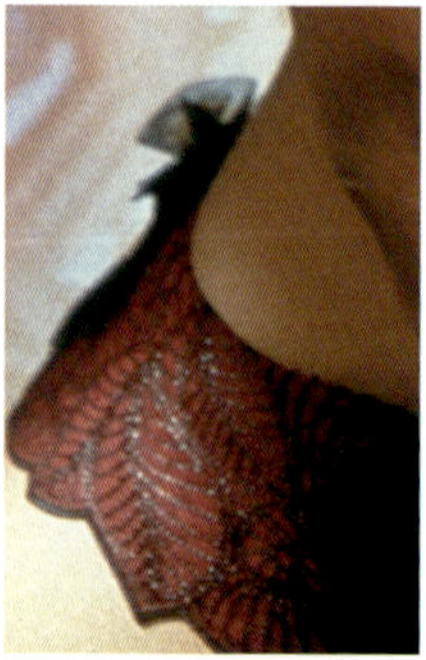

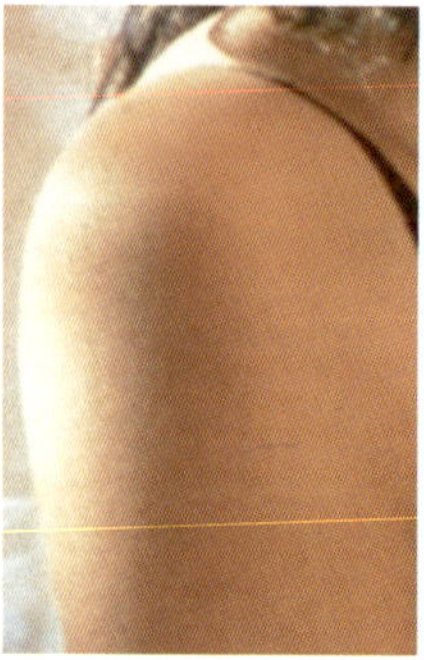

Nailonul a fost creat de Du Pont de Nemours, Inc. Cercetările au început în 1927 şi au fost încheiate cu succesde către dr. Wallace H. Carothers şi echipa sa, în 1937. Primii ciorapi de nailon au fost prezentați la Expoziția Internațională de la New York în 1939, acelaşi an în care au intrat pe piață. Nailonul a ajuns în Marea Britanie în 1940 şi a fost distribuit de British Nylon Spinners Ltd. Din 1947, nailonul a fost folosit pe scară largă, oferind rezultate care înainte se obțineau numai cu materiale scumpe.

Bustier cu bretele detaşabile

Ravage
Toamnă/Iarnă 2003-2004

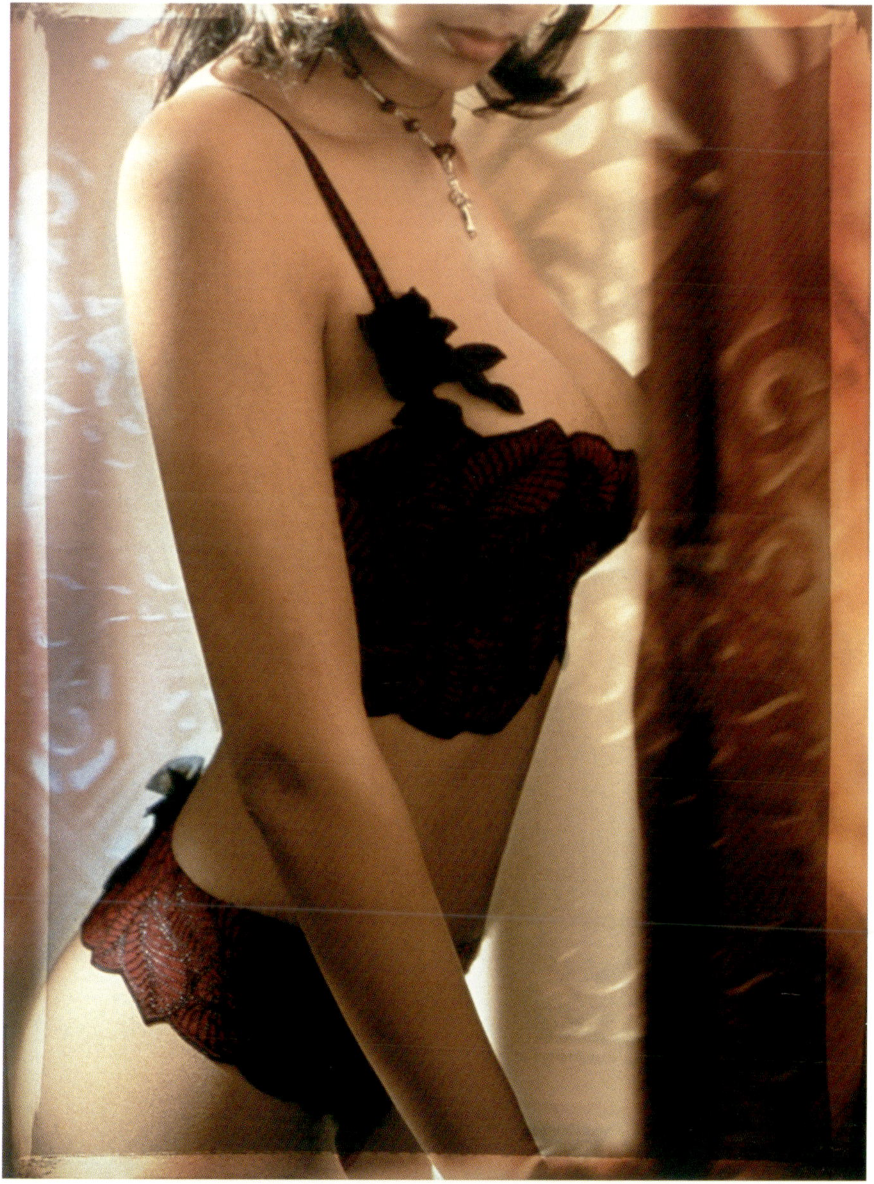

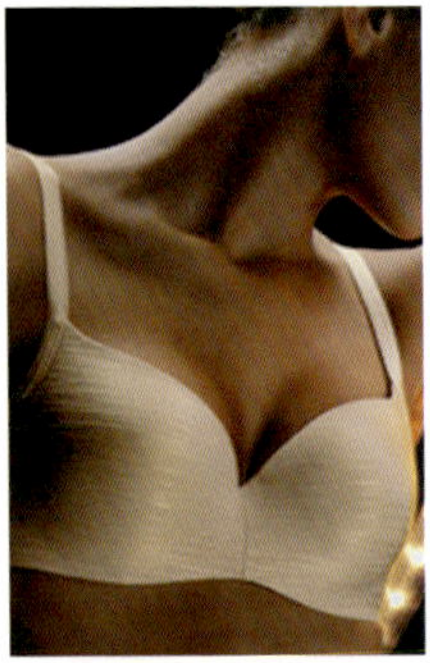

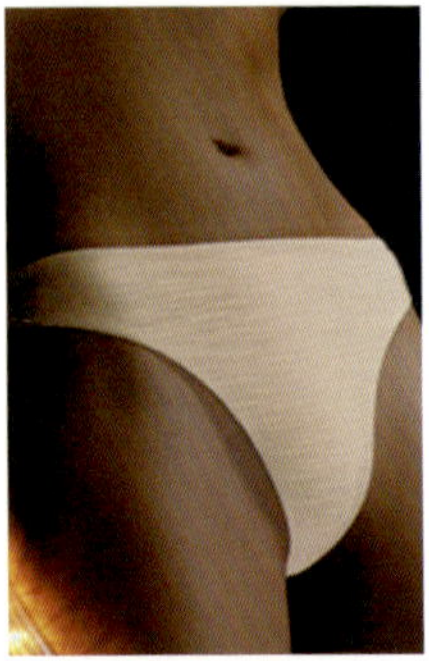

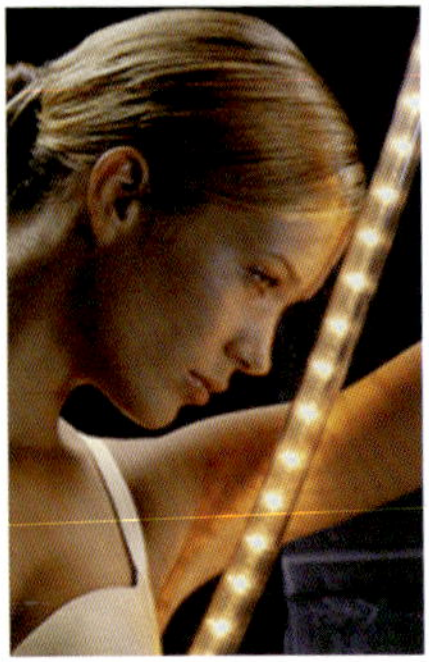

## Pijama

Termenul de pijama provine din cuvântu hindus *pay-jamah*, care înseamnă „îmbrăcăminte pentru picioare". Pijamaua este largă, uşoară, formată din bluză şi pantaloni, şi e purtată noaptea. Pijamaua a fost folosită de ambele sexe încă din 1920, când femeile au adoptat o versiune cu un design şi culori mai feminine.

Compleu „Attitude"

Chantelle, Toamnă/Iarnă 2003

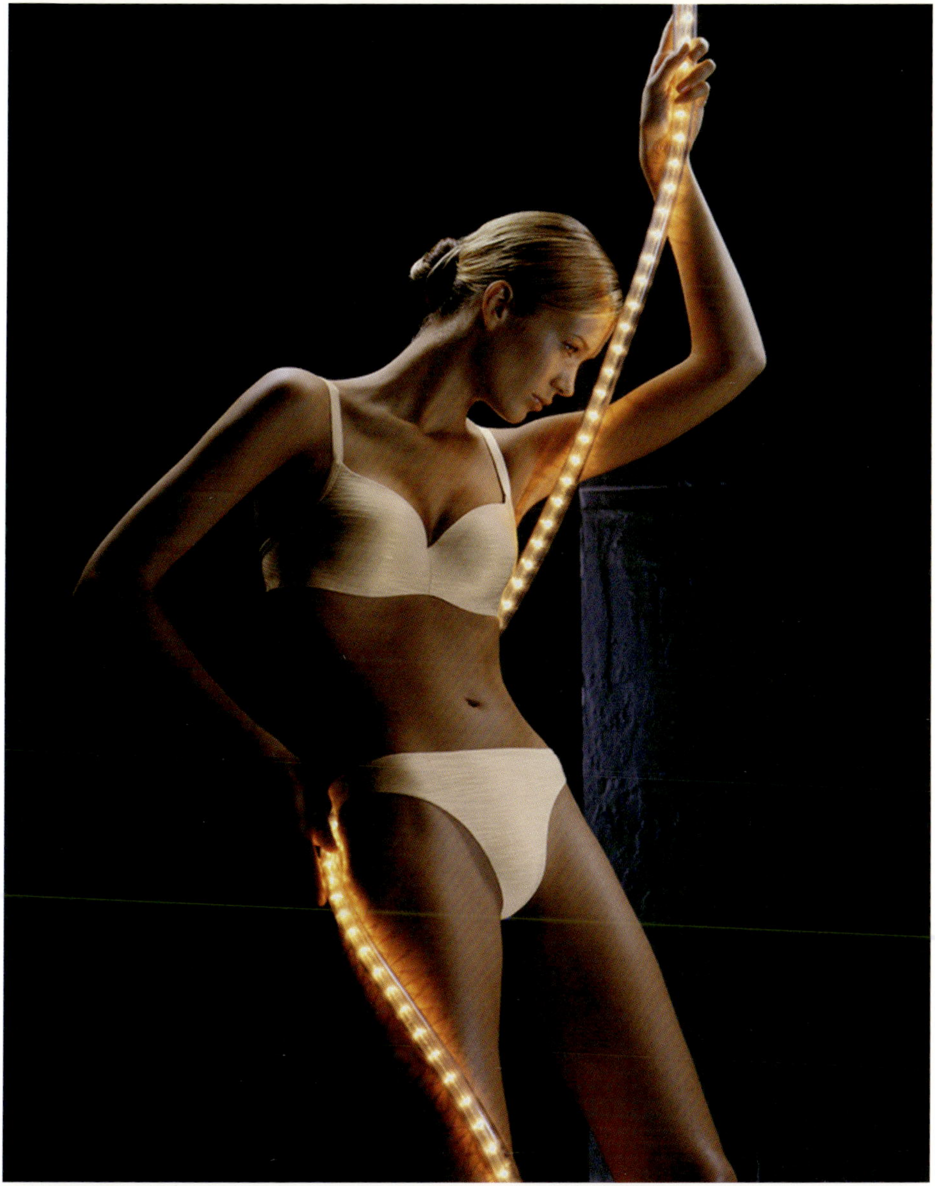

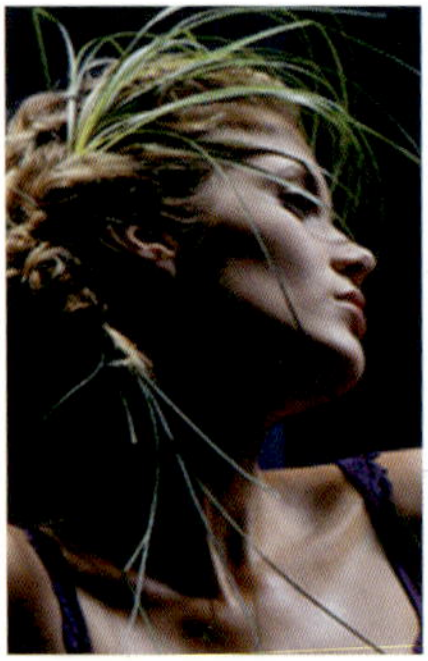

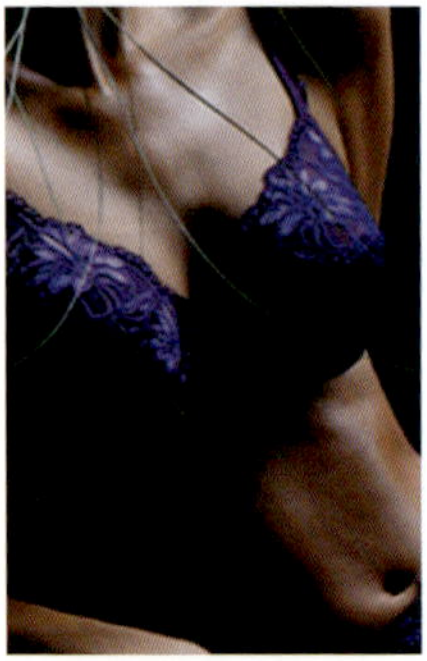

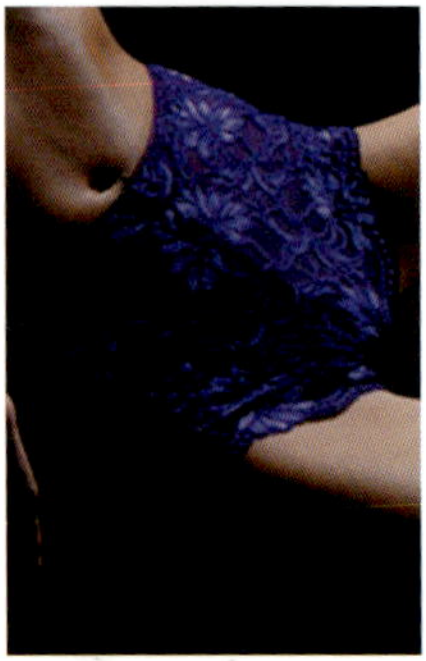

## Panier (cerc)

Structură specială, întărită cu o armătură rigidă, folosită pentru a da volum unei rochii sau fuste. A avut diferite forme – rotunde, ovale, etc.

Compleu „Tamarine"

Chantelle, Toamnă/Iarnă 2003

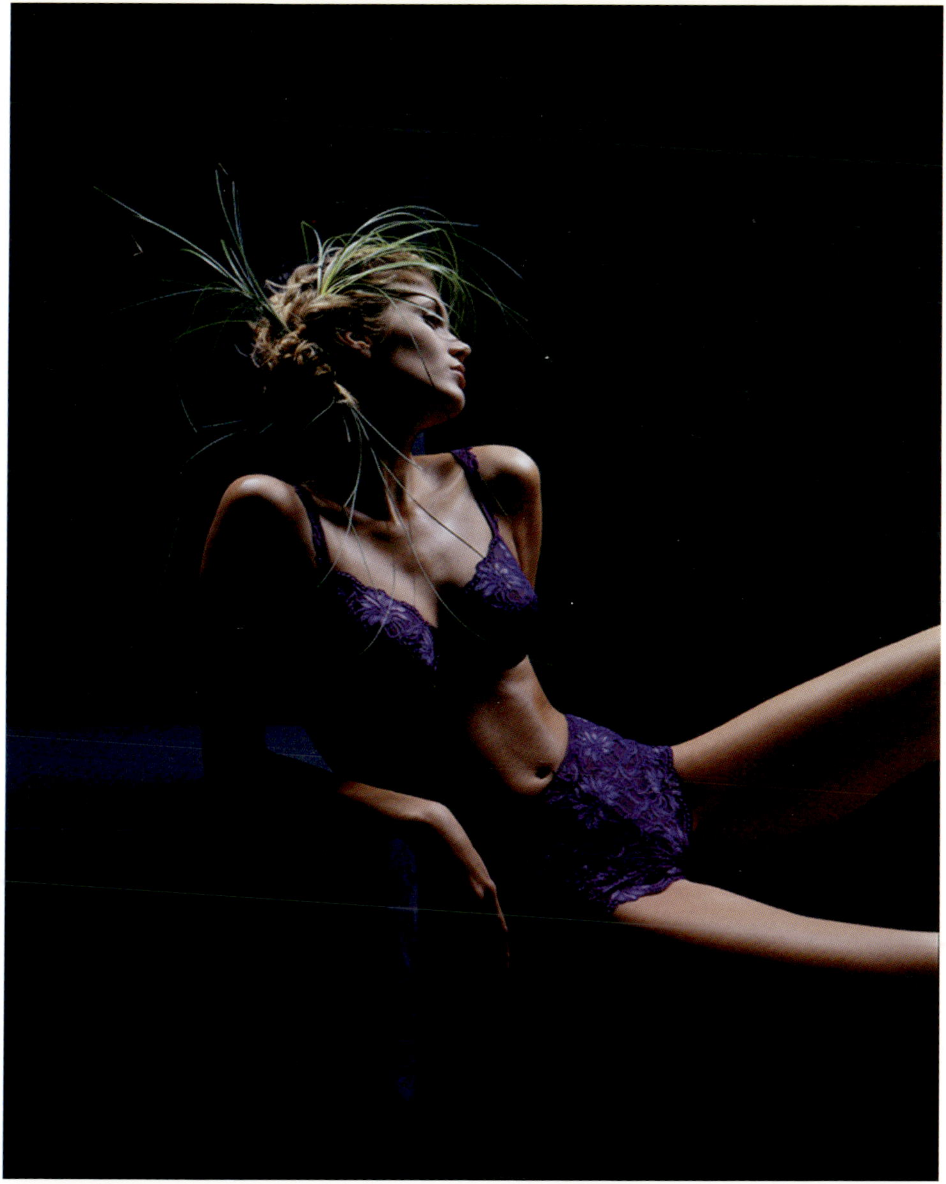

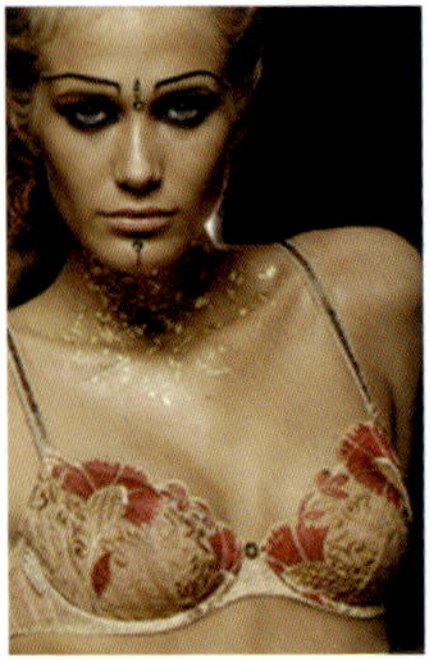

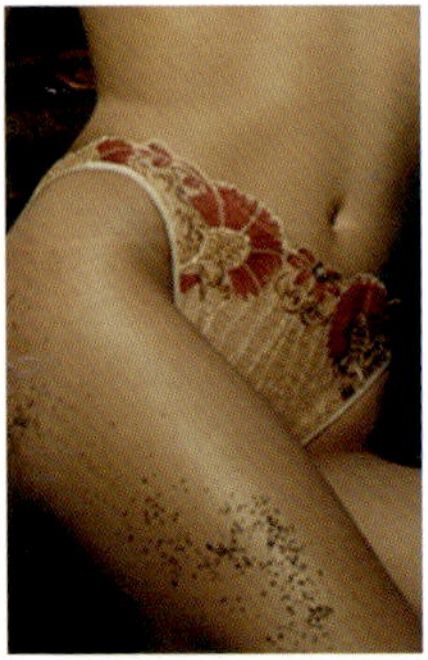

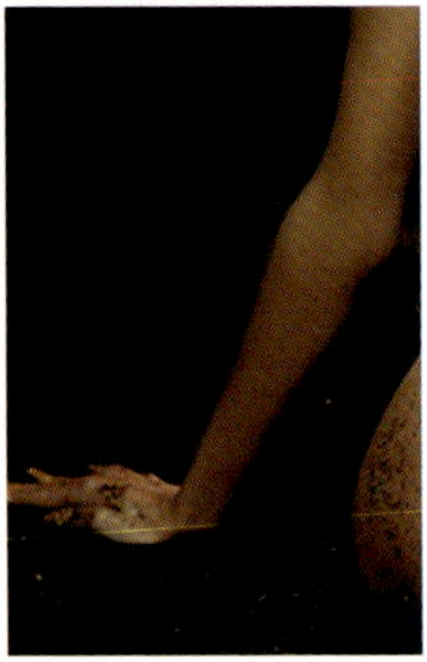

## Combinezon

Articol de lenjerie. La început combinezonul era o fustă scurtă, purtată sub alte fuste. La sfârşitul secolului al XVIII-lea, combinezonul se referea la fusta de deasupra căreia se deschidea rochia. Pe la sfârşitul secolului al XIX-lea, termenul a fost folosit pentru a desemna un articol intim. Puteau fi purtate mai multe combinezoane, unul peste altul. La început erau fabricate din in, apoi din bumbac sau mătase. Combinezonul era purtat sub panier sau crinolină. În secolul XX, a fost folosit pentru a da volum fustei.

Compleu „Yasmine"

Chantelle, Toamnă/ Iarnă 2003
Sutien şi chiloţi

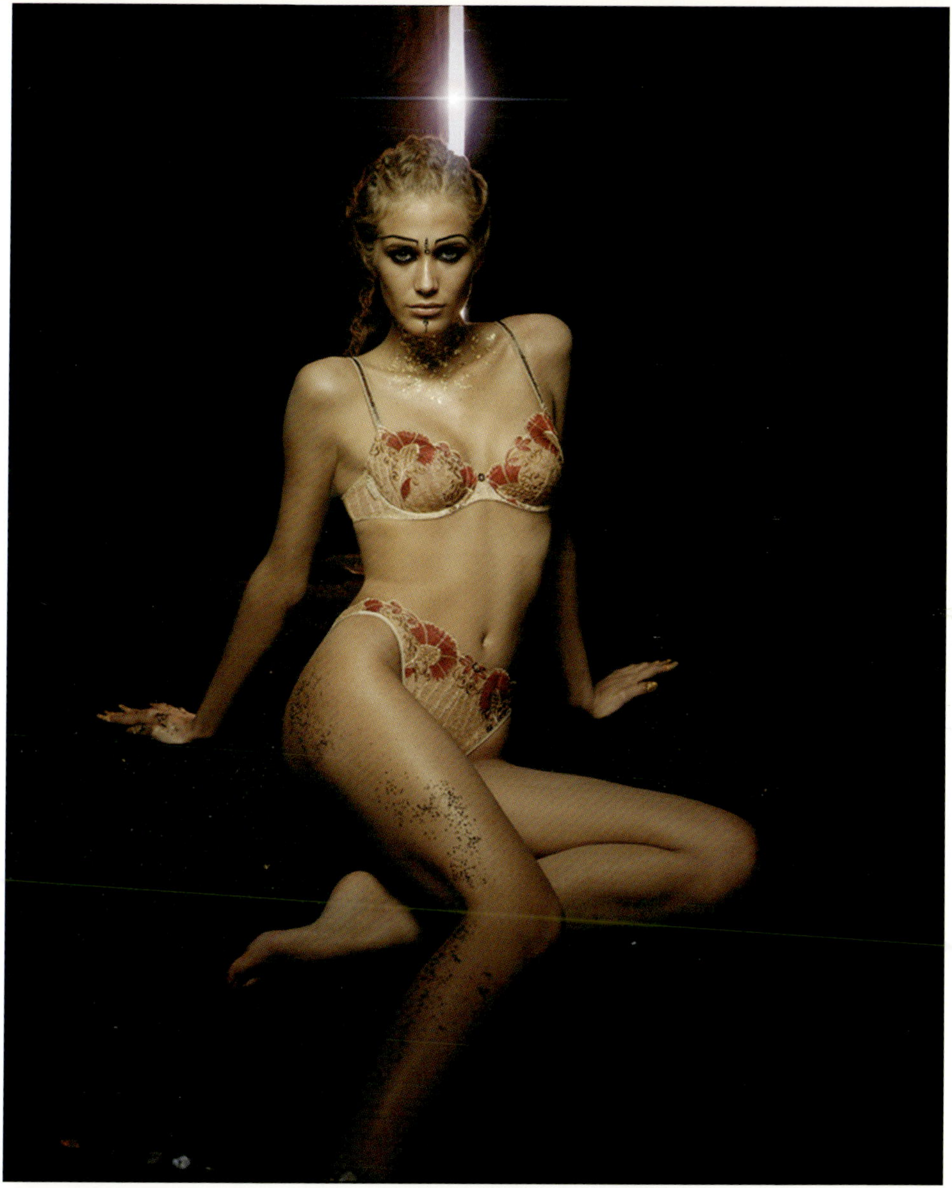

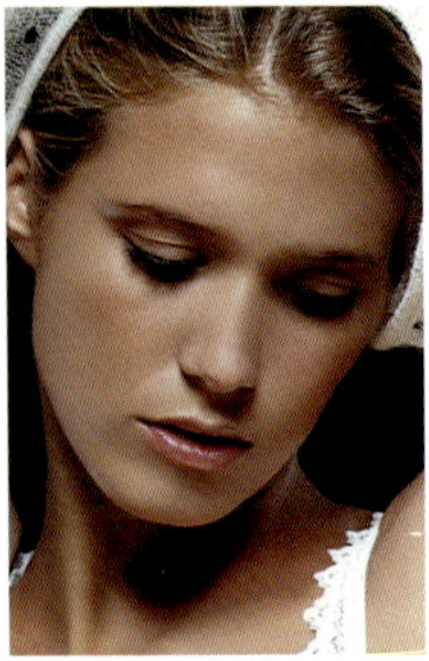

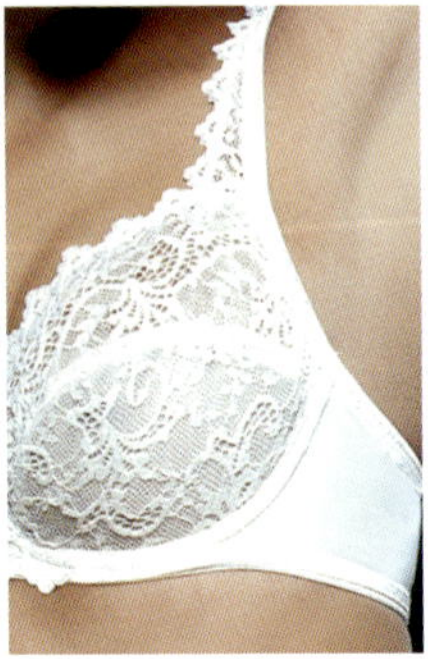

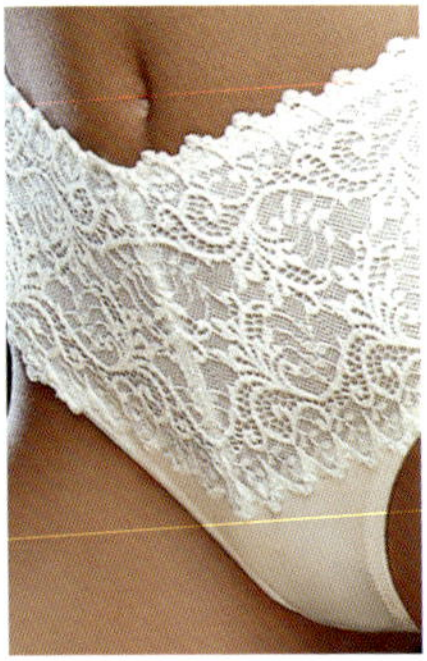

## Tesătură simplă (Tesătură tafta)

Este o țesătură cu structură simplă, în care firele de umplutură alternează sub sau peste urzeală. La fiecare împunsătură, un fir de este succesiv trecut pe dedesubt sau pe deasupra. De aceea, ambele fețe sunt identice. Orice material poate fi țesut în acest fel: inul, bumbacul, mătasea, fibrele sintetice.

## Poplin

Un material cu urzeală de mătase şi țesătură de lână.

Compleu „Volupté"

Chantelle, Toamnă/Iarnă 2003
Sutien şi chiloți

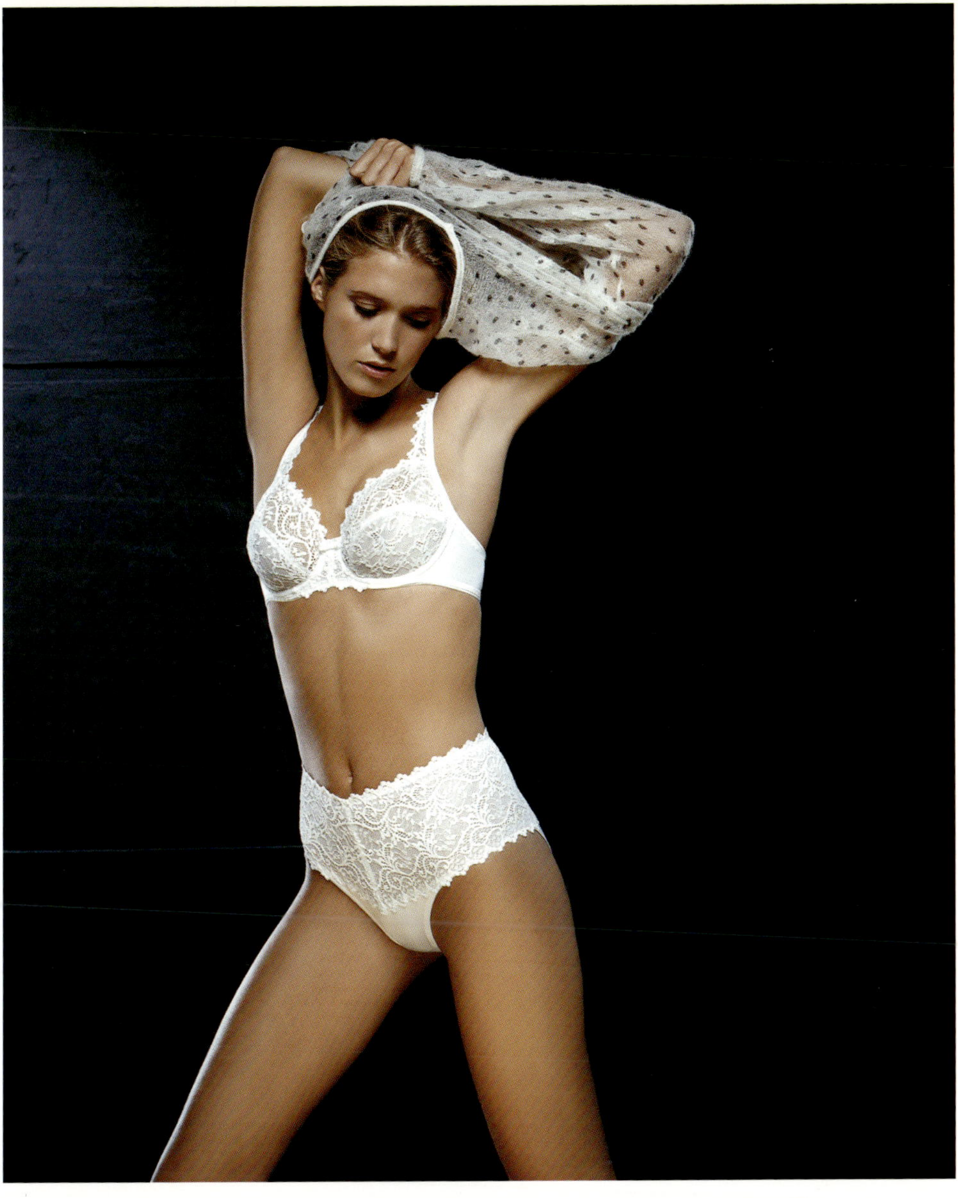

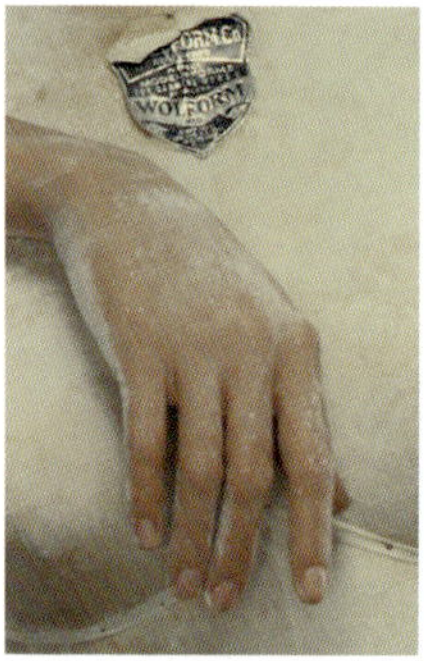

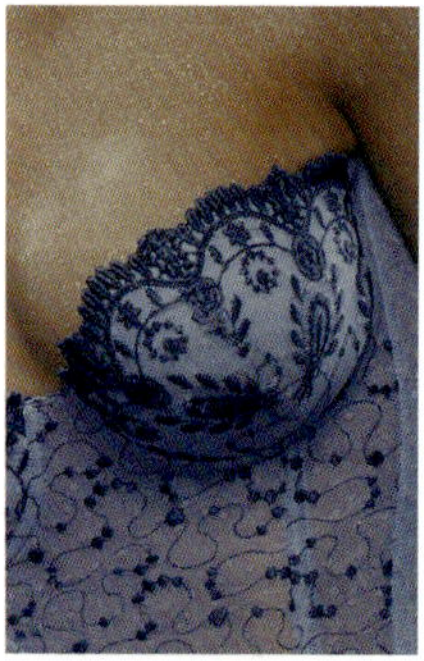

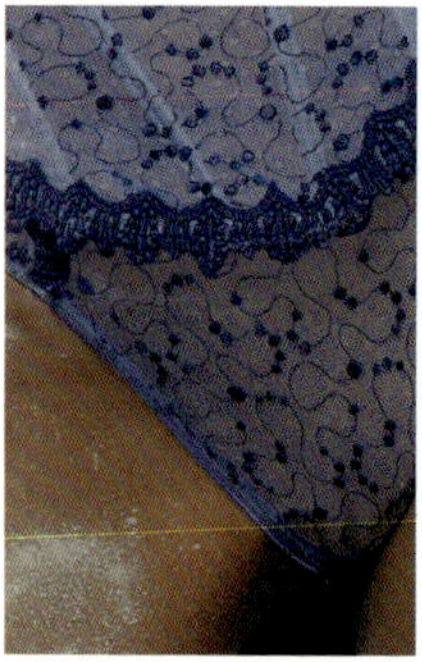

## Mătase artificială, viscoză

Numele ei francez (rayon) vine de la cuvântul „rază", datorită luciului ei. Este produsă din fibre artificale, care formează un filament lung.

Compleu „Maestria"

---

Chantelle, Toamnă/Iarnă 2003
Corset şi chilot

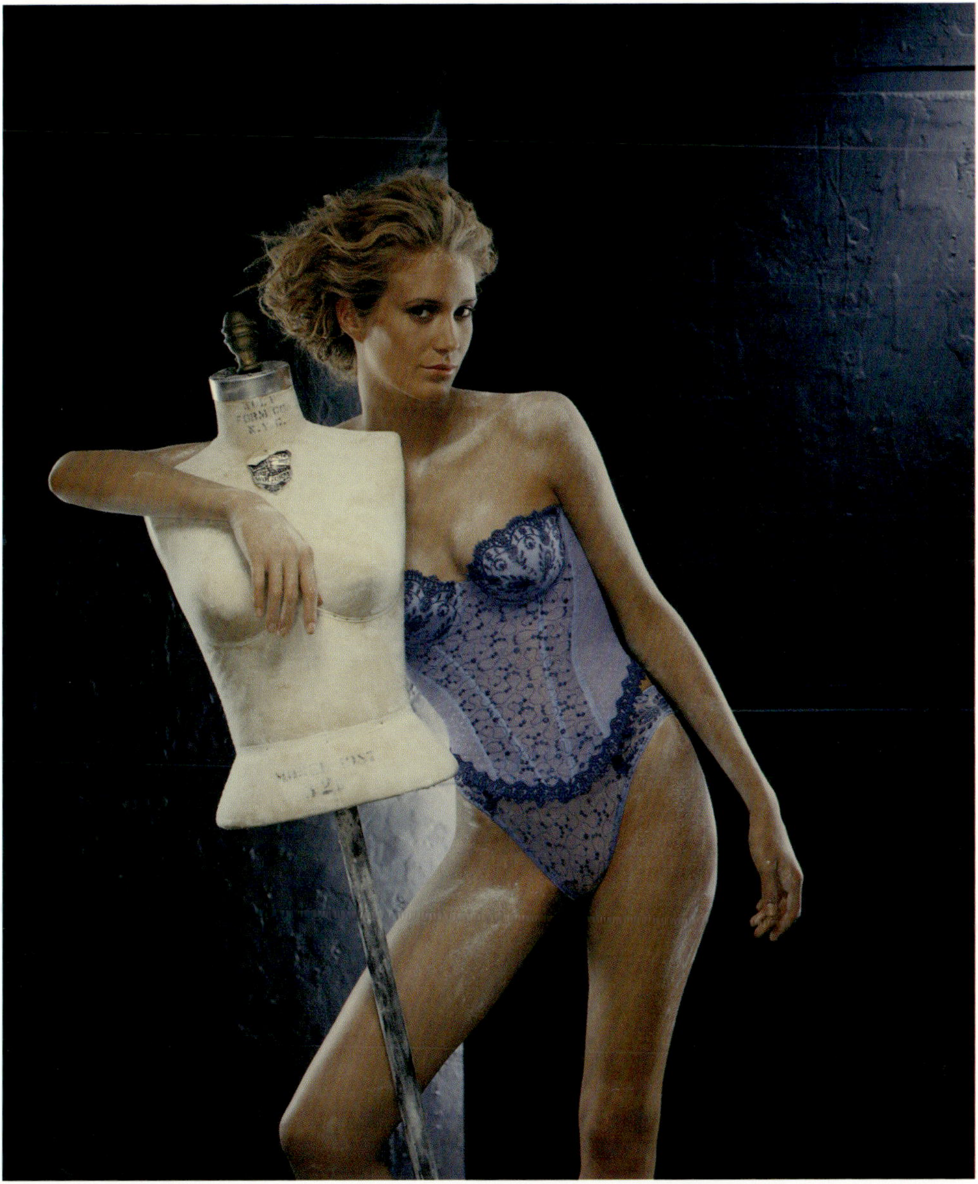

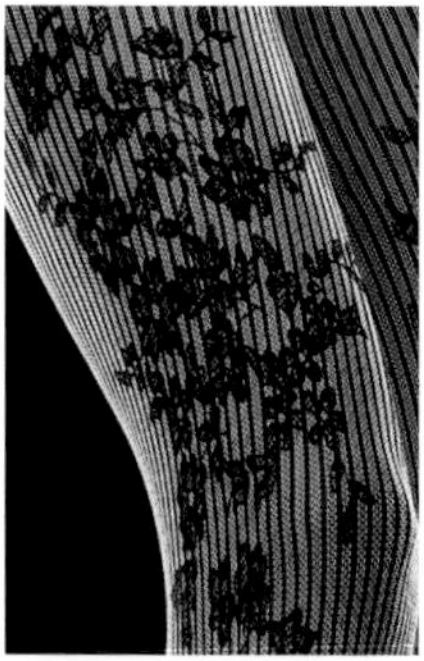

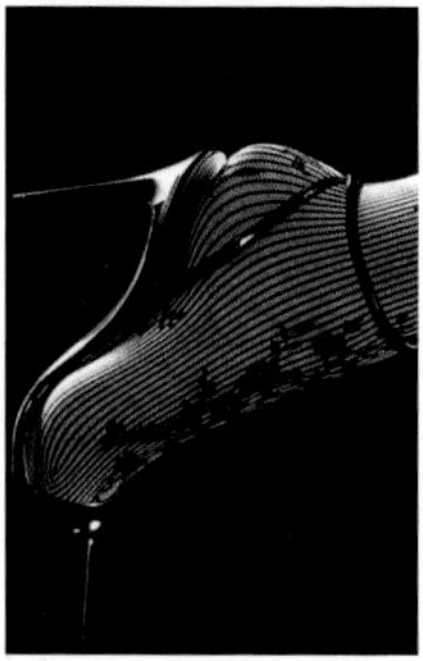

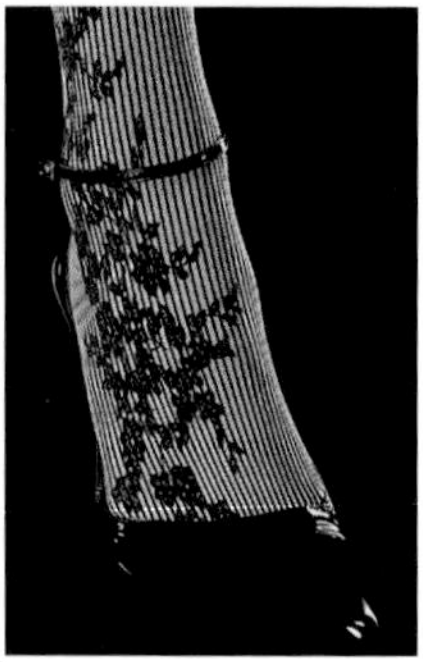

În 1883, Joseph Swan încerca să creeze un filament din carbon pentru becuri, iar soția sa s-a gândit să folosească fibrele de carbon ca să croșeteze diferite articole. Mai târziu, trei chimiști, Crown, Bevan și Beadle au creat viscoza, iar licența a fost înregistrată în 1892.

## Ciorap-pantalon cu dungi

Chantal Thomass
Toamnă/Iarnă 2003

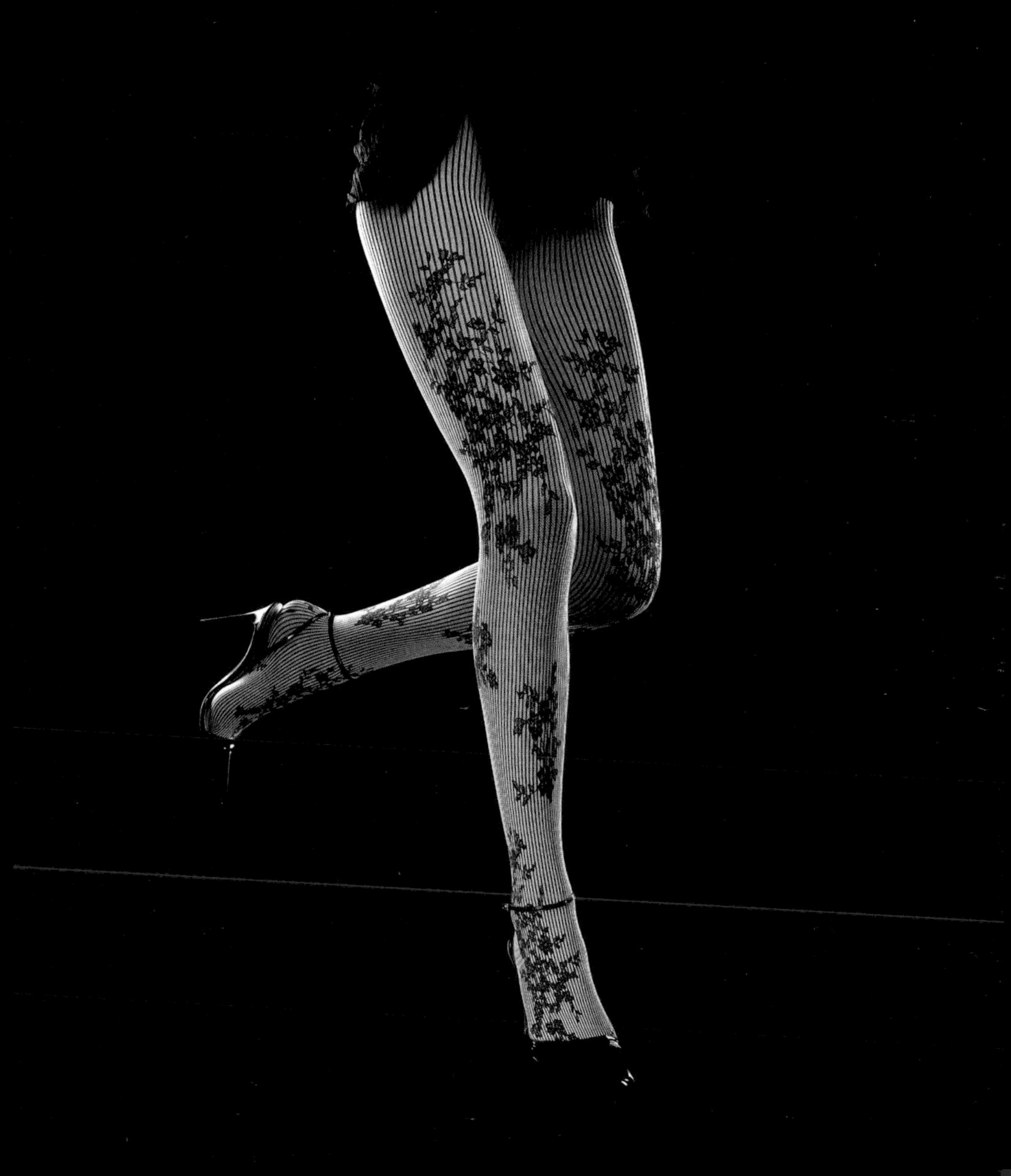

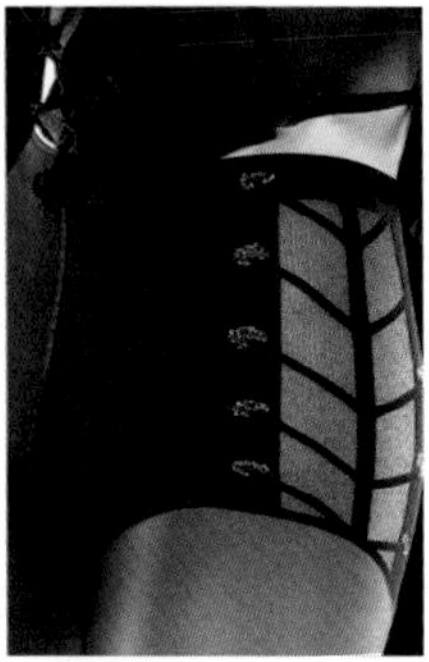

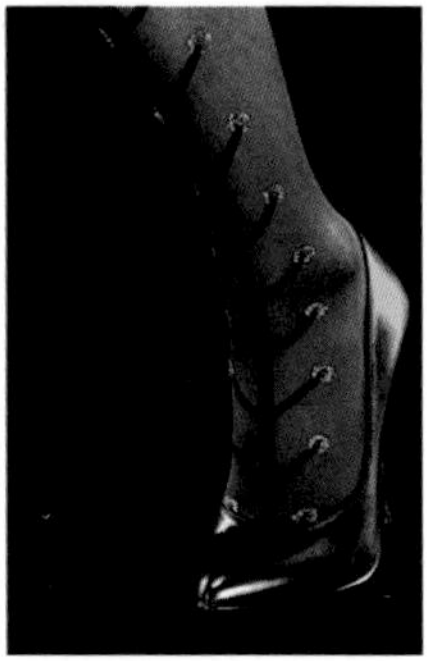

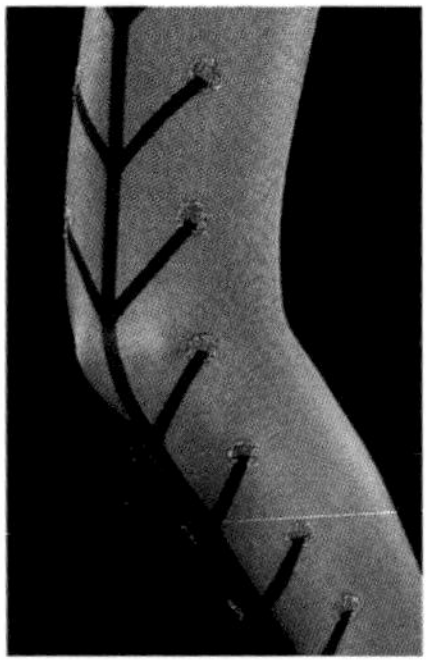

Producerea viscozei a început în Marea Britanie în 1905, în 1911 în SUA, mulțumită ajutorului oferit de Samuel Courtauld. Dreyfus a pus la punct metoda de a obține mătase artificială (viscoză) din acetat, metodă pe care britanicul Celanese o studia din 1911. Totuşi, mătasea artificială nu a fost folosită decât după 1920.

Ciorap-pantalon cu dungi

Chantal Thomass
Toamnă/Iarnă 2003

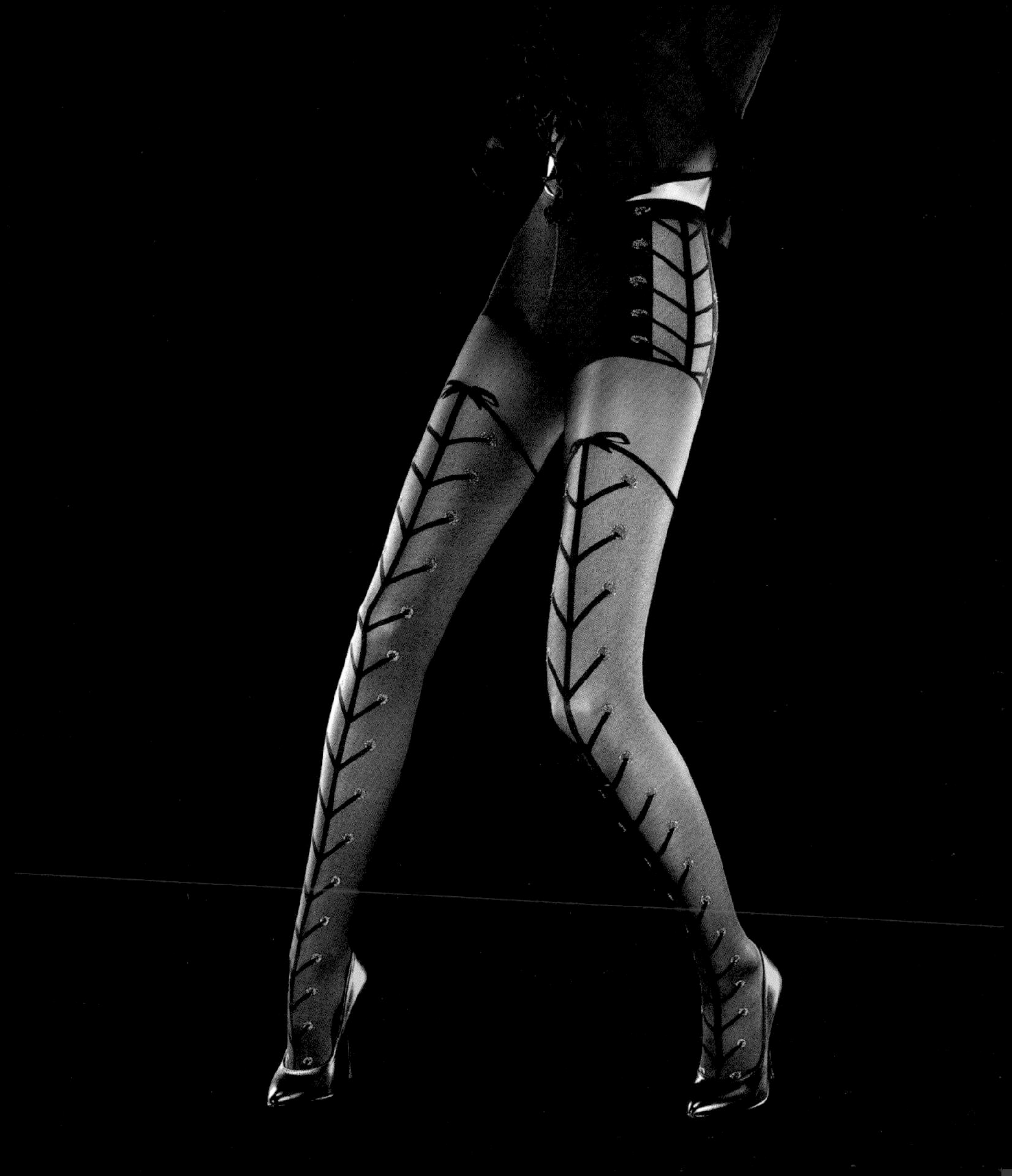

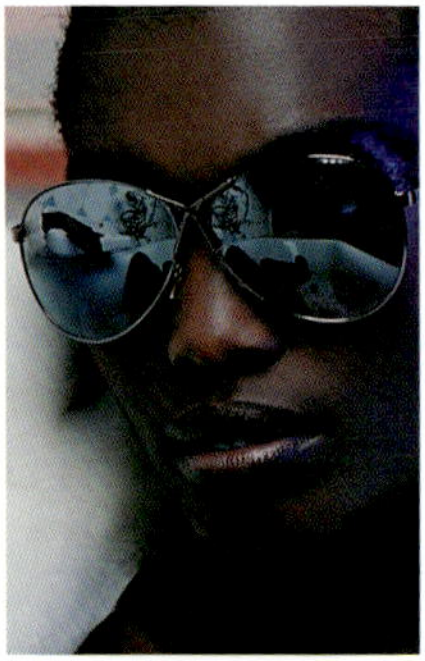
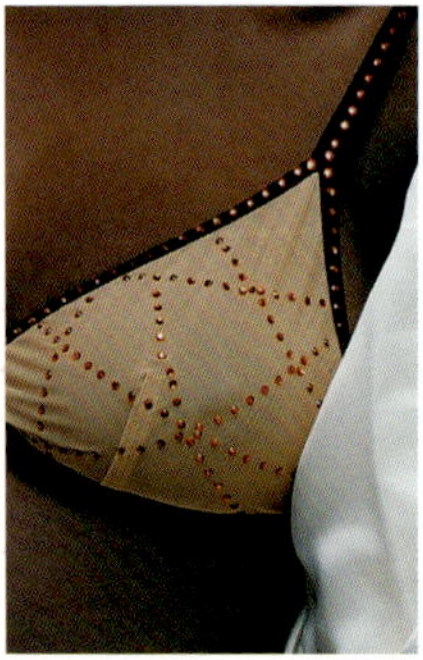
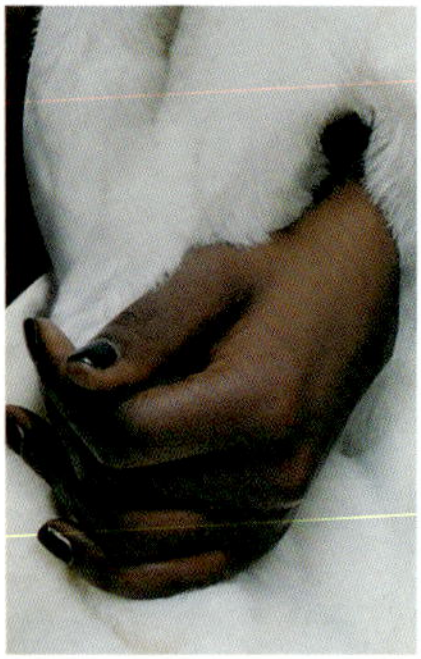

## Panglică

Fâşie îngustă de material, folosită ca ornament. Panglicile pot fi din bumbac, mătase sau lână.

## Satin

Într-o ţesătură de satin, firul de umplere se suprapune peste mai multe fire din ţesătură, de obicei un număr fix. Acest aranjament intersectat împiedică formarea de adâncituri şi oferă ţesăturii un aspect fin şi lucios.

### Modelul „Crystal"

Yael Landman
Toamnă/Iarnă 2003

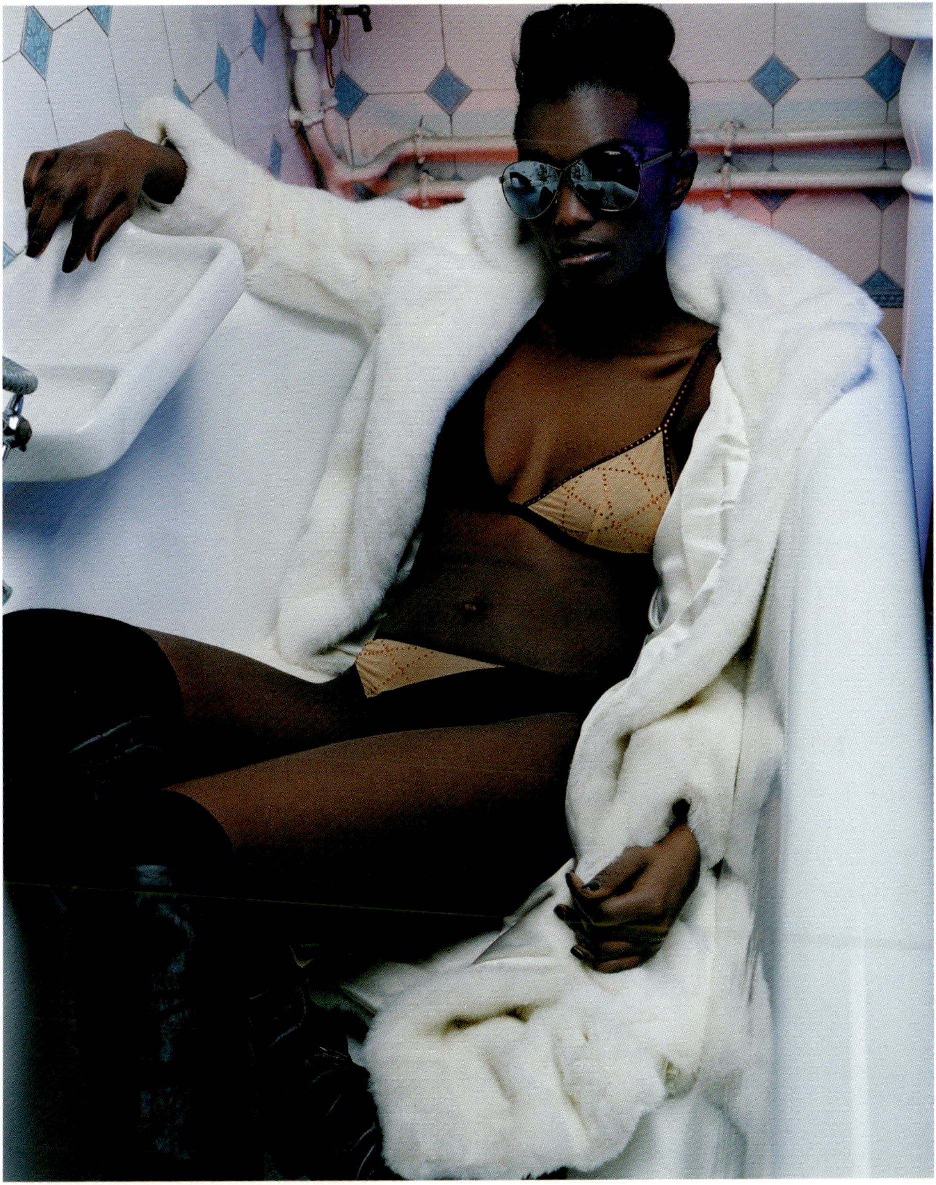

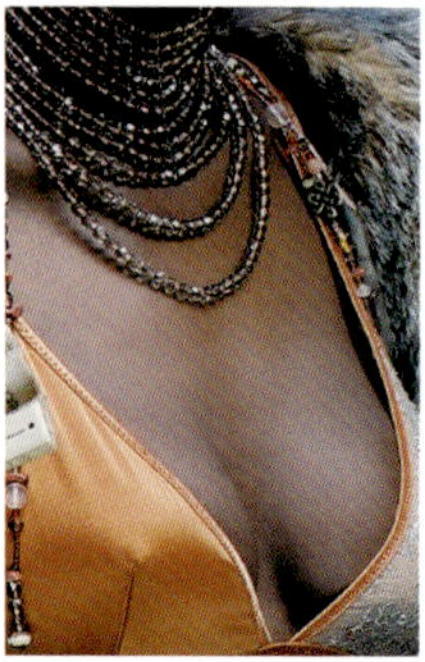

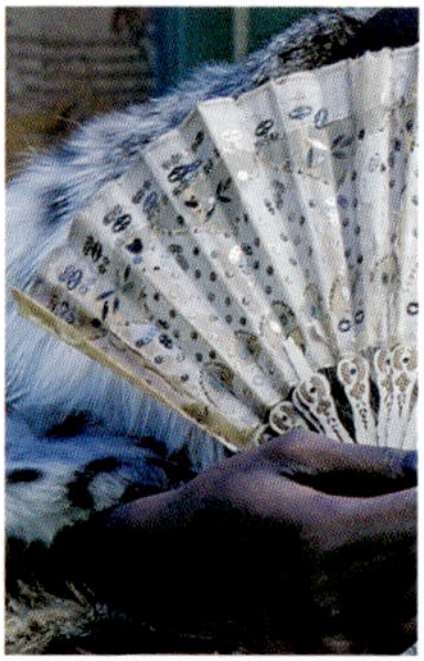

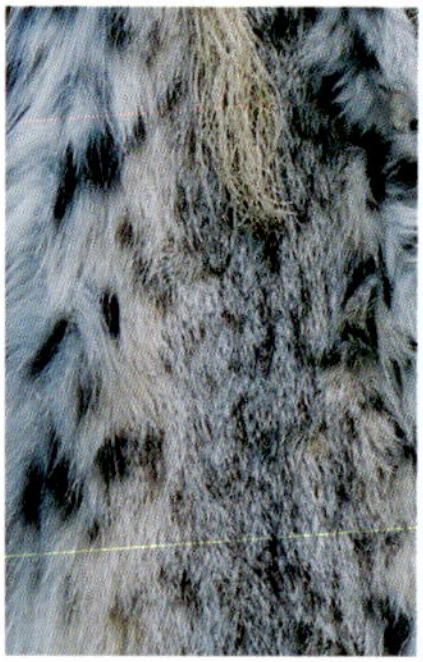

Efectul obținut este de aceea diferit pe cele două părți. Dacă, de exemplu, pe partea din față se sare peste cinci fire, atunci patru sunt acoperite, iar sub al cincilea se trece dedesubt, deci rămâne descoperit. Pe cealaltă față e evident invers. Pot fi țesături de satin cu 7 sau 8 salturi, fabricate după același principiu. Această țesătură este potrivită pentru mătase, viscoză, bumbac sau lână.

Model „Fever"

Yael Landman
Toamnă/Iarnă 2003

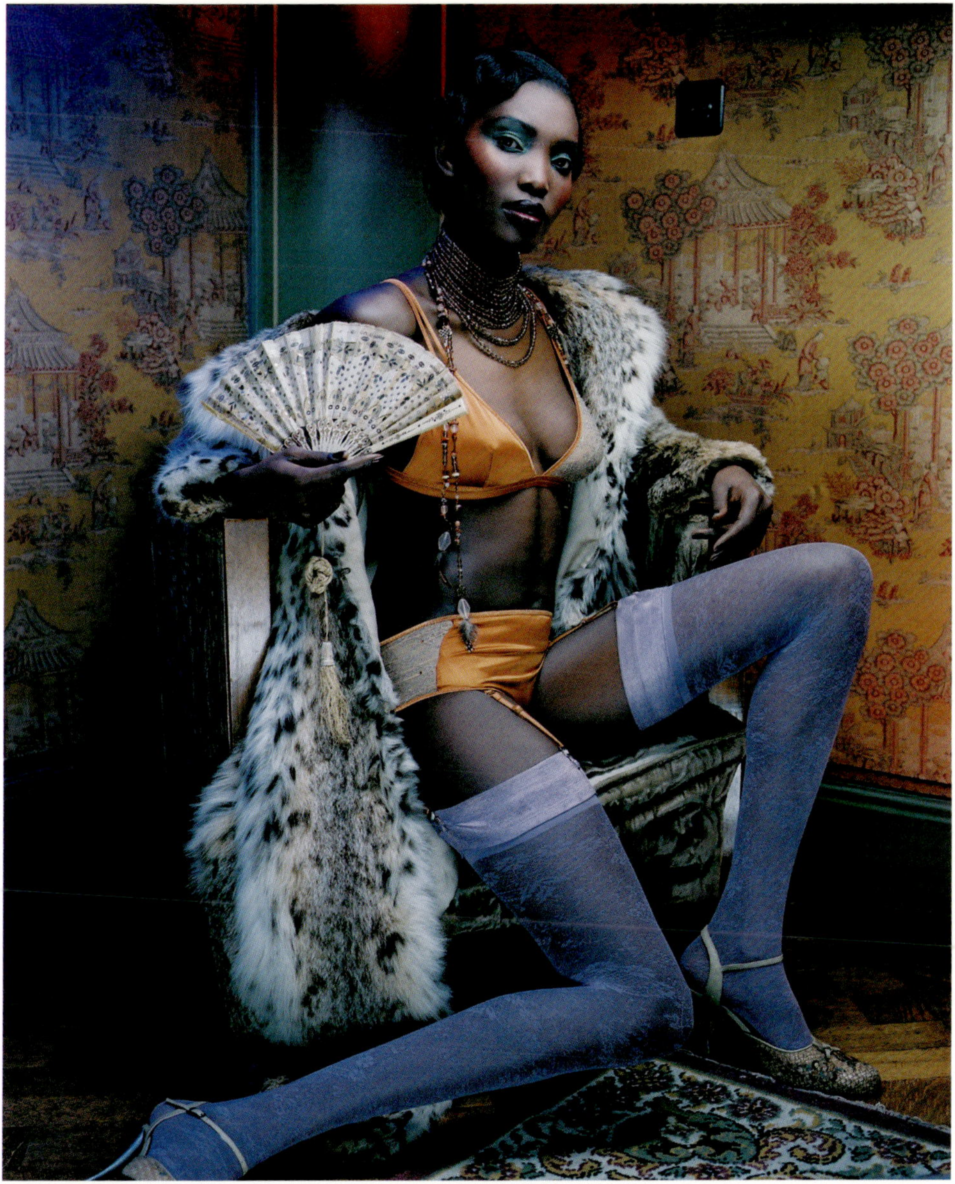

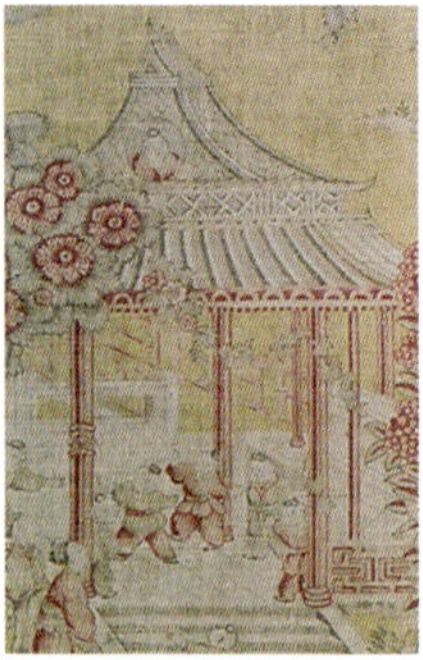

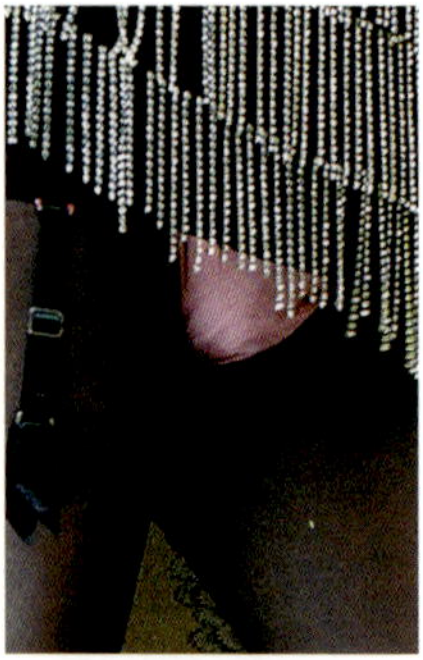

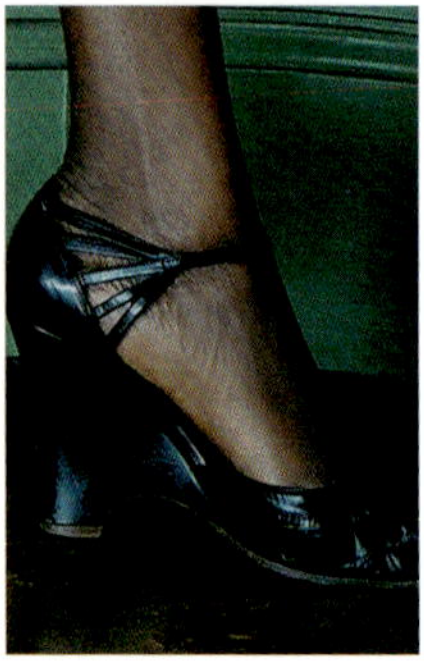

## Furou

Articol de lenjerie format dintr-o parte de sus, care de obicei are bretele, şi o parte de jos, care are forma unei fuste. Furoul este fabricat din bumbac, mătase, mătase artificiala sau nailon.

## Şosete

Articole de îmbrăcăminte făcute din materiale tricotate ce acoperă laba piciorului şi pot avea diferite lungimi. Sunt făcute din lână, bumbac, nailon sau combinații de materiale cu spandex.

Model „Funky"

Yael Landman
Toamnă/Iarnă 2003

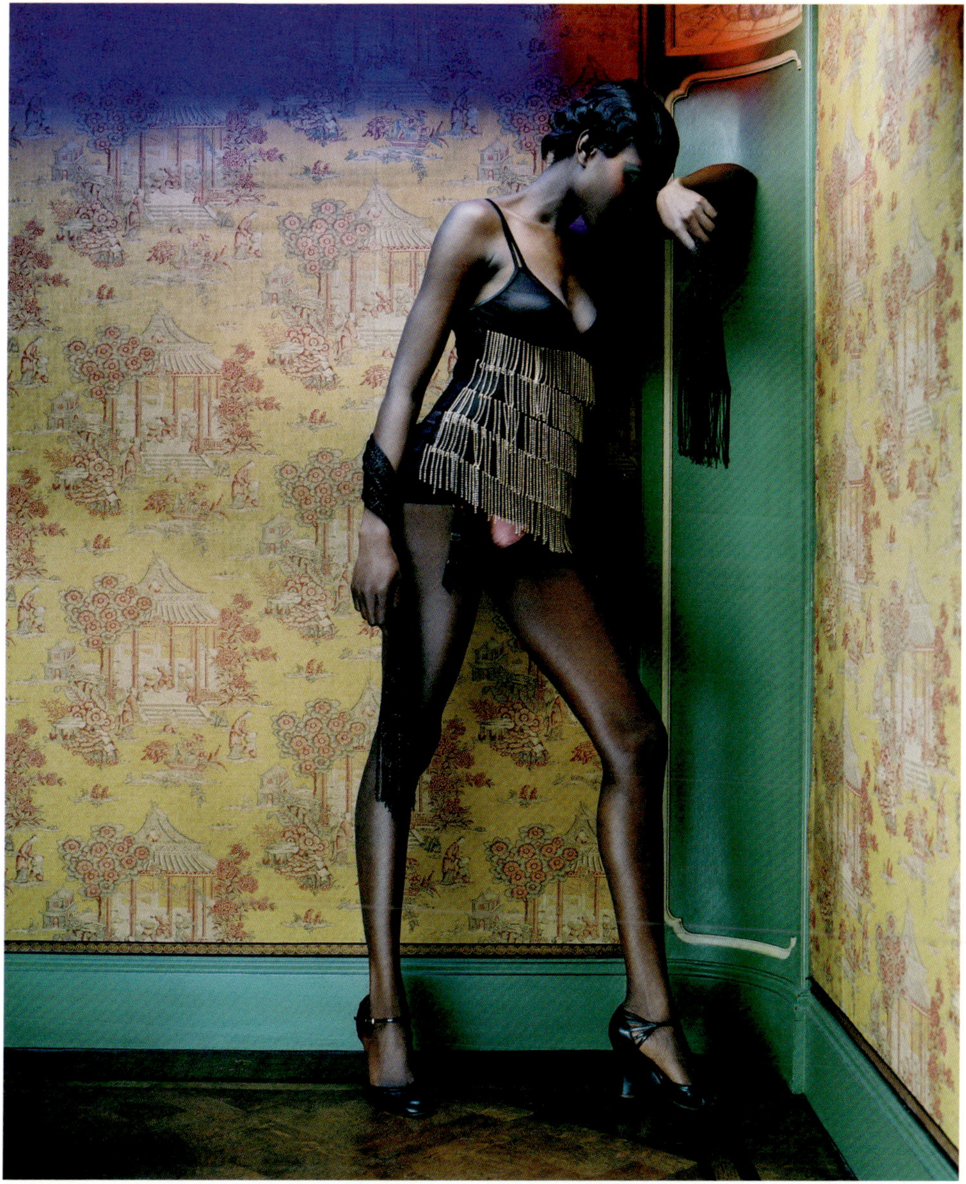

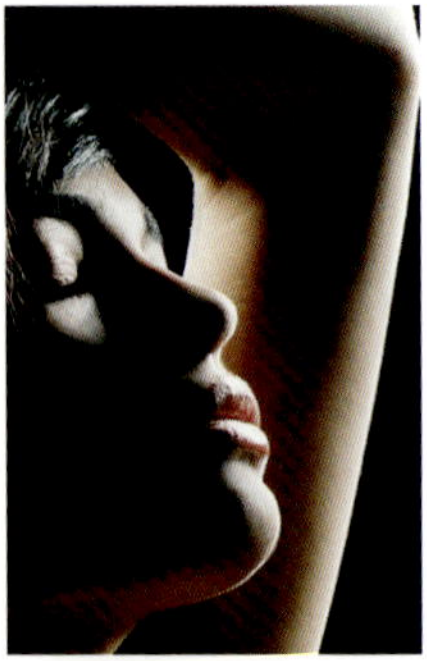

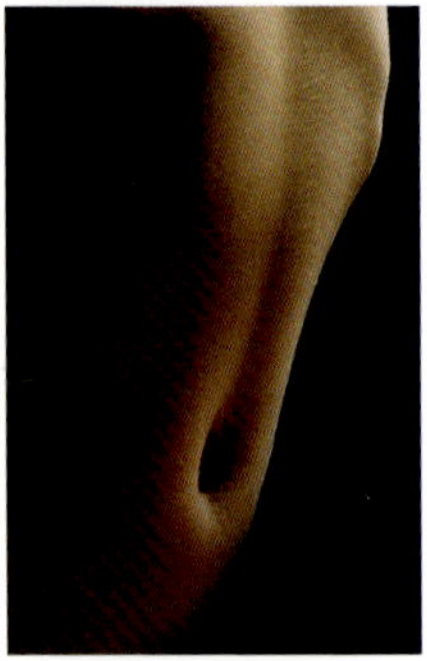

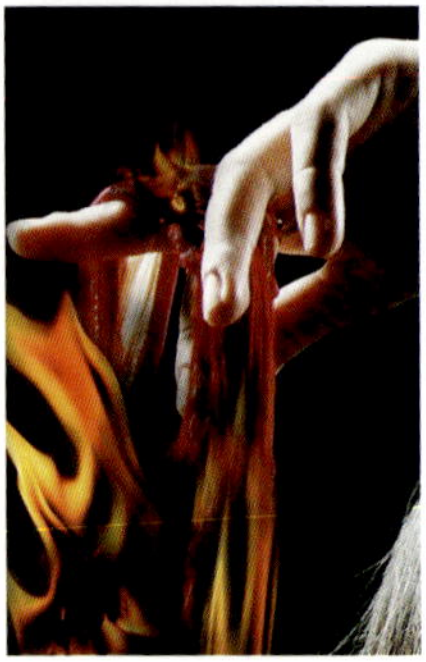

## Balenă

Lamelă flexibilă utilizată pentru susținerea pieselor de corsetărie. Balenele pot fi din os, corn, metal (în special oțel) sau plastic. Termenul francez pentru această întăritura este *baleine,* deoarece în acest scop au fost mult timp folosite fanoanele de balenă.

Model „Initials”

Yael Landman
Toamnă/Iarnă 2003

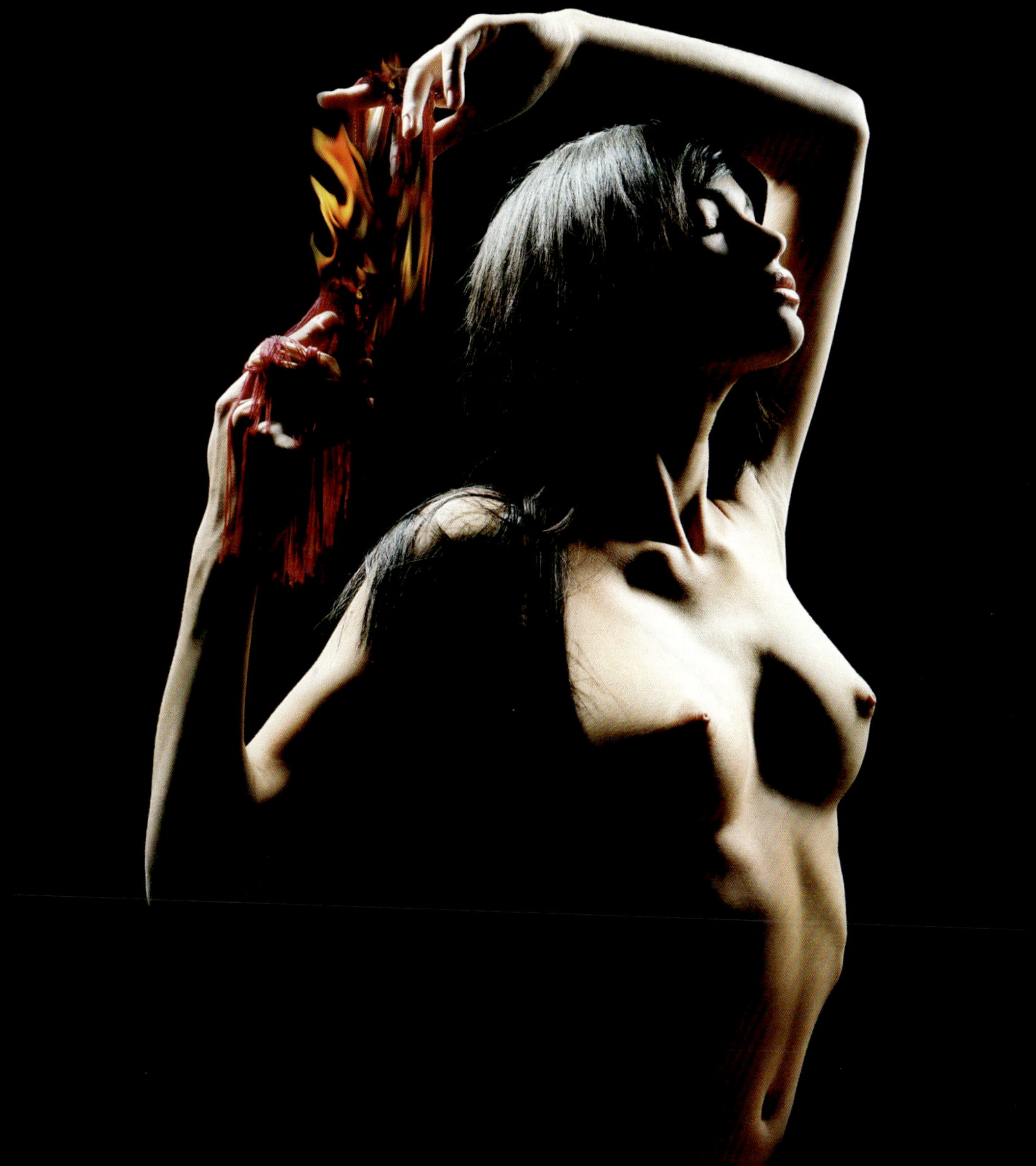

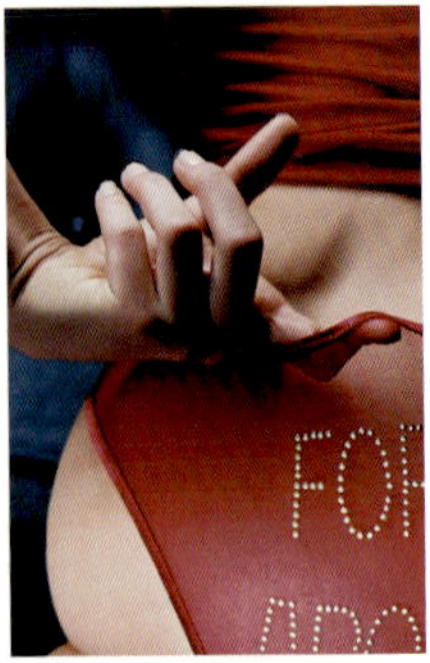

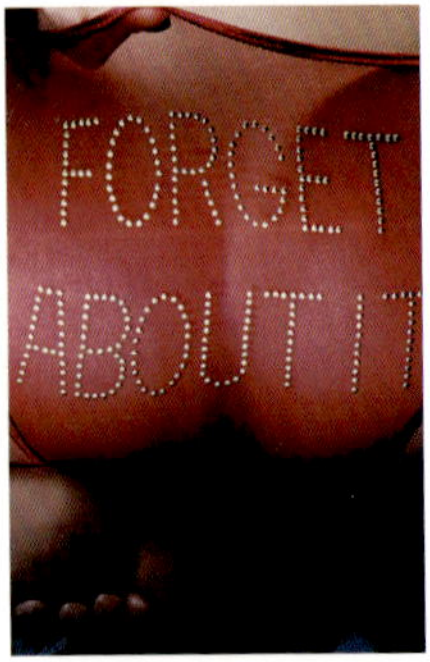



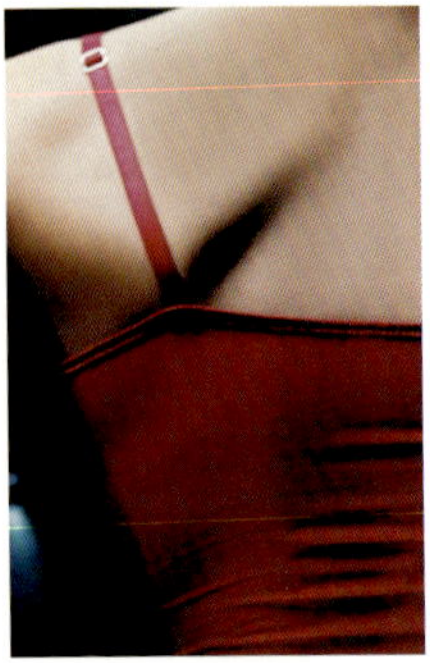

## Ciorapi

Termenul francez pentru ciorapi – *bas* – este prescurtarea de la *bas de chausse*, articol bărbătesc ce acoperea piciorul de la laba piciorului până la genunchi. Termenul mai înseamnă piesa de tricotaj care acoperă întreg piciorul. Mai precis, ciorapii feminini acoperă piciorul până sus spre coapsă. Pot fi din lână, bumbac, mătase sau mătase artificială.

Model „Michael"

---

Yael Landman
Toamnă/Iarnă 2003

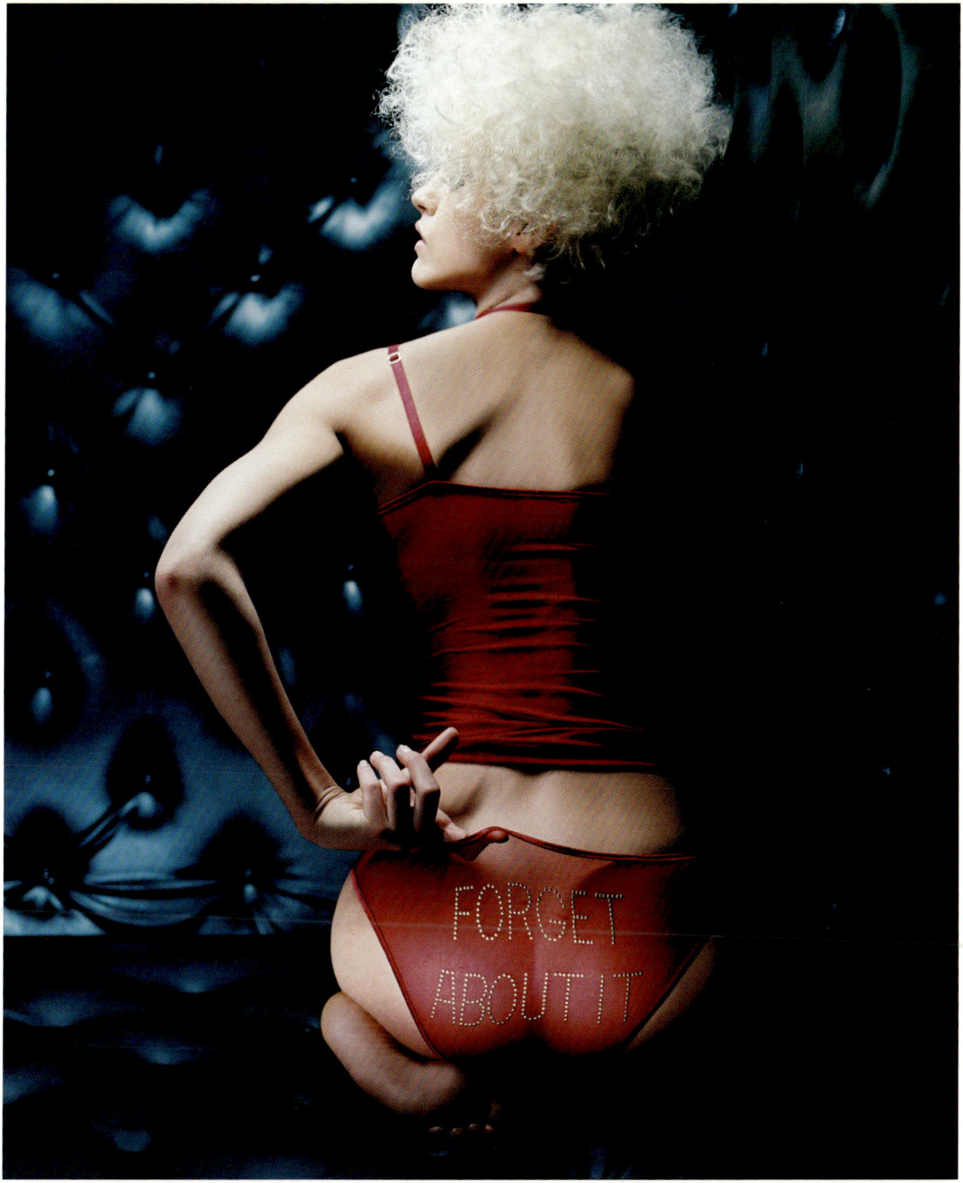
FORGET
ABOUT IT

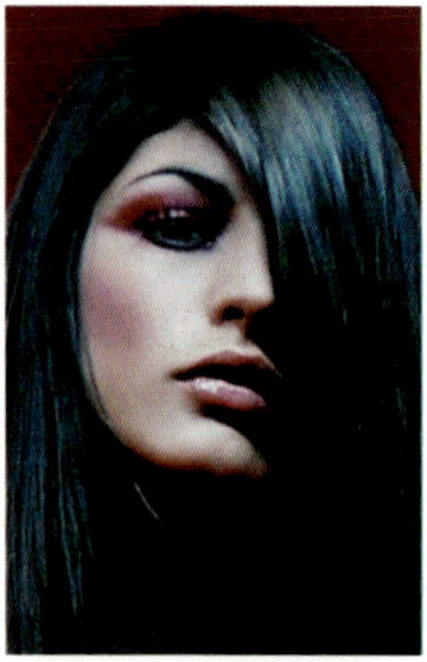

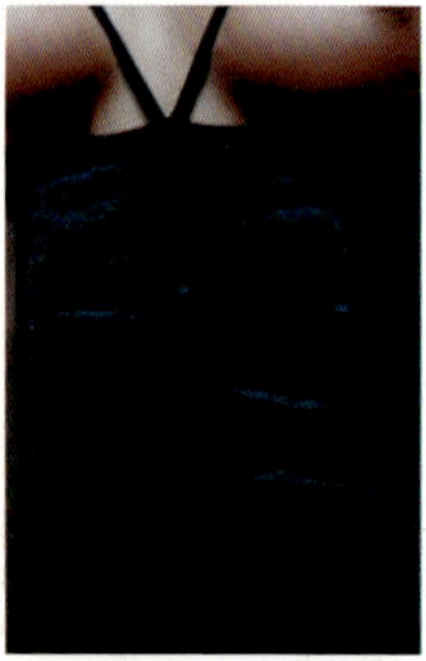

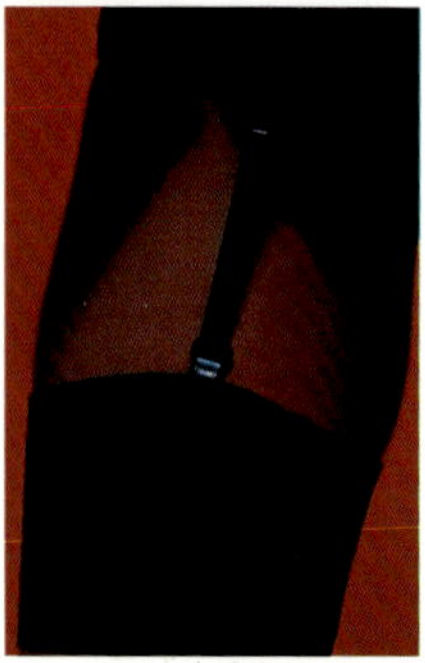

## String

Chilot minuscul făcut dintr-o bucată de material în față și un sistem de șnururi care lasă fesele vizible.

## Strophium

Strămoș antic al sutienului, strophium este o eșarfă rulată ca un cordon și petrecută în jurul bustului pentru a susține sânii.

Model „Santino"

Yael Landman
Toamnă/Iarnă 2003

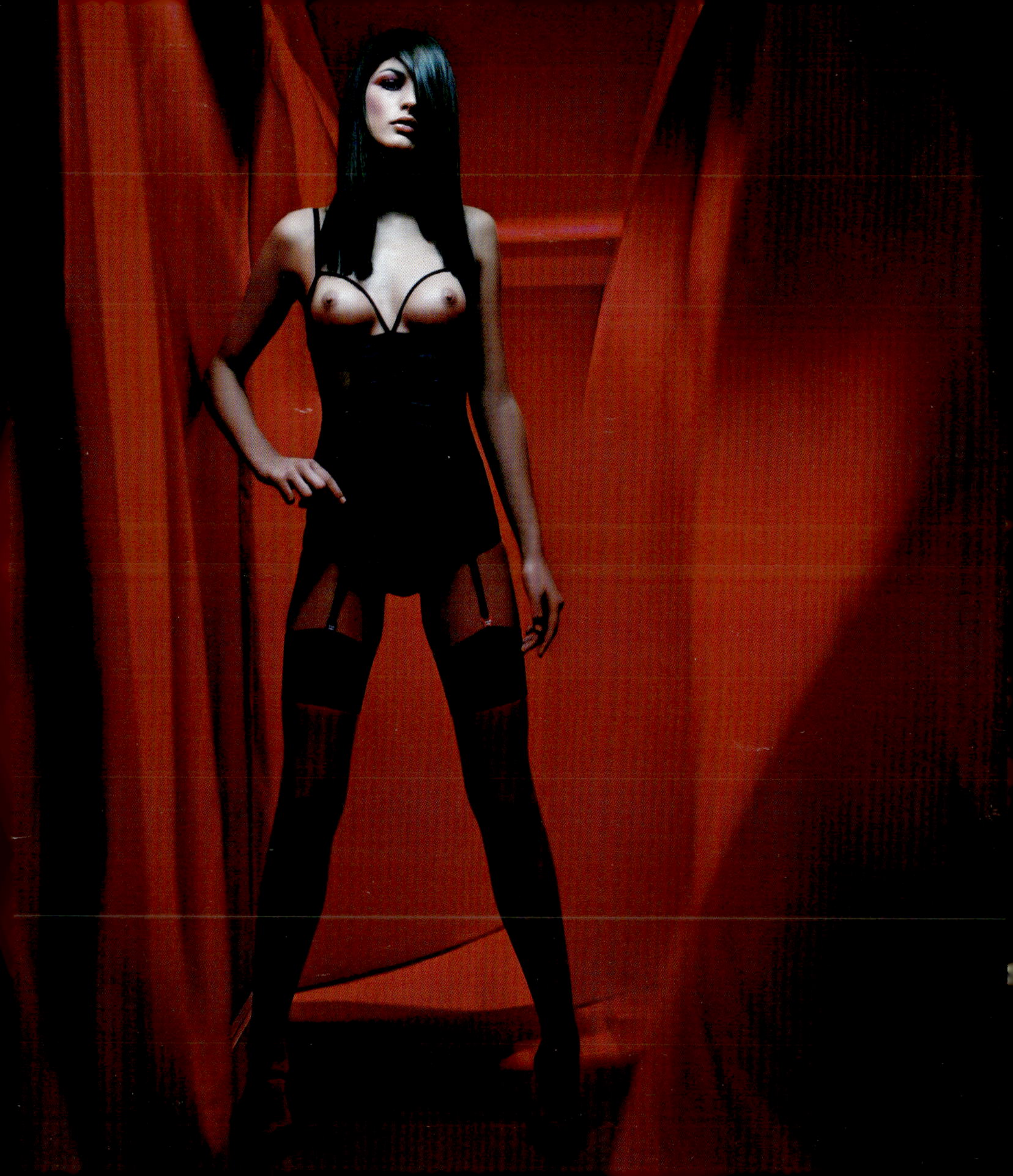

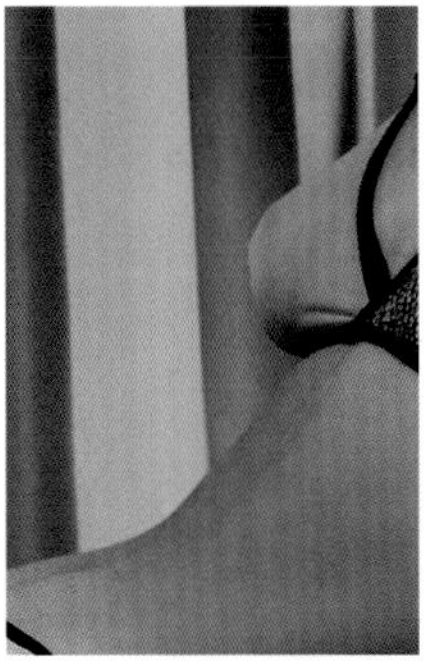

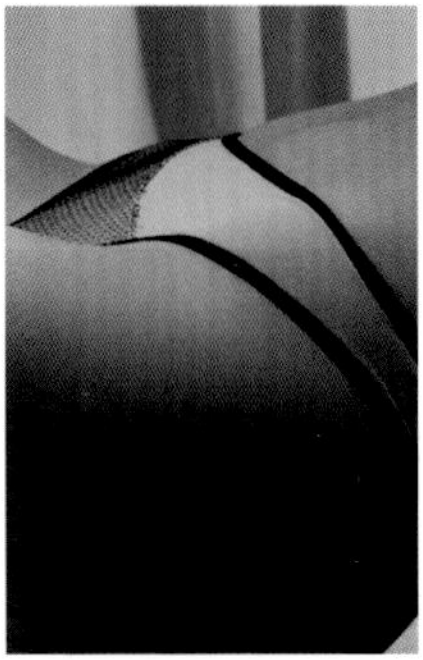

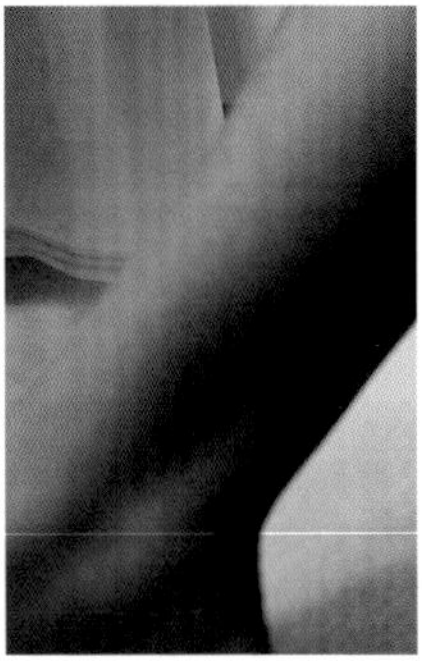

## Tafta

Un material din mătase cu o țesătură simplă, în cazul căreia se pot obține efecte scânteietoare folosind fire de ață diferit colorate, de unde şi expresia de tafta scânteietoare.

Model „Vito"

Yael Landman
Toamnă/Iarnă 2003

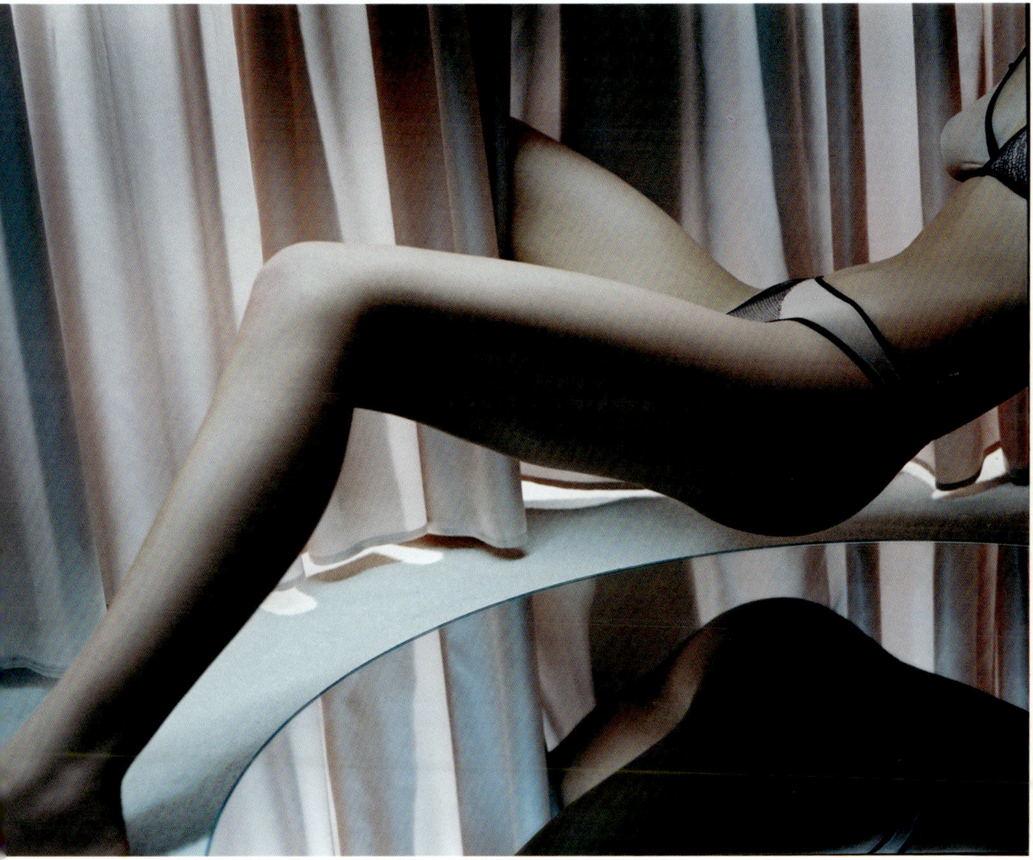

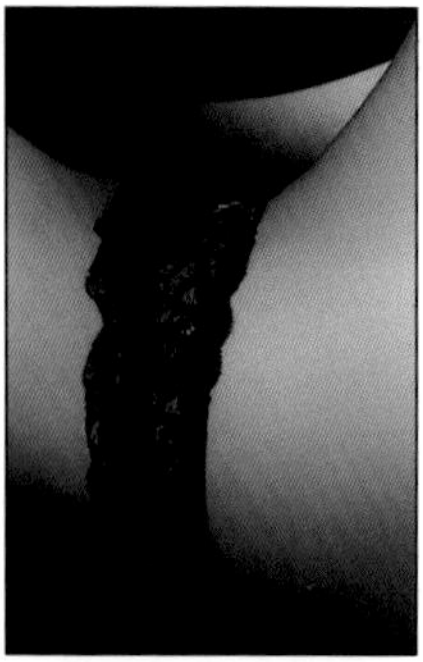

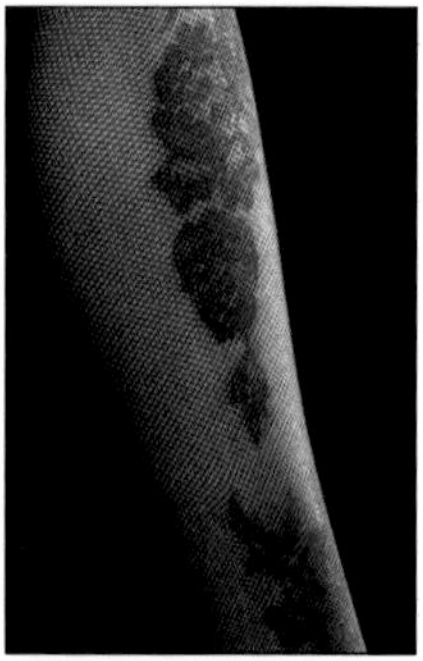

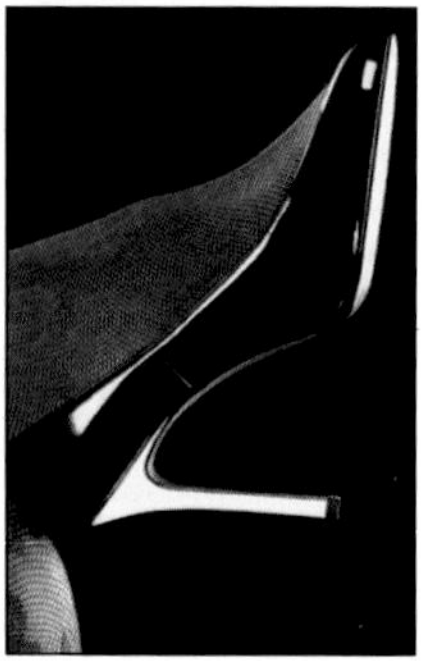

## Colanți

Este un articol de lenjerie mulat, făcut din materiale tricotate, ce acoperă trupul de la picioare până la talie, unde e susținut de un elastic. Pot fi făcuți din lână, bumbac, mătase, mătase artificiala sau nailon.

Ciorapi „Up"

Chantal Thomass
Toamnă/Iarnă 2003

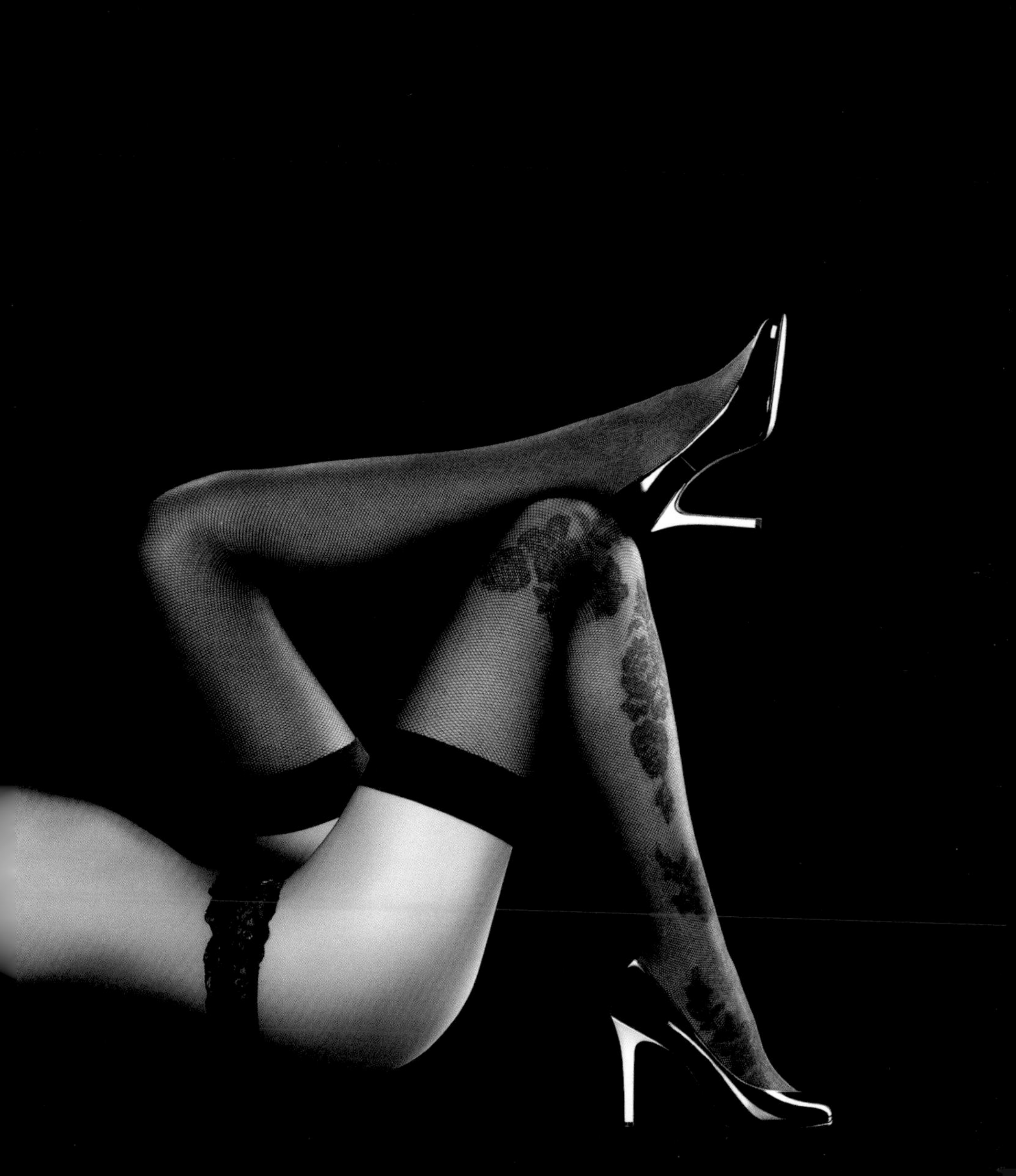

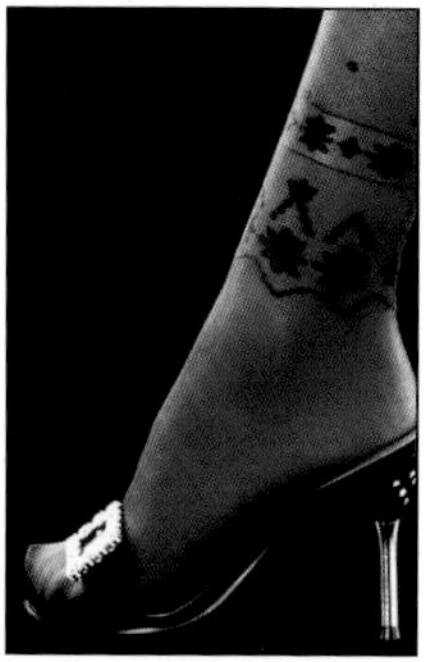

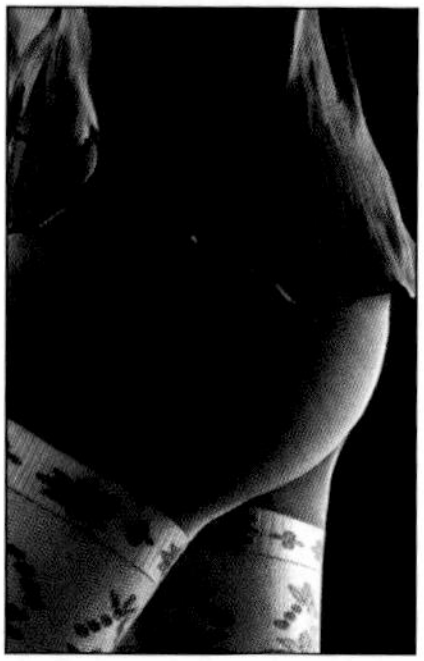

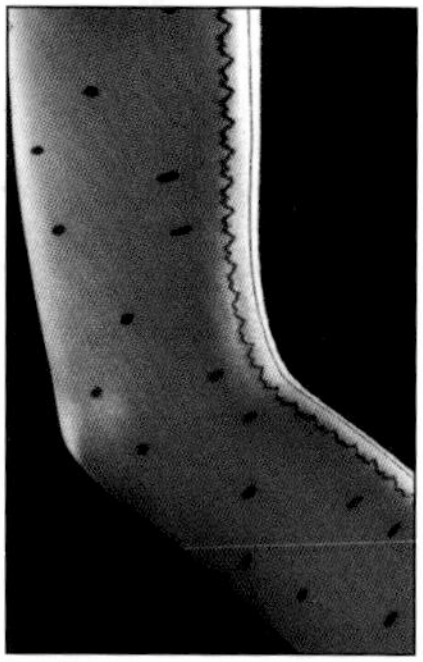

## Stofă cu țesătură diagonală

Într-o țesătură diagonală, firul de bătătură trece deasupra câtorva fire de urzeală cu un pas de un fir de la o împunsătură la cealaltă. Intersecțiile formează diagonale care sunt înclinate înspre partea stângă (motivul S) sau în partea dreaptă (motivul Z).

Ciorapi-pantalon din stofă uşoară care imită broderia de mână

Chantal Thomass
Toamnă/Iarnă 2003

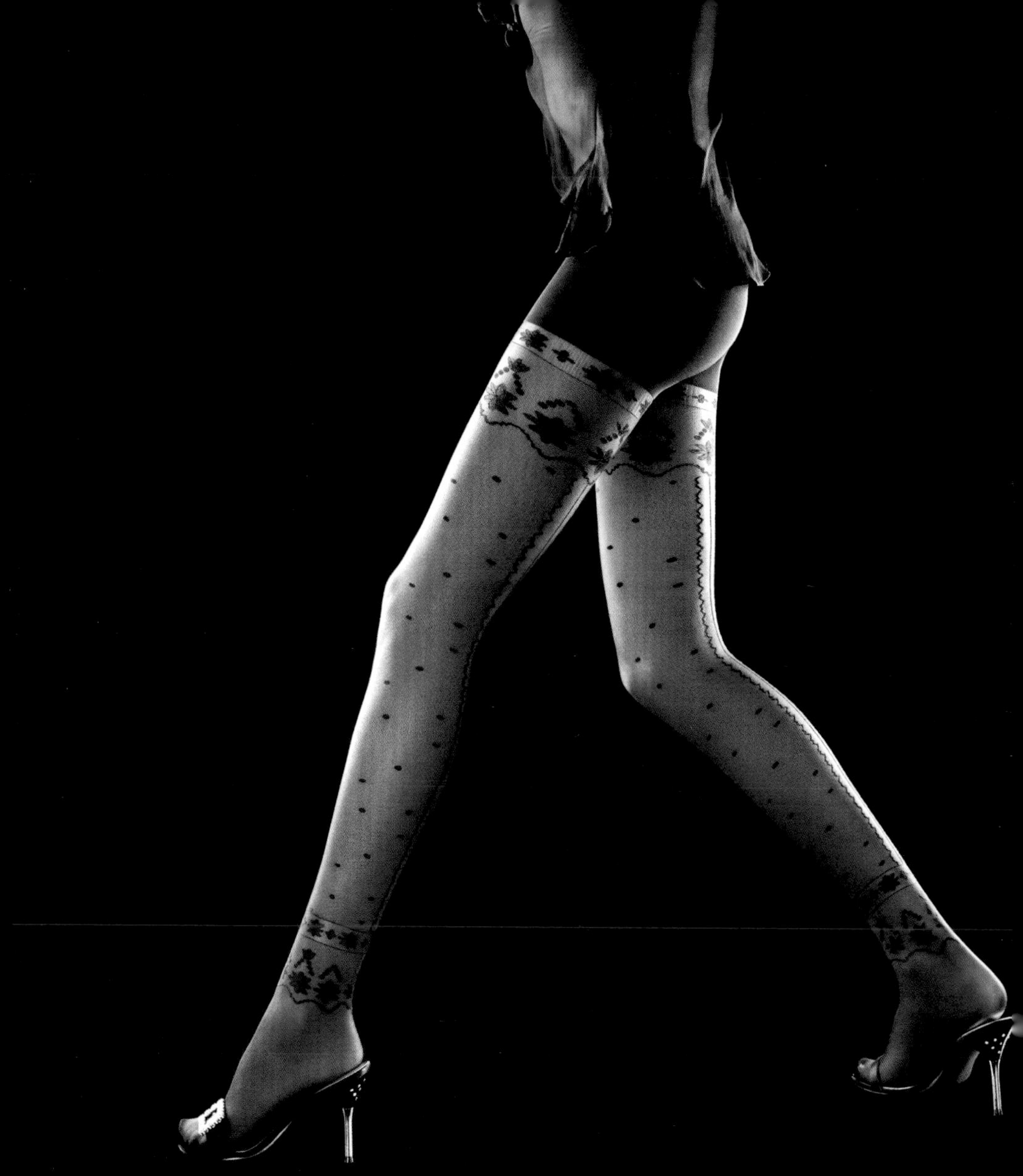

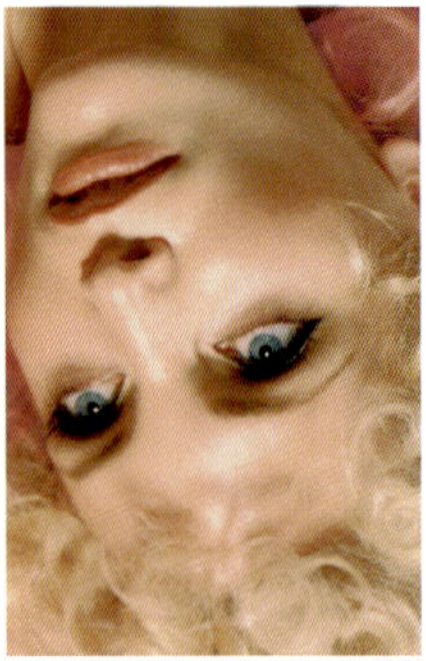

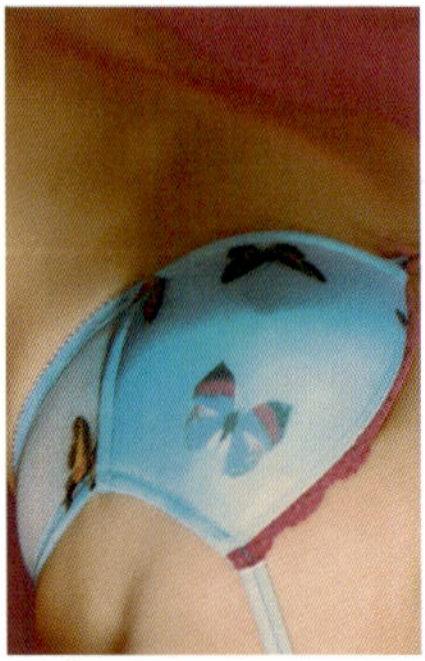

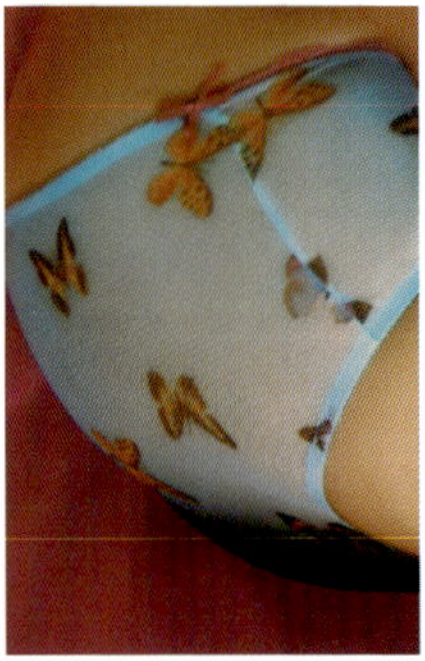

Cele două fețe ale unui material cu țesături în diagonală diferă, deoarece una dintre serii e mai vizibilă decât cealaltă. Pe partea dominantă a țesăturii, firele țesute sunt suprapuse bătăturii; pe partea bătăturii, bătătura este suprapusă peste firele țesute.

## Sutien şi chilot

Wonderbra

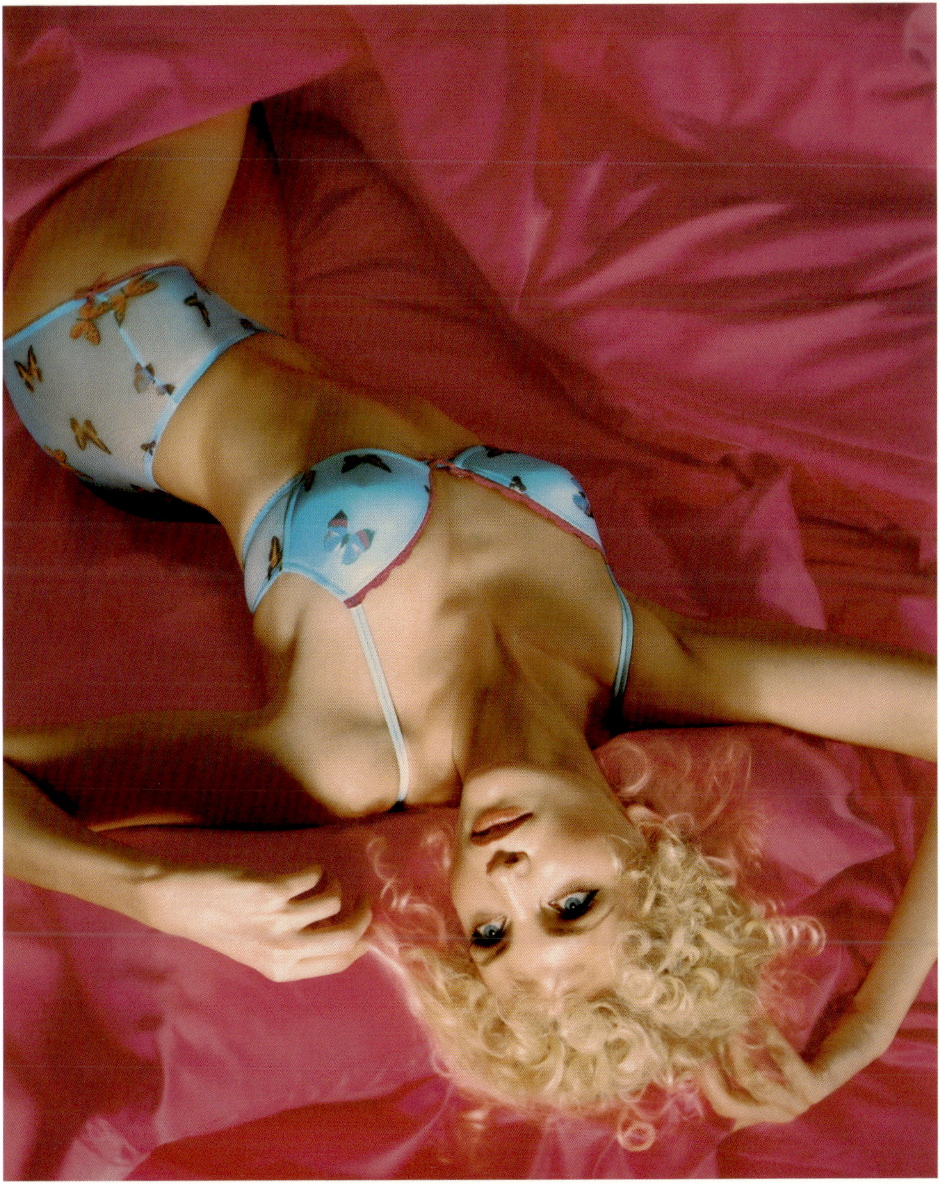

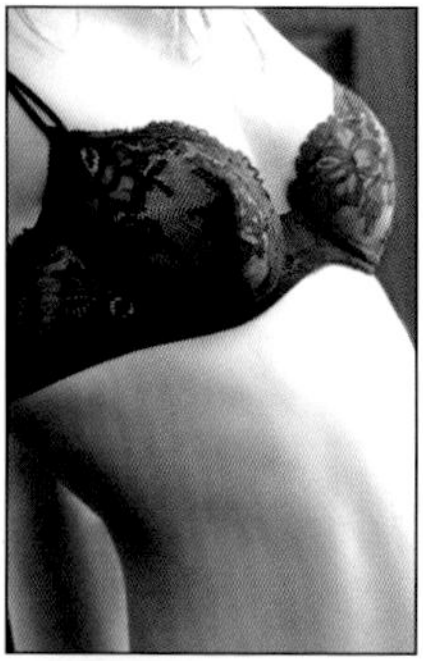

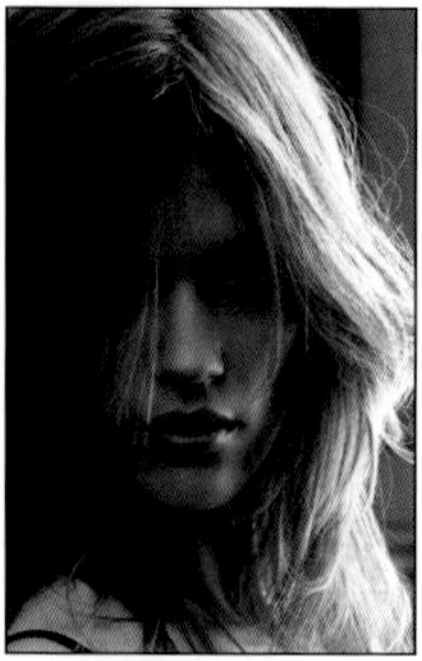

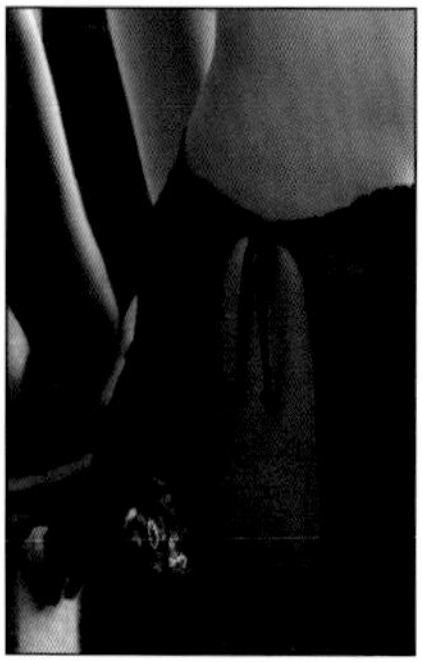

O țesătură diagonală cu un pas de 3 reprezintă o țesătură diagonală în care 3 fire de ață sunt trecute peste, iar un fir de ață este trecut pe dedesubt. Există țesături diagonale cu 4 sau 5 pași. Orice material poate fi țesut în diagonală, putându-se obține orice grad de luminozitate sau de luciu cu ajutorul îmbinării firelor. Țesătura diagonală este folosită la fabricarea blugilor.

Ansamblu de sutien și chilot

La Perla Toamnă/Iarnă 2003

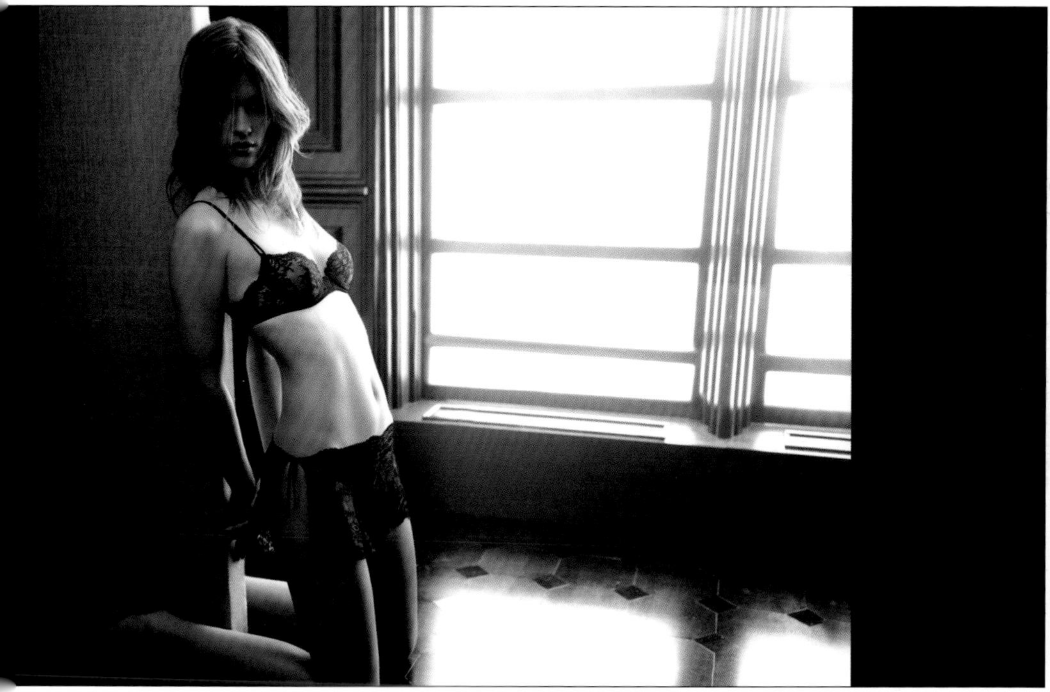

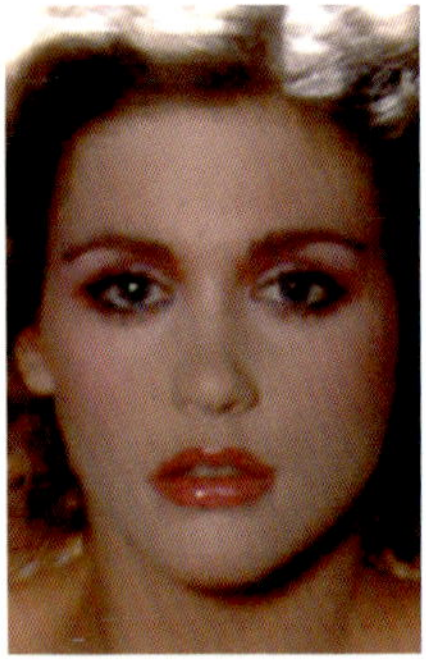

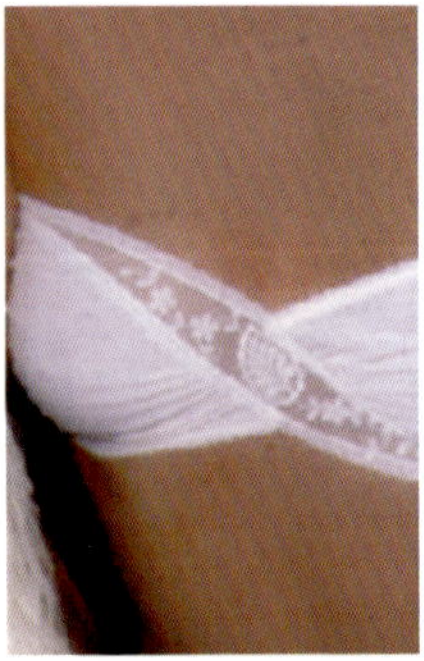

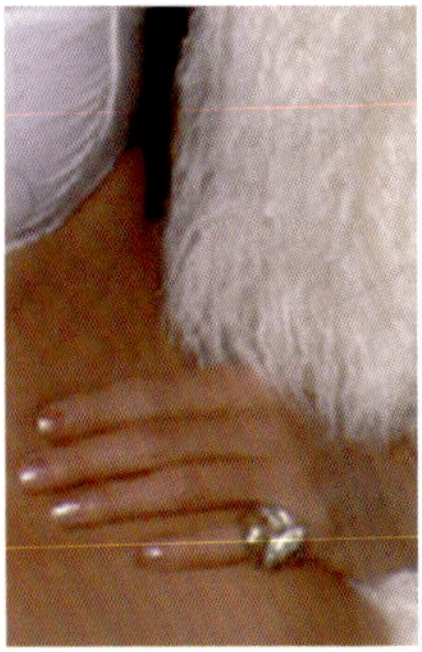

## Chilot

Chilotul acoperă partea de jos a trunchiului, având două deschizături pentru picioare. Chiloții sunt făcuți dintr-o multitudine de materiale, printre care bumbacul, mătasea, sau nailonul, şi pot fi decorați cu broderii, dantelă, panglici sau alte ornamente.

Sutien bandă

La Perla

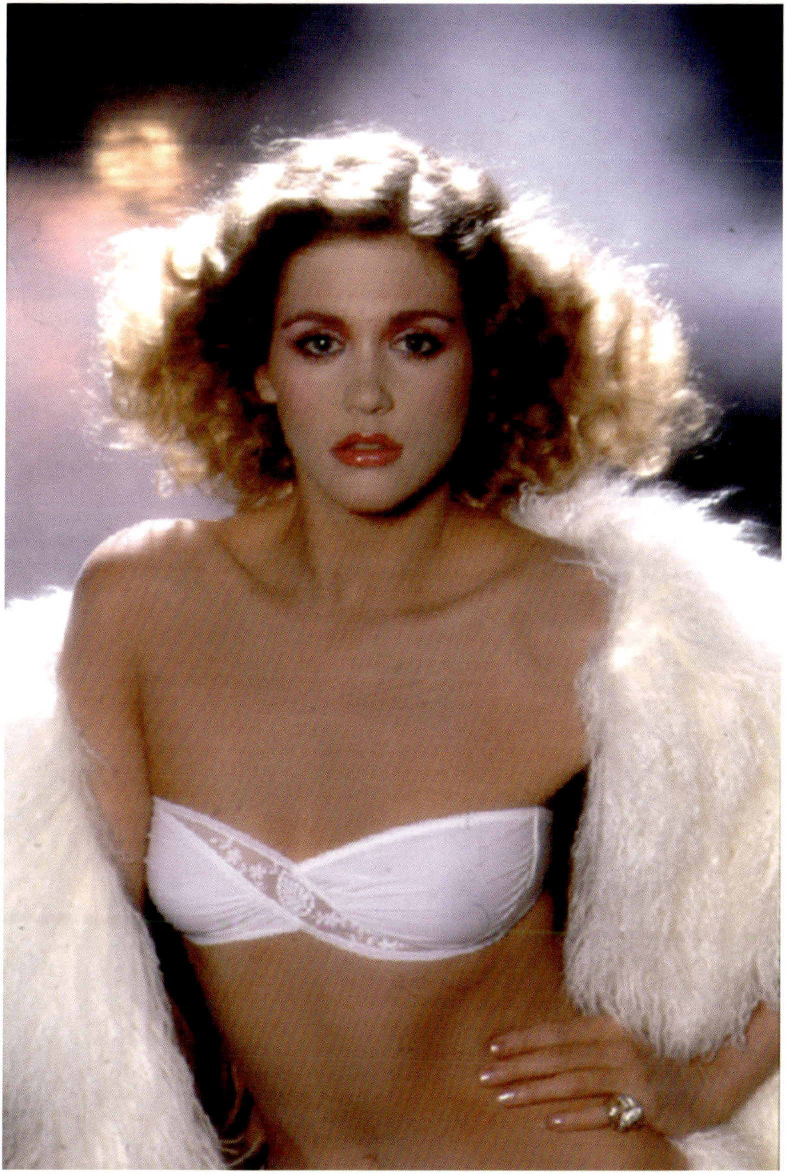

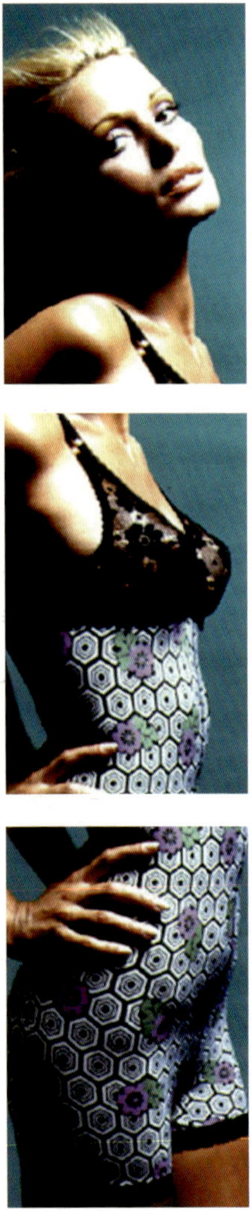

## Maiou

Articol de lenjerie care acoperă bustul, având lungimi diferite în functie de epocă. Maioul se poartă sub corset. Inițial făcut din in, mai târziu a devenit mult mai rafinat, fiind confecționat din țesături de bumbac, mătase sau nailon, şi decorat cu dantelă, panglici sau broderii.

## Voal

Un material fin, transparent, dintr-o țesătură simplă, făcut din bumbac, lână sau mătase.

Body

La Perla
Toamnă/Iarnă 2003

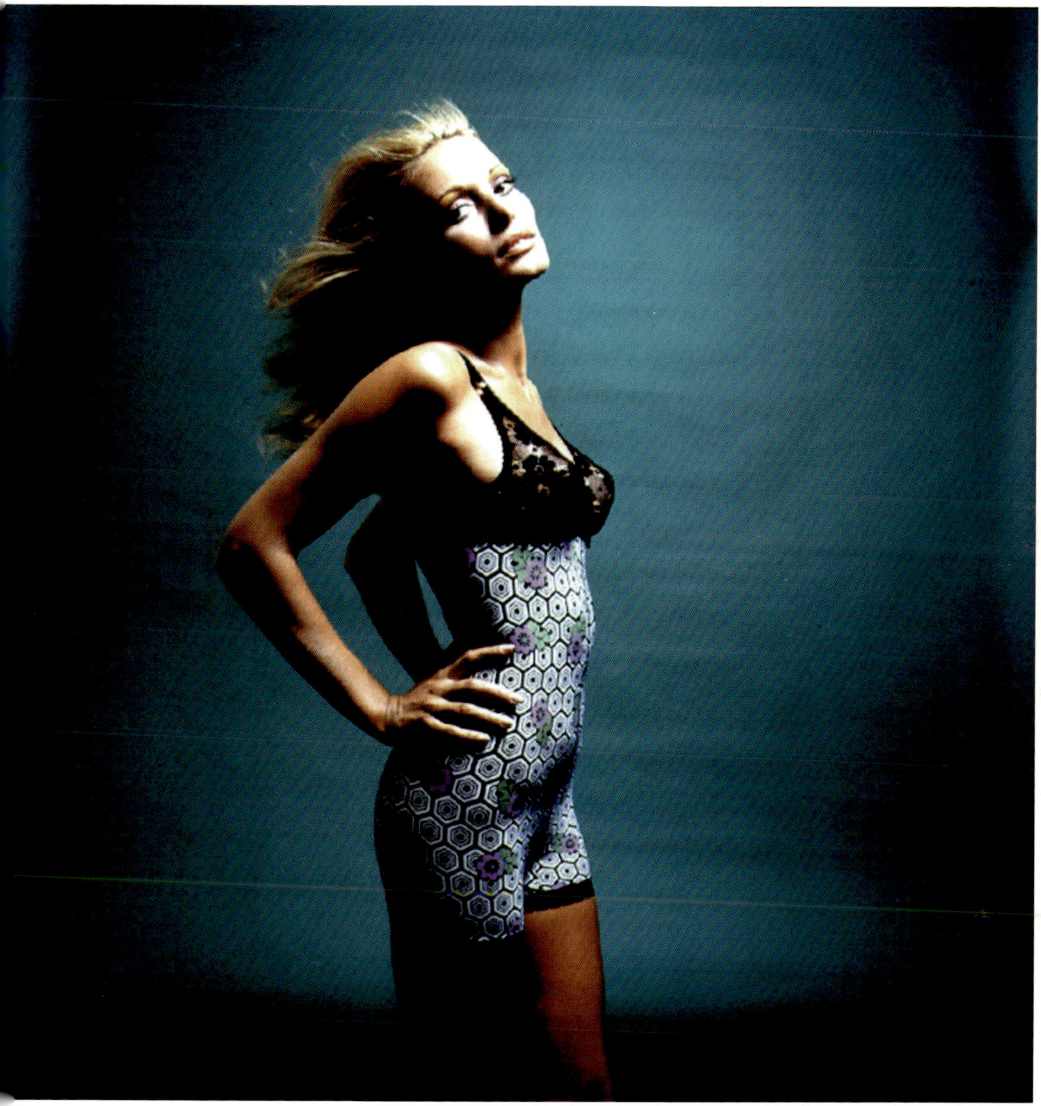

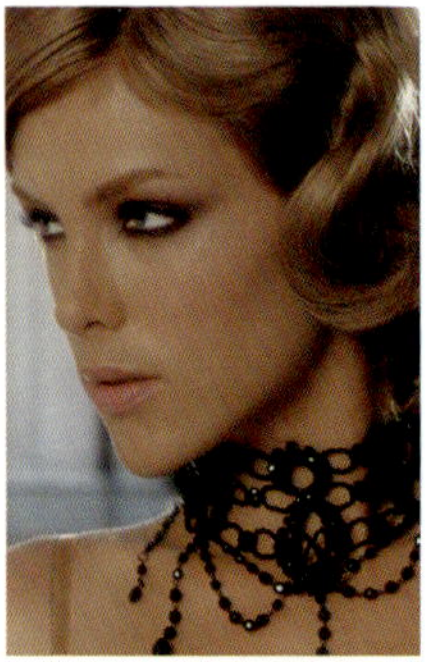

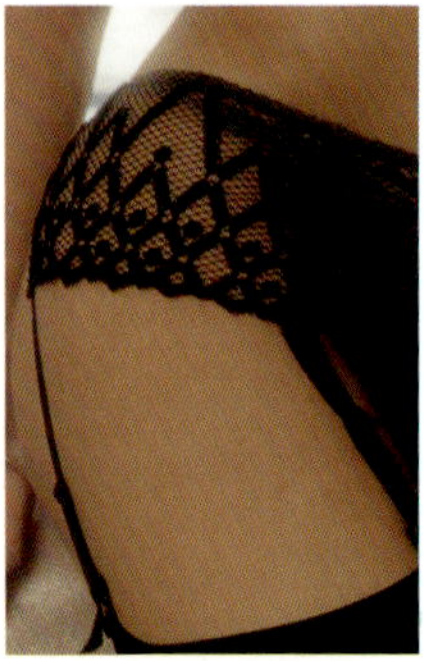

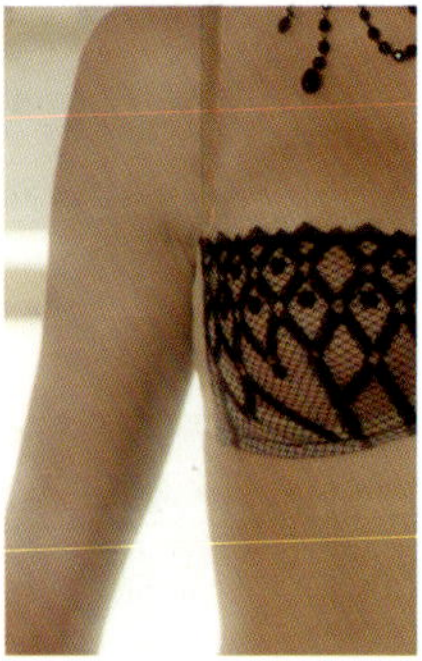

## Urzeală

Firele de ață întinse pe lungime, paralel cu războiul de țesut, între care se împletește bătătura în timpul procesului de țesere.

## Țesere

Metodă de împletire a urzelii cu bătătura, care determină tipul materialului țesut.

Corsaj „Paradise Lace"

Wolford
Vară 2004

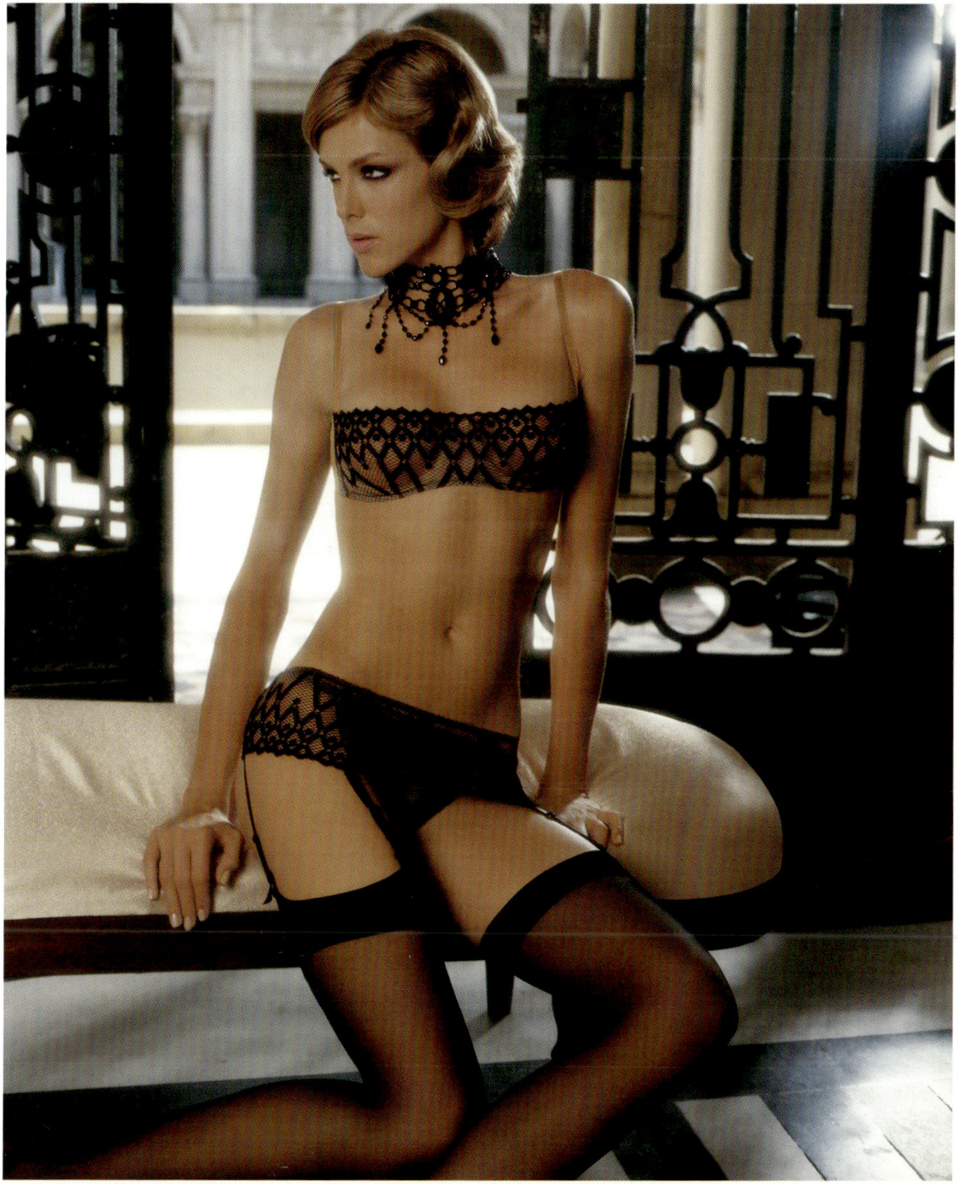

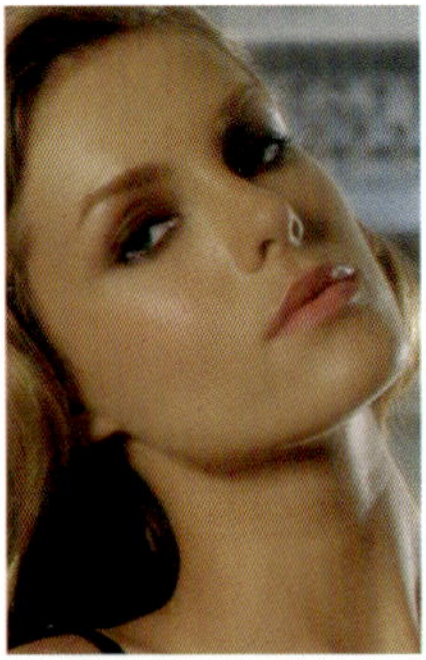

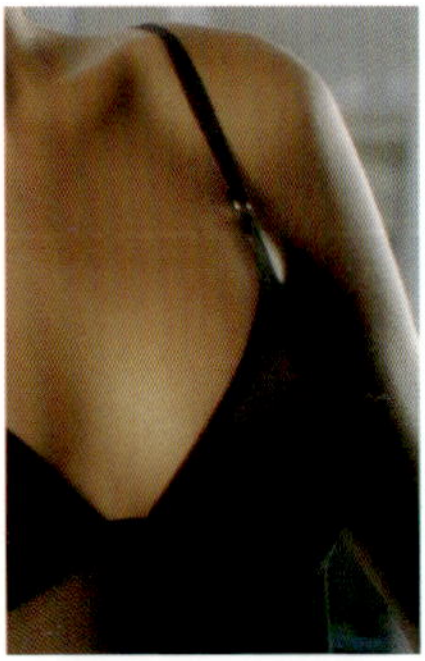

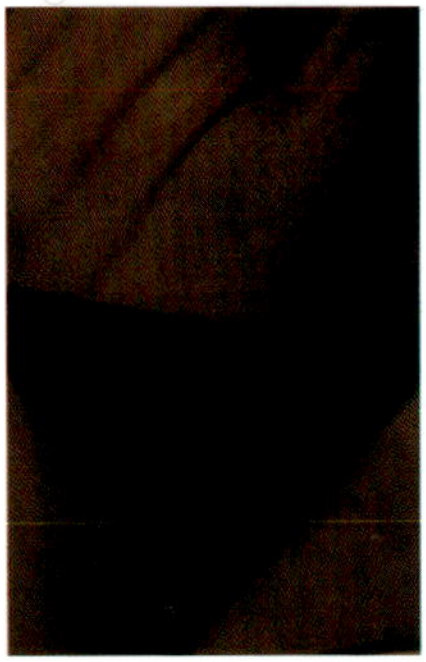

## Corset cu balene

Tip de corset purtat din secolul al XVI-lea până în secolul al XVIII-lea, care strângea bustul, prevăzut cu fanoane de balenă şi şireturi legate strâns. A fost înlocuit de corset. Corsetul cu fanoane era confecționat din țesături foarte rezistente, adesea decorate în exterior cu materiale mult mai scumpe.

„Bohème”

Wolford
Primavară/Vară 2004

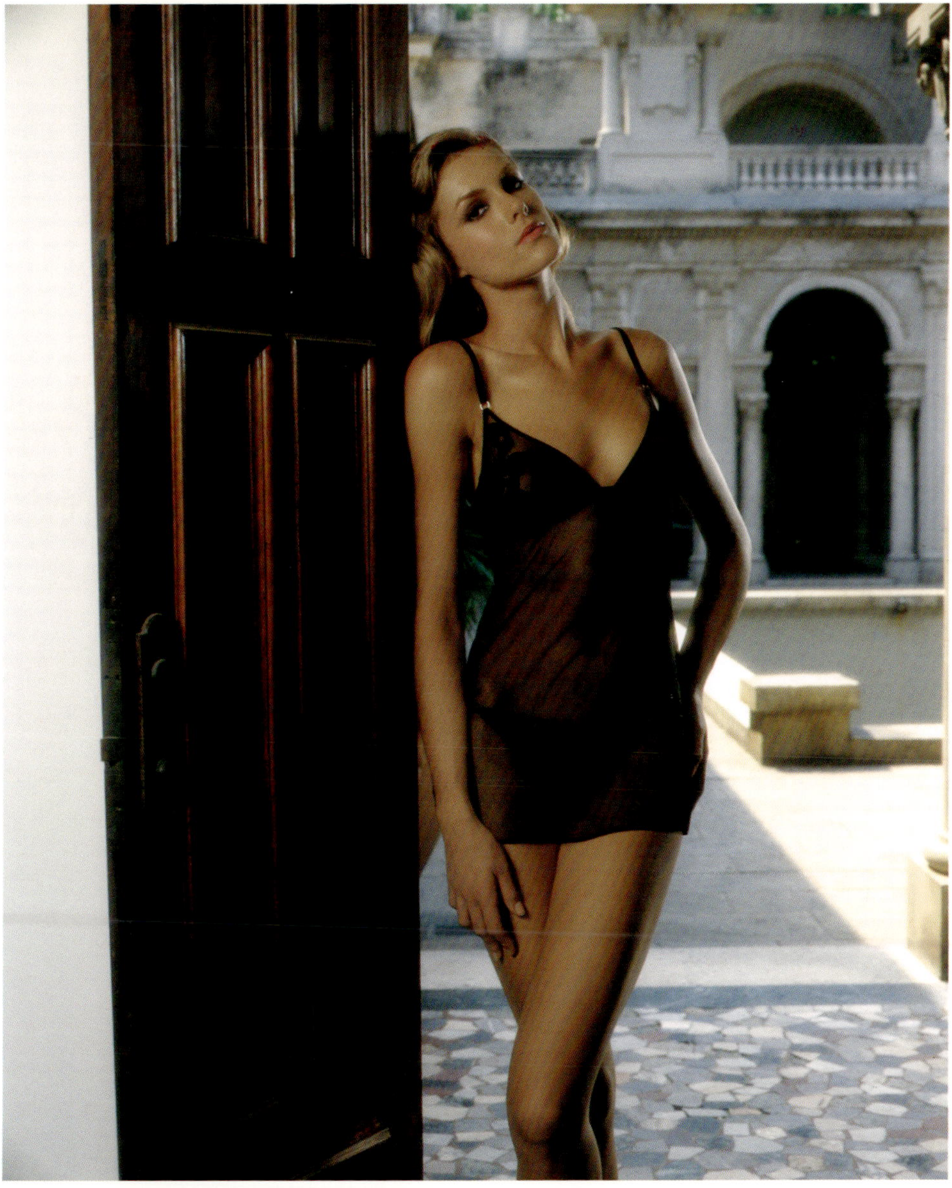

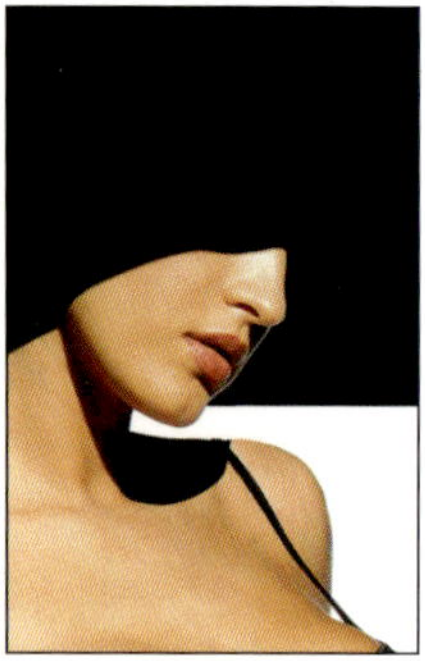

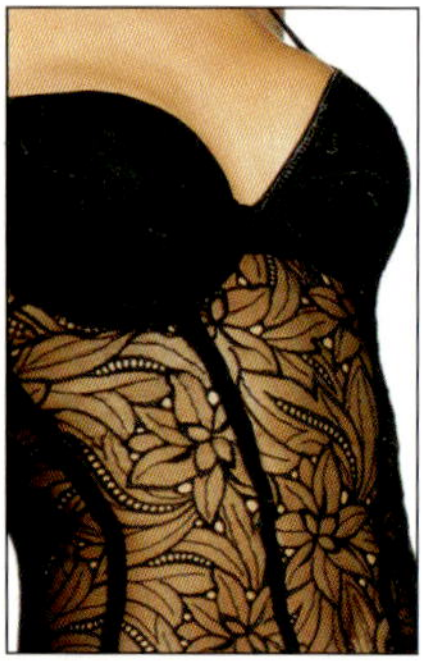

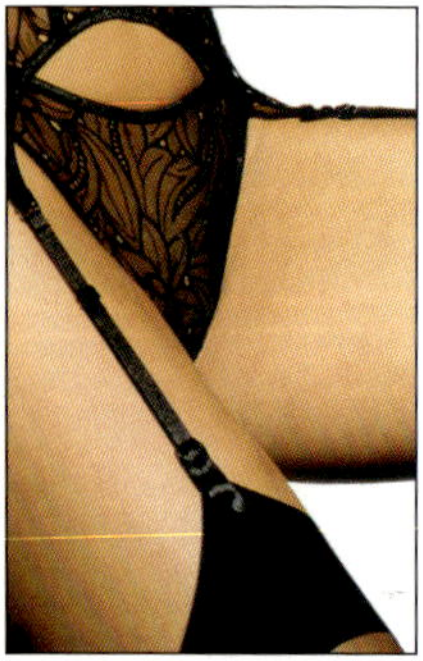

## Zona

Articol de lenjerie grecească din secolul IX î.C., zona era purtată deasupra şoldurilor de către fetele tinere până la căsătorie.

Ciorapi

Wolford
Primăvară/Vară 2004

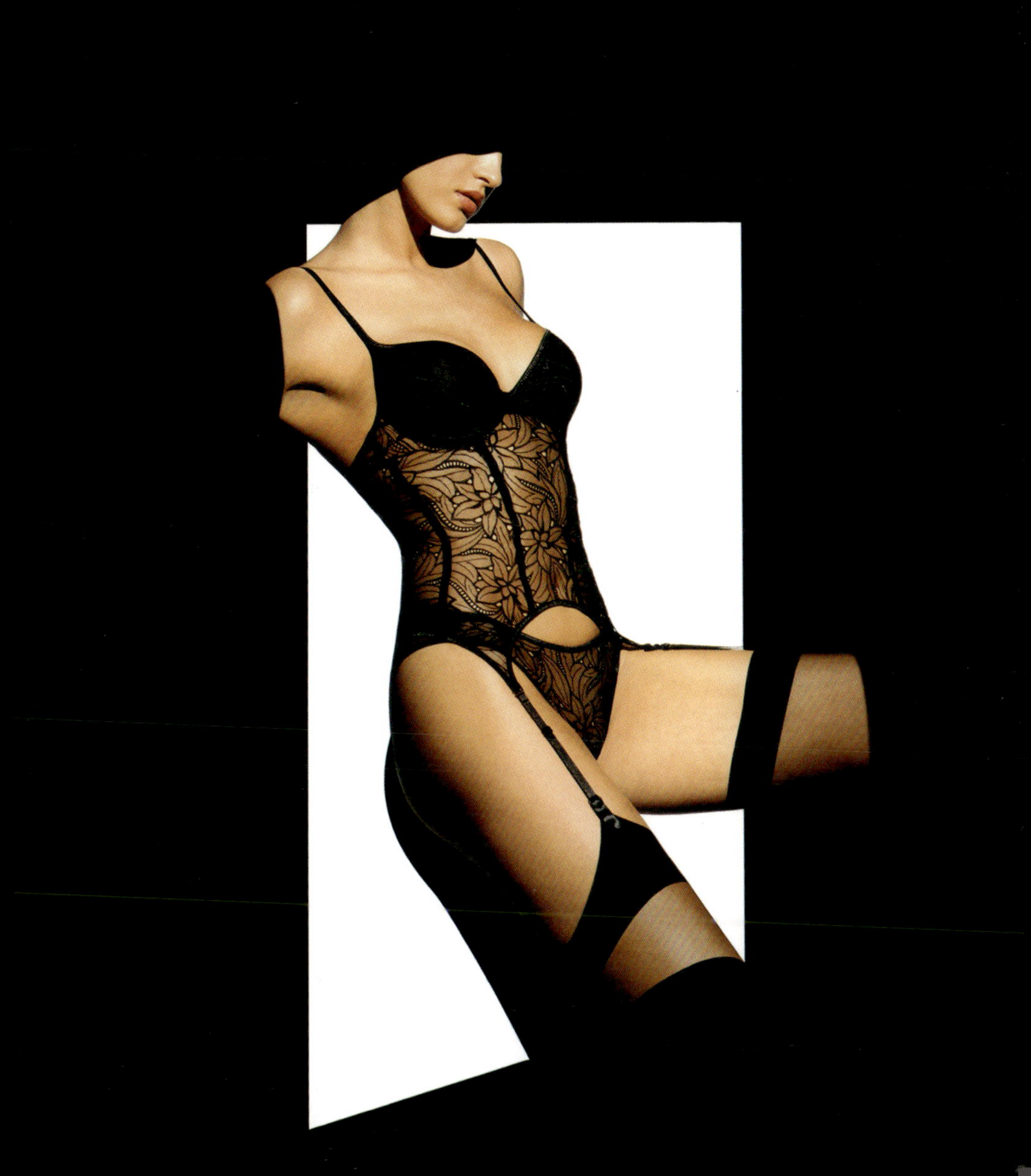

# Index